Cerstin Gammelin
Die Unterschätzten

CERSTIN
GAMMELIN

DIE UNTER-
SCHÄTZTEN

Wie der Osten
die deutsche Politik
bestimmt

Econ

Besuchen Sie uns im Internet:
www.ullstein.de

Wir verpflichten uns zu Nachhaltigkeit
- Klimaneutrales Produkt
- Papiere aus nachhaltiger
  Waldwirtschaft und anderen
  kontrollierten Quellen
- ullstein.de/nachhaltigkeit

Econ ist ein Verlag der Ullstein Buchverlage GmbH

ISBN 978-3-430-21061-4

Gesetzt aus der Quadraat Pro
Satz: LVD GmbH, Berlin
Druck und Bindearbeiten: GGP Media GmbH, Pößneck
Printed in Germany

Gewidmet meiner weitverzweigten Familie

Inhalt

Vorbemerkung   9

Vorwort   11

Die wilden 90er   19

Laboratorium Ost   51

Wer weiß denn so was?   83

Der Osten als Reformtreiber   117

Angela Merkel, die am meisten Unterschätzte   141

Die Frage des Eigentums   179

Politische Steuerungsmacht   208

Die Rolle der Medien: Wer spricht, der bleibt   227

Von der politischen Macht einer Minderheit   258

Was zur Einheit fehlt   283

Danke   301

Vorbemerkung

In diesem Buch werden die Begriffe Ostdeutschland und Westdeutschland verwendet, ebenso Osten und Westen. Diese Begriffe dienen als Hilfskonstruktionen, um wirtschaftliche, gesellschaftliche und soziale Unterschiede zwischen den Regionen herauszuarbeiten. Ostdeutschland und Westdeutschland sind, anders als die Begriffe suggerieren mögen, keine monolithischen Blöcke, sondern Regionen, reich an Traditionen und Unterschieden. Die dort lebenden Menschen sind – auch untereinander – unterschiedlich und individuell. Saßnitz ist anders als Suhl oder Pirna oder Castrop-Rauxel oder Bad Kreuznach oder das Allgäu. Dennoch verlaufen Trennlinien durch Ost und West, sie markieren zwei Gebiete mit unterschiedlichen Lebenserfahrungen. Im Osten wohnen überwiegend Menschen, die existenzielle Umbrüche erfahren haben und durch deren Bewältigung miteinander verbunden sind. Diese Erfahrungen haben viele als gravierend erlebt und über Erzählungen an ihre Kinder und Enkel weitergegeben. Zugleich sind 1990 durch den Einigungsvertrag und in der Zeit danach etwa durch die Treuhand Trennlinien gezogen worden, die gewichtige, die Lebensumstände bestimmende Dinge wie Eigentum und Vermögen, Stimmrechte und gesellschaftliche Diskursmacht betreffen. Sie leben diese Erfahrungen und Erzählungen über Generationen weiter fort.

Einige Gesprächspartner, die in diesem Buch zu Wort kommen,

haben darum gebeten, ihren Namen nicht vollständig anzugeben oder zu ändern. Es war selbstverständlich, diesem Wunsch nach persönlicher Diskretion zu entsprechen.

Mit meinem Text sind alle Geschlechter gleichermaßen angesprochen, auch wenn das nicht immer explizit vermerkt sein sollte.

Vorwort

Dies ist ein persönliches Buch. Ein Buch, von dem ich nicht gedacht hätte, dass ich es mal schreiben werde. Über Ostdeutschland? Echt jetzt?

Ich lebe länger unter wiedervereinten Bedingungen als mit Todesstreifen. Der Mauerfall hat mir Freiheiten gebracht, von denen ich kaum zu träumen gewagt hatte. Ich habe über Umwege meinen Traumberuf gefunden, nach der rechtselbischen Jugend gerne linksrheinisch gelebt und als Europa-Korrespondentin das Lebensgefühl im Westen unseres Kontinents erkundet. Ich bin fasziniert von diesem quirligen Europa und wie es immer wieder gelingt, verschiedene Kulturen von Lissabon bis Sofia an einem Tisch zu versammeln, um Kompromisse zu finden. Ich arbeite für eine überregionale Zeitung, deren Hauptredaktion in München sitzt. Ich habe großen Respekt vor allen, die an demokratischen Prozessen engagiert mitarbeiten. Aber Ost-Aktivistin? Sicher nicht.

Zugleich bin ich tief im Inneren bis heute glücklich und stolz darüber, dass 1989 so viele Menschen so mutig waren, offen gegen das Unrechtssystem zu rebellieren. Noch heute gibt es Momente, in denen mir krass unwirklich erscheint, was damals gelungen ist. Erst kam der Nachbar, mit dem man flüsternd in der Küche beratschlagte, ob man diesen Aufruf *für* das Neue Forum unterzeichnen sollte. Dann folgten die Demos, auf denen alle *für* etwas gekämpft haben und nicht *gegen* etwas. Es gab diese verbindende Zuversicht,

11

etwas Neues zu wagen und dafür vieles zu riskieren, die Liebsten, das Leben. Noch heute berührt mich diese irre ur-demokratische Kundgebung am 4. November 1989, als vom Geheimdienstchef Markus Wolf bis zur Schriftstellerin Christa Wolf jeder, der reden wollte, auf einen Kleinlaster der Marke Barkas klettern konnte und sich das Mikrophon nehmen; als völlig Unbekannte anderen Unbekannten, Sympathisanten oder Gegnern zuhörten und gemeinsam darum rangen, wie es weitergehen sollte. Auf dem Alexanderplatz in Ost-Berlin schien es möglich zu sein, eine neue Gesellschaft bauen zu können, mit Reisefreiheit, freien Wahlen, selbstbestimmt. Man hätte die Welt umarmen können.

Dann übernahm der Markt. Fortan hatte alles einen Preis. Der Traum von Reformen, getragen von einer breiten gesellschaftlichen Mehrheit, wurde von der Notwendigkeit verdrängt, ruckzuck zu lernen, wie man in einem kapitalistischen System (über)lebt. Die Gemeinschaft zerbröckelte, jeder hatte für sich damit zu tun, für sein Auskommen zu sorgen. Ich zählte zu den Glücklichen, denen der gerade erworbene Berufsabschluss anerkannt wurde. Maschinenbau hatte nichts Ideologisches an sich. Drehmomente, Festigkeiten und Strömungen basieren auf Naturgesetzen – die ja, wie sich später herausstellen sollte, auch in der Politik ihre Wirkung entfalten. Aus meiner Abiturklasse mussten viele neu anfangen. Wer Außenhandel studiert hatte, Ökonomie oder Lehramt, hatte plötzlich ein wertloses Diplom. Menschen aus dem Westen kamen in die Betriebe im Osten und lasen die Namen der Personen vor, die entlassen wurden. 1995 waren vier von fünf Ostdeutschen nicht mehr auf dem Arbeitsplatz, den sie 1990 gehabt hatten.[1] In meiner Familie verloren fast alle ihren Job.

Das Virus hat diese Zeit wieder aufleben lassen in den Erinnerungen. Damals war alles ungewiss. Und auch in der Pandemie

---

1 Studie Professor Wolfgang Schröder/Universität Kassel und Professor Daniel Buhr/ Universität Tübingen für die Einheitskommission, Abschlussbericht, S. 136.

weiß niemand, wie es sein wird, wenn das Virus besiegt ist. Ob das überhaupt gelingt. Es drängen sich Parallelen zu den Neunzigerjahren auf, wie die Sorge um Arbeitsplätze oder der Wegfall des Alltags. Für viele Ostdeutsche fühlt es sich falsch an, dass die Bundeskanzlerin die Pandemie zur größten Krise seit dem Zweiten Weltkrieg ausgerufen hat. Nie habe die Deutschen seither ein schwererer Schlag getroffen. Wirklich? Ja, im westlichen Teil Deutschlands hat es nach 1945 keine gravierenden Umbrüche mehr gegeben. Siemens, Bayer, Volkswagen und andere Unternehmen haben Generationen von Familien ein Auskommen ermöglicht; gute Einkommen, Farbfernseher, Italienurlaub und gar Weltreise schienen selbstverständlich zu sein. Dass aber die aus dem Osten stammende Kanzlerin keine Referenz hinbekommt auf die Umbrüche, die in ihrer Heimat in den vergangenen dreißig Jahren bewältigt wurden, das gibt so einen kleinen Stich. Die bundesdeutsche Wirtschaft ist 2020 um fünf Prozent eingebrochen? Waren es im Osten nicht dreißig Prozent? Eine Million Menschen haben jetzt den Job verloren? Musste sich damals nicht aus jeder Familie mindestens eine Person arbeitslos melden, die Hälfte der Entlassenen einen neuen Job lernen, sich auf die neue Karriereleiter kämpfen? In der Pandemie zahlt der Staat Hunderte Milliarden Euro an Wirtschaftshilfen. Damals gab es für die Betroffenen weder KfW-Kredite noch Übergangsfristen. Das Startkapital der Ostdeutschen wurde abgewickelt und verscherbelt.

Schon als Europa-Korrespondentin war mir aufgefallen, wie schwer sich die Gründungsmitglieder der EU gelegentlich getan hatten, Beitrittsländer als gleichberechtigt zu akzeptieren. Formal war das natürlich gegeben, alle haben eine Stimme. Tatsächlich wurde aber oft erwartet, dass die Dazugekommenen den Erfahrenen folgten. Der Osten war die verlängerte Werkbank der westeuropäischen Industrie und der große Absatzmarkt für Konsumketten von Mediamarkt bis Brico.

Den europäischen Ost-West-Konflikt habe ich in der deutsch-

deutschen Wohngemeinschaft wiedergefunden. Man lebt zusammen, mit gemeinsamer Küche, in der die Rezepte und Konzepte für das wiedervereinigte Land entstehen. Und geht sonst seiner Wege. Das gegenseitige Interesse ist überschaubar, stereotype Bilder sind unverwüstlich.

Angela Merkel wird im Herbst 2021 das Kanzleramt verlassen und auch ein Kapitel des Einigungsprozesses beenden. Man wirft der in Ostdeutschland sozialisierten Kanzlerin oft vor, sie habe keine Visionen gehabt. Womöglich aber war ihre größte Aufgabe, innerdeutsch gesehen, sowieso eine andere: Sie hat ermöglicht, dass sich das Land modernisiert, dass auch Dinge, die in der DDR schon mal funktioniert haben, in den gesamtdeutschen Alltag diffundiert sind. Das Problem aus ostdeutscher Sicht ist, dass sie es vermieden hat, diese auch beim Namen zu nennen und damit den Osten zum bundesdeutschen Maßstab zu machen. Warum eigentlich?

Dreißig Jahre nach der Wende hat eine Reflexion begonnen, in der endlich auffällt, dass gesamtdeutsche Entwicklungen gespiegelt werden an der Referenzgröße alte Bundesrepublik. Die politische Schwarz-Weiß-Fotografie dominiert – dass die Grautöne fehlen, ganz abgesehen von bunten Bildern, scheint kaum jemanden zu stören. Die medialen und politischen Multiplikatoren sind überwiegend westdeutsch sozialisiert, ihre intuitive Sicherheit, dass der Westen die Norm ist und der Osten die Abweichung, spiegelt sich nicht nur in Beiträgen über Thüringen, Sachsen, Sachsen-Anhalt, Mecklenburg-Vorpommern und Brandenburg, sondern generell in der immer wieder aufgeworfenen Frage, wie der Osten tickt. Und wie tickt der Westen?

Ich habe beschlossen, dieses Buch zu schreiben, weil es an der Zeit ist, die Debatte offen, bunt und auf Augenhöhe zu führen. Man sollte an den Stereotypen rütteln, weil die Mitbestimmung und Repräsentation der Ostdeutschen in demokratischen Prozessen und in der Wirtschaft organisiert werden muss. Weil die strukturellen Defizite des Einigungsvertrags ausgebügelt werden müssen, um die Demokratie weiter zu verankern. Der Osten besteht nicht nur aus Nazi-Nestern, Stasi-Überwachung oder Ostalgie. Es überwiegt deutlich das Leben dazwischen. Das Leben der übergroßen Mehrheit, die jeden Tag morgens aufsteht und abends noch in den Spiegel schauen kann, deren Alltag genauso lustig, fröhlich oder trist sein kann wie anderswo. Das mag manchen langweilig erscheinen, aber tatsächlich sind diese Menschen zwischen den politischen Rändern die Träger der Demokratie. Das sind drei Viertel der Gesellschaft. Es rächt sich politisch und gesellschaftlich, wenn sie nicht im großen Diskurs vorkommen.

Und, sind wir nicht alle müde von den alten Diskussionen und den vielen Studien? Die Bundesregierung könnte das Papier für jeden weiteren Armuts- und Reichtumsbericht sparen, wenn sie, statt darin vor der Gefahr der Ausgrenzung der Ostdeutschen zu warnen, diese Ausgrenzung zu beseitigen hülfe. 133 Abteilungsleiter aus den westlichen Ländern arbeiten in Bundesministerien, vier aus dem Osten. Keine Bundesbehörde im Osten wird von einem Ostdeutschen geleitet. Der Ossi schweigt verdruckst und verkrümelt sich, weil er meint, sowieso untergebuttert zu werden. Und der Westen vermeidet, die eigene Reformunfähigkeit zu reflektieren. Es läuft nicht rund in der Familie. Besonders schwierig macht den Familienkrach, dass er mit einer Pandemie und einem Superwahljahr zusammenfällt, mit der Bundestagswahl als Höhepunkt Ende September 2021.

Der Ausgang ist so offen wie seit vielen Jahren nicht mehr. Die Kanzlerin tritt nicht wieder an, das Virus wird nicht bezwungen sein, die Berichterstattung ist zuweilen hart und aufgeregt polarisierend. Die Wählerbindung der traditionellen Volksparteien wird überall schwächer. In Thüringen, Sachsen und Sachsen-Anhalt ist der große politische Gegner die AfD. Das hat auch mit den Neunzigern zu tun. »Ich sehe in der Mehrheit der östlichen AfD-Wähler vor allem abgewiesene Liebhaber und sitzengelassene Bräute des Westens«, sagt der Schriftsteller Ingo Schulze.[2] Sie seien bereit gewesen, alles aufzugeben für den Westen, ohne Ehevertrag zu vertrauen. Der Vertrag zum Beitritt sei dann allerdings kühl ausgefallen, »der Angehimmelte, der alles wusste und konnte (...), behandelte einen ganz anders, als er es versprochen hatte«.

Rein rechnerisch sind die Bürger im Osten eine kleinere Gruppe. Nordrhein-Westfalen hat allein mehr Einwohner als die fünf neuen Länder zusammen. Die Zahl der Wähler ist jedoch nicht allein entscheidend. Ausschlaggebend ist, ob von diesen Regionen Veränderungen ausgehen können, die das ganze Land beeinflussen. Nach dem Mauerfall ist Helmut Kohl dank des Ostens Kanzler geblieben. Gerhard Schröder hat hier die entscheidenden Stimmen geholt. Der Osten ist ein Seismograf für bundesdeutsche Entwicklungen. Er bestimmt nicht, wer Kanzler oder Kanzlerin wird. Aber gegen ihn kann kaum eine/r Kanzler/in werden.

Ob sich die Parteien gut vorbereitet haben? SPD-Kanzlerkandidat Olaf Scholz weist stolz einen Wohnsitz in Potsdam vor – einer Stadt, die westlicher erscheint als manche Stadt im alten Bundesgebiet. CDU-Chef Armin Laschet schlägt den Bogen vom Kohlebergbau im Ruhrgebiet in die Lausitz, wird damit aber ebenso wenig überzeugen können wie mit Versprechen, abgelegenen Dörfern des Erzgebirges oder im Thüringer Wald eine Bahn- oder Bus-Haltestelle zu spendieren. Wer sich die Zeit nimmt und von Berlin nach Greifswald mit dem Zug fährt, eine Doppelstock-Regionalbahn, sieht viele neue Haltestellen aus glänzenden Stahlrohren und Glas, die vor vernagelten backsteinernen Bahnhofsgebäuden stehen, die vor sich hin bröckeln. In der Stadt Anklam fällt vor der Bahn-Haltestelle die neue, moderne Zuckerfabrik auf. Und auch eine gemauerte alte Halle, »VEB Zuckerproduktion«, ist in riesigen Buchstaben noch zu lesen. Allenthalben schimmert Unverarbeite-

2 Süddeutsche Zeitung, 8. Juni 2021, »Man wird nicht als Ostler geboren«.

tes durch. Die Grünen legen in den neuen Ländern überraschend zu – aber ob das so bleibt?

Bei der Recherche ist aufgefallen, dass die meisten Gesprächspartner, ehemalige Mitschüler aus Freiberg, ostdeutsche Regierungschefs und Regierungschefinnen, einstige Wahlkämpfer, aktive Politiker in Bund und Ländern, Ökonomen, Soziologen, Wissenschaftlerinnen, fast darauf gewartet haben könnten, dass mal jemand nachfragt. Über den Osten und den Westen hat jeder was zu sagen, Erlebtes wie Genervtes oder Fröhliches. Was da alles zum Vorschein kommt!

Aus diesen Gesprächen, kombiniert mit Recherchen und eigenen Erfahrungen, ist eine persönliche Streitschrift entstanden. Lasst uns streiten, wie der Osten die gesamtdeutsche Politik beeinflusst. Wie Strukturen, die mit der Wiedervereinigung geschaffen wurden, aufgebrochen werden können. Dieses Buch soll auch ein Angebot sein für Leser und Leserinnen in den alten Ländern, einzutauchen in den östlichen Landstrich zwischen Darß und Fichtelberg.

»Die Unterschätzten« spiegelt auch das Lebensgefühl der Generation wider, die zum Mauerfall 10 bis 25 Jahre alt waren, die in die Welt zogen und zurückgekehrt sind und sich jetzt sicher genug fühlen, über den Osten reden zu können – ohne als »Ost-Pocke«[3] abgetan zu werden. Die deutsche Geschichte ist unvollständig, solange die Geschichten aus und über Ostdeutschland nicht erzählt sind, hat Bundespräsident Frank-Walter Steinmeier bei seiner Rede zum 30. Jahrestag der deutschen Einheit gesagt. Voilà.

Berlin, im Juni 2021
Cerstin Gammelin

---

3 Private E-Mail.

Die wilden 90er

Vom Aufbruch ins Ungewisse, ungewöhnlichen Wegen und ergriffenen Chancen: Ostdeutsch sein heißt improvisieren, wieder aufstehen, mehr Augenzwinkern und ein Gespür für Zwischentöne.

Von der Macht eines
ungelösten Widerspruchs

An Ostern 2021 erreicht mich eine E-Mail mit dem Betreff: »Erinnerung an alte Zeiten. Mein Name ist Jens S., wir waren mal in einer Seminargruppe und haben in Chemnitz Werkstofftechnik studiert.« Ah, wie lange ist das her? Munter schreibt er weiter, er habe ein abwechslungsreiches Arbeitsleben hinter sich, er habe ja schon immer reisen wollen, also habe er als frisch diplomierter Maschinenbauingenieur umgeschult auf Reisekaufmann und sei schließlich bei einer Bank gelandet. Willkommen, denke ich. Wieder einer, der nach den Irrungen und Wirrungen angekommen ist. Wieder einer, der seine Geschichte loswerden will.

Und dann fällt mir auf, wie abstrakt dieser Lebenslauf klingt. Und wie selbstverständlich. Ganz anders, als es sich damals angefühlt hat, als alles durcheinander war. Die Neunzigerjahre waren turbulent, unsicher, chancenreich und voller Risiken zugleich. Man hat sich Dinge getraut, weil man jung war und zuversichtlich. Hier soll erzählt werden von oftmals Unterschätzten und darüber, dass es von dramatisch bis kurios in den Nachwendejahren viele Entwicklungen gab. Wie aus dem Nichts Chancen entstanden und manche davon beim Schopfe gepackt wurden. Und dass manches schwieriger zu bewältigen war, als es hätte sein müssen.

Es waren aber auch die Jahre, in denen die innerdeutsche Debatte endgültig in ein seltsames Fahrwasser geraten ist. Es waren ja die DDR-Bürger, von denen ausreichend viele mutig vorangegangen waren und die noch mehr mitgezogen und irgendwann die Mauer eingerissen und sich bewusst auf den demokratischen Weg gemacht hatten – und die wurden plötzlich als Verlierer wahrgenommen? Bis heute ist dieser Widerspruch weder ausreichend thematisiert noch aufgelöst worden. Stattdessen hat sich so ein verstocktes Beharren breitgemacht. Die einen meinen, mit ihrem Steuergeld seien die wenn nicht blühenden Landschaften, aber doch neuen bunten Marktplätze im Osten finanziert worden. Die anderen weisen auf verlorene Jobs hin und fragen provokativ nach, wem denn die Häuser mit den bunten Fassaden gehören. Eben! Es ist überfällig, dass hier eine neue Debatte beginnt, denn sie hilft, diesen Widerspruch in der jüngeren deutschen Geschichtsschreibung aufzulösen, den Rechtsnationale mit ihren ostdeutschen Verlierergeschichten und deren Geschichten gegen das vermeintliche westdeutsche Establishment für sich auszuschlachten versuchen. Der AfD-Slogan »Vollende die Wende« hätte nicht diese Anziehungskraft, würden die Erzählungen der Ostdeutschen über die Jahre nach dem Mauerfall auch als Erfahrungsberichte betrachtet. Und würden die sensiblen Antennen von Generationen wahr- und ernst genommen, die schon mal erfahren haben wie Stimmungen entstehen, die zu Umbrüchen führen können. Was da so zu erzählen wäre?

Vom Kinderwagen zur Stereoanlage

Es passiert ja gelegentlich, dass man in die Stadt geht, um einen Mantel zu kaufen und mit Schuhen heimkommt. Vielleicht hat es kein passendes Modell gegeben oder man war einfach an *diesen* Schuhen vorbeigekommen und musste sie einfach kaufen. Es sind »Fehlkäufe« wie diese, die mich jedes Mal an jenen erinnern, der am 10. November 1989 unerwartet alle Sachen im Schrank nutzlos machte und zum Symbol für meine ersten Schritte in das neue System wurde.

In der Nacht, in der in Berlin die Mauer fiel, träumte ich von einem Kinderwagen. Ich lebte in Neuruppin, eine gute Autostunde nordwestlich von Berlin. Wir waren am Abend sehr früh schlafen gegangen, weil wir noch in der Nacht aufbrechen wollten nach Berlin, zum Centrum-Warenhaus am Alexanderplatz, wo für den 10. November 1989 eine Lieferung Kinderwagen angekündigt war. Ich war jung, im neunten Monat schwanger und brauchte einen Kinderwagen. Die aber gehörten in der DDR zur Mangelware, also zu den Gütern, die es nur im Tausch gegen andere rare Dinge gab oder sehr selten im Laden – wie an jenem 10. November 1989. Vier Wochen vor dem Geburtstermin wollten wir am Alexanderplatz ganz vorne in der Schlange stehen, um eine Chance zu haben. Schweigend fuhren wir in der nächtlichen Dunkelheit über Pankow rein nach Berlin, Hauptstadt der DDR. Als wir an einer roten Ampel halten mussten, glaubte ich für einen Moment, noch zu träumen. Da stand ein Mann an der Fußgängerampel, der so in eine breit aufgeschlagene bunte Zeitung vertieft war, dass er gar nicht bemerkte, dass das Licht längst auf Grün gesprungen war.

Der Mann las Bild.

Schlagartig bin ich wach. Die Bild, in aller Öffentlichkeit. Hat er keine Angst, vor der Polizei, vor Denunziation? Irgendwas stimmt da nicht. Wir schalten das Radio ein. Die Mauer ist offen? Kein Irrtum? Das müssen wir selbst sehen. Der Kinderwagen? Ach, später!

Wir fahren zur Friedrichstraße, Tränenpalast, ein Polizist will den blauen DDR-Ausweis sehen und drückt einen pfenniggroßen Stempel oben auf die erste Seite neben dem Passbild. Und schon stehen wir inmitten aufgekratzter Menschen auf dem S-Bahnsteig, von dem die Züge rüberfahren.

Wir können jetzt sofort in den Westen fahren! Wahnsinn. Aber: Es ist auch ein komisches Gefühl dabei. Ich schaue meinen dicken Bauch an. Dürfen wir wieder zurück? Und wo sollten wir überhaupt hinfahren? Wir hatten ja keine Ahnung, was sich hinter den S-Bahn-Stationen jenseits des Todesstreifens verbirgt. Wald? Stadt? Siedlungen? Wir gehen die Stationen durch, halt, Wedding, da hatte doch Ernst Thälmann gewohnt, der im KZ ermordete KPD-Führer. Etwas Vertrautes. Wir steigen im Wedding aus, gehen die Treppen hoch – und sehen Menschen mit Hotdogs, bunte Schaufenster, Leuchtreklame, das also ist der Westen. Im Rathaus gibt es 100 DM. Für jeden. Der da, sagt der Mann am Schalter und zeigt auf meinen Kugelbauch, *grischt noch nüschtt, der iss ja noch nüsch da.*

Wir halten 200 DM in den Händen. Und jetzt? Karstadt im Wedding nimmt uns die Entscheidung ab. Wir kaufen eine komplette Stereoanlage mit Boxen und Plattenspieler für 189 DM. Noch heute sehe ich uns mit den Kisten wieder zur S-Bahn eilen, es war inzwischen mittags, wer wusste schon, wie lange die Mauer offenbleiben würde.

Zurück am Bahnhof Friedrichstraße spricht uns ein japanisches Fernsehteam an. Ich trage den hellblauen Anorak meines Mannes, damit der Bauch hineinpasst, Schwangerschaftsklamotten gibt es ja kaum. Wir sind wegen des suchenden Blicks, der Kleidung und auch der Kisten unverkennbar Ossis, die im Westen einkaufen waren. Perfekt für die Fernsehleute. Sagen Sie uns, wo Sie herkommen? Also, aus Neuruppin. Der Fragesteller reagiert leicht genervt. Nein, wo Sie jetzt gerade herkommen, bitte noch mal. Ich stelle mich also gerade hin, Kamera an: Wir kommen aus dem Wedding und haben eine Stereoanlage gekauft. Loriot in echt.

Es berührt mich heute, wie naiv und verletzlich wir im grellen Licht der Westscheinwerfer ausgesehen haben müssen. Im Erdkunde-Unterricht hatten wir die Kohlereviere von Kansk-Atschinsk durchgenommen. Ich kannte die russische Stadt im Südwesten der Region Krasnojarsk im Kohlebecken; ich wusste, dass man die Elemente des Doppelnamens vertauscht hatte, um nicht zweimal K nacheinander sprechen zu müssen, so klingt der Name melodischer. Die Stadtbezirke West-Berlins dagegen waren absolutes Neuland für mich. Unser Leitmotiv im Leben sollte der gesetzmäßige Sieg des Sozialismus sein. Und siegen lernen hieß, von der Sowjetunion lernen – und nicht die andere Seite von Berlin zu kennen.

Es war der erste Schritt in das neue System – und schon war klar, dass wir irgendwie *yesterday* waren. Was wir wussten, wollte niemand mehr wissen. Es war okay, aber nutzlos, sich in sowjetischen Kohlerevieren auszukennen. Viel Wissen und Fähigkeiten waren über Nacht obsolet geworden. Wie oft hatten Großeltern ausgekundschaftet, wann Kaufhäuser Warenlieferungen erwarteten und sich dann rechtzeitig angestellt, um Frottee-Handtücher oder einen Samtpullover zu ergattern. Das geduldige Schlangestehen war nicht mehr gefragt, ganze Tagesabläufe, Routinen und Fertigkeiten waren plötzlich passé.

Vor allem aber ließen wir uns verführen, mitreißen vom Konsumangebot. Klar, wir brauchten einen Kinderwagen. Aber dann stand da diese Stereoanlage, mit Plattenspieler. Dieser so unnötige wie übermütige Kauf symbolisierte, dass unser Leben auf dem Kopf stand. Fortan waren wir beschäftigt, die Nerven zu behalten.

Wer die Ostdeutschen sind

In einem Interview mit der *Süddeutschen Zeitung* hat Sachsens Ministerpräsident Michael Kretschmer (CDU) im Februar 2021 den Begriff »Ossi« für Ostdeutsche definiert: »Ich scheue mich auch nicht zu sagen, ich habe eine ostdeutsche Identität. Das stößt bei dem einen oder anderen ein bisschen auf, so eine Liebe zur DDR. Nein, das ist es nicht, ich bin sehr froh, dass dieses Unrechtssystem beendet ist. Aber die Erfahrungen in dieser Diktatur, die Erfahrungen danach, das ist eben etwas, was uns verbindet. Was uns auch stark macht. Von daher habe ich kein Problem zu sagen, wir sind auch Ostdeutsche.«[4] Kretschmers Definition schließt nachwachsende Generationen mit ein, denn auch nach dem Mauerfall sind die Erfahrungen im Osten des Landes spezifisch und werden auch transgenerational weitergegeben. Sie ist zudem treffender als die Einteilung nach Geburtsjahren oder -orten.

Wichtig ist, dass die Ostdeutschen diese Identität weder erfinden noch haben wollten. Die Bürger in den neuen Ländern haben sich zur frühen Wendezeit nie als Ostdeutsche definiert. Diese Kohorte hat sich erst einige Jahre nach der Wiedervereinigung begonnen herauszubilden, als die Menschen im Osten sich bewusst wurden, dass ihre Lebensverhältnisse und Erfahrungen nicht kompatibel waren mit denen der Bürger in den westlichen Regionen – und auch nicht mit den aus dem Westen kopierten Strukturen. »Die Spezies ›ostdeutsch‹ ist erst ein Ergebnis von suboptimal gelaufener Binnenkommunikation in Deutschland und vieler Sorgen, die nach der Wiedervereinigung kamen«, meint der sachsen-anhaltische Ministerpräsident Reiner Haseloff (CDU). Wenn ich heute E-Mails von Lesern bekomme als Reaktion auf Artikel mit ostdeutschen Themen, steht oft der Name darunter und, mit Komma getrennt, »Ossi«. Es berührt und erschreckt mich zugleich.

Die DNA des Ostdeutschseins ist in den Verträgen und dem Ablauf der Wiedervereinigung angelegt worden. Diese wurde im Sinne der Übernahme der DDR durch die BRD vollzogen, die zugleich

---

4 https://www.sueddeutsche.de/leben/sachsen-michael-kretschmer-ostdeutschland-15203048?reduced=true

scharfe Trennlinien zwischen Ost und West manifestierte; bei den Löhnen, der Verteilung des Steueraufkommens, beim Eigentum und der medialen Hoheit von westdeutschen Verlagen und Sende-anstalten sowie Stimmrechten, etwa in der Verfassung. Damals wurden die Bund-Länder-Beziehungen neu geregelt, ohne dass die neuen Länder hätten mitreden können. Sie waren noch gar nicht gegründet. Die Trennlinien sind mit den Jahren sichtbarer gewor-den. Sie tragen dazu bei, dass das Land mental und gesellschaftlich geteilt wahrgenommen wird. Jene Bürger, die sich durch Umbruch-erfahrungen verbunden fühlen und die anderen, die sich in der BRD seit 1949 als Deutsche gefühlt haben. Reiner Haseloff kann den Be-fund mit Studien untermauern: »Wir machen seit vielen Jahren unseren Sachsen-Anhalt-Monitor. Da wird auch die Identifikation mit abgefragt: Fühlst du dich als Harzer oder als Anhalter oder Deut-scher oder Europäer? Und in den ersten Jahren gab es die Spezis Ostdeutscher überhaupt nicht. In der neuesten Version ist sie nach der regionalen Abfrage die mit der höchsten Punktzahl. Noch vor Sachsen-Anhalt, wo wir Gott sei Dank auch bei 76 Prozent sind«. Wie man da rauskommt, ist klar: Verschwinden die Trennlinien, löst sich auch die Klassifizierung nach Ost und West auf. Wie man diese Linien verschwinden lassen kann, darum geht es in diesem Buch.

Berlin als Symbol des westlichen Selbstverständnisses

Berlin spielt eine herausgehobene Rolle im Prozess der Vereini-gung. Die Mauer als symbolische Trennlinie ist verschwunden, an der ehemaligen Grenze kann man heute entlangspazieren oder -joggen. Mitte der Neunzigerjahre bin ich aus Neuruppin nach Charlottenburg gezogen, ich hatte genug von den Wirren im Osten und wollte dahin, wo es feste, funktionierende Strukturen zu geben schien. Also Charlottenburg, im Westteil Berlins. Es war nett, gediegen, freundlich – aber irgendwie fehlte mit der Zeit etwas. Und als es eine schöne Wohnung in Mitte gab, also in dem Stadtteil, der vielleicht am meisten vermischt und bunt ist in Berlin, zog ich zurück in den Osten, ohne den Westen verlassen zu müssen. Es fühlte sich richtig an. Die Bundeshauptstadt ist ja auch das Symbol für ein Paradoxon. Einerseits liegt sie im Osten des Landes. Gleichzeitig wird sie den alten Ländern zugerechnet. Dass die Stadt Berlin geteilt war und geographisch im Osten liegt, scheint oft kein Grund zu sein, sie auch dort zu verorten und als sechstes neues Bundesland zu zählen.

Ist das nicht ein Irrtum? Ich frage an bei dem Macher des Einigungsvertrags (»Da bin ich heute noch stolz darauf, dass das meine Idee war«) und Präsidenten des 19. Bundestags Wolfgang Schäuble (CDU). Er ist gerade zu Hause in Offenburg und erholt sich auf der Terrasse in der Sonne; man plaudert am Telefon entspannt über Regierungskoalitionen, die erstmals in den neuen Ländern erprobt wurden, Kenia beispielsweise und Rot-Rot-Grün. Ist der Osten nicht ein einziges Demokratie-Lab? Ein Vorreiter und Seismograf für politische Entwicklungen?

Schäuble widerspricht. Man dürfe das jetzt nicht übertreiben mit der demokratischen Innovationskraft des Ostens. »Wir haben Rot-Rot-Grün auch in Berlin«. Ja, sicher, antworte ich erstaunt. Berlin hätte ich jetzt mal Ostdeutschland zugeschlagen. Damit hat Wolfgang Schäuble nicht gerechnet. »Ich bitte Sie«, sagt er. »Die ehemalige Frontstadt. Unsere Bundeshauptstadt. Hier war der Umgang mit der Linkspartei noch mal schwerer als in den neuen Ländern«. Es ist ein fröhliches kleines Geplänkel zwischen Ost und West. Ich kann mir aber gut vorstellen, dass Wolfgang Schäuble es gar nicht so lustig findet. Insbesondere seinem Einsatz ist es ja zu verdanken, dass sich im Juni 1991 nach einer hoch emotionalen Debatte im Bonner Wasserwerk eine Mehrheit im damaligen Bundestag für den Umzug der deutschen Hauptstadt nach Berlin ausgesprochen hatte. Dass er die deutsche Hauptstadt aber dem Osten zuschlagen soll, das geht ihm dann doch zu weit. Berlin ist immer noch das gefühlte Bollwerk der Demokratie im Osten.

Wie alle anderen hat auch ein Wolfgang Schäuble, 1942 geboren und seit 1972 ununterbrochen für die CDU Abgeordneter des deutschen Bundestags, sein Weltbild. Dieses kann man launig finden. Oder gestrig. Oder ideologisch. Die Reaktion des erfahrensten Politikers im Bundestag lässt das Beharrungsvermögen erahnen, das bis hoch in die Spitzenpositionen in Verwaltungen und Politik noch anzutreffen ist und leicht ins Grundsätzliche gleitet. »Ein Stück weit ideologisch« zu sein, räumt Schäuble selbst ein.

Aber die realen Umstände in Berlin sind nun mal andere. Wenn man davon ausgeht, dass die alten Länder bereits vor dem Mauerfall existierten, dann sind die neuen Länder diejenigen, die nach der Wiedervereinigung entstanden sind. Da sich das heutige Land Berlin erst nach dem Mauerfall gebildet hat, ist es also zweifelsohne neu.

Die Pandemie als andere Wiedergängerin der Wende

Viele Menschen haben ein paar Jahre lang gar nicht mehr so nachgedacht darüber, wie sie mit und nach der Wende lebten. Dass es jetzt wieder passiert, liegt auch an der Pandemie, die wie ein Verstärker der damaligen Erfahrungen wirkt. Die Wiedervereinigung bewirkte, dass scheinbar Banales vorbei war. Der tägliche Arbeitsweg – war weg (genau wie der Job selbst). Alte Freunde auch, die in den Westen gingen und die Datsche am See, weil der Alteigentümer zurückkam, der einst in den Westen geflohen war. Und jetzt in der Pandemie? Die Auswirkungen auf den Alltag sind sehr ähnlich. Die Eltern oder Großeltern oder Freunde besuchen, ein Konzert, ein Restaurant – unmöglich. Viele Ostdeutsche fühlen sich an das Leben in der Wendezeit erinnert, empfinden aber die Einschränkungen heute als weniger drastisch. Ich habe für dieses Buch mit einigen früheren Mitschülerinnen gesprochen, mit denen ich bis zur 8. Klasse in der Maxim-Gorki-Schule in Freiberg gelernt habe. Alle haben sehr viel zu erzählen, wollen aber nicht alle mit ihrem Klarnamen auftauchen. Die Stimmung sei politisch zu aufgeheizt, als dass sie erkannt werden wollten. Die Stimmen hier im Buch sind ein Querschnitt durch die Klasse. Meine ehemalige Mitschülerin Tina A., die jetzt in einer sächsischen Großstadt lebt, sagt: »Corona erinnert mich an die Wende. Und ich finde, wir sollten jetzt mal die Kirche im Dorf lassen. So schlimm sind die Einschränkungen nicht. Ich brauche nicht das gesamte Angebot an Südfrüchten jeden Tag, ich komme auch mal mit einer Gurke aus. Ich komme mit den eingeschränkten Einkaufsmöglichkeiten klar. Ich mag übermäßigen Konsum nicht. Weihnachten habe ich es sogar genossen, dass es nicht so viel Blingbling gab. Was ich vermisse, sind das Kino und die Freunde.«

Es ist manchmal irritierend, dass in der Pandemie leidenschaftlich debattiert wird über Einschränkungen und Ausfälle, die vor 30 Jahren in der Nachwendezeit kaum eine Nachricht wert waren, obwohl Millionen Menschen sie durchmachen mussten, etwa abgebrochene Ausbildungen, nicht abgeschlossene Studien, neue Schulfächer. Aus dieser Erfahrung heraus wissen die transformationserfahrenen Ostdeutschen, dass durcheinandergewirbelte Dinge wieder in eine Ordnung finden können. Und deshalb sieht das, was gelegentlich als Misere, Totalversagen der Politik oder GAU beschrieben wird, oft wie ein Krisenbonsai aus, setzt man es ins Verhältnis zu Ereignissen in der Vergangenheit wie den Umbrüchen nach der Wende oder dem Zweiten Weltkrieg. Ja, die Bildungspolitiker haben in der Pandemie dramatisch viel falsch gemacht.[5] Es wäre rückblickend zu vermeiden gewesen, dass Kinder während der Pandemie so wenig gelernt haben und sie besser ein

---

5 Beispielsweise das Versprechen, zuletzt Schulen und Kitas zu schließen und diese zuerst wieder zu öffnen. Beim Impfen haben Familien keine Priorität.

Schuljahr wiederholen sollten. Man kann diese Rückstände aber aufholen, lebensverändernd müssen sie in den meisten Fällen nicht sein. Angesichts des Umstands, dass in Diktaturen die Jugend niemals frei war, ihren Traumberuf zu erlernen oder die Welt zu erkunden oder dass nach der Wende einige Millionen Menschen im Erwachsenenalter neue Abschlüsse machen mussten oder anderswo auf der Welt Kinder in Flüchtlingslagern leben, relativiert sich das Drama zu Hause.

Wolfgang Schäuble sieht die Ostdeutschen in der Pandemie im Vorteil. Weil sie Erfahrungen mitbringen, die man im Westen nicht kennt. Das stimmt – zur Hälfte. Umbrüche erlebt zu haben heißt ja nicht, dass man schon wieder voll ins Risiko gehen mag. Die Menschen befürchten vor allem, dass sie erneut in eine passive Rolle gedrängt werden könnten, fremdbestimmt. Tina A. sagt zu diesem Szenario: »Die Leute haben Angst um ihre Zukunft, sie wissen, wie es zu Wendezeiten war. Die Arbeitsplätze sind weggefallen damals und jetzt geht ein bisschen die Panik um, dass es in ein paar Monaten wieder um meine Existenz gehen könnte und um meinen Job. Am Wochenende sind wir mit dem Rad rumgefahren, auch in ein kleines Dorf. Da war eine kleine Eisdiele, da steht jetzt ein Schild, zu verkaufen, die wird es also nicht mehr geben. Wir sind die Generation, die es schon mal erlebt hat, wie es ist, wenn Firmen zusammenbrechen. Auch solche, die eine Existenzberechtigung hatten und trotzdem abgewickelt oder verkauft wurden. Und jetzt bei Corona kann es auch welche treffen, die vorher gesund waren«.

Generation Umschulen

Weil die alte Bundesrepublik die Regeln des neuen Systems vorgegeben hatte und man diese im Osten zügig verstehen musste, fühlten sich die damals 18 bis 30 Jahre alten Jungen weniger als Generation des Aufbruchs denn als *Generation Umschulen*. Hinzu kam anfänglich auch eine Scheu, offen mit der Herkunft umzugehen. Viele, die weggegangen sind und in den Westen übersiedelten, mussten mit dem Gefühl fertig werden, weder zur einen noch zur anderen Seite zu gehören. Das beste Beispiel dafür ist wohl Angela Merkel. Der CDU-Politikerin habe immer der Stallgeruch gefehlt, ist in der Union zu hören. Sie ist keine von uns, hört man im Osten. Seit 2019 ist zu beobachten, dass mehr Ausgereiste in die neuen Länder zurück- als wegziehen. Es mag romantisch verklärt sein, aber es hat auch einen Touch von Wärme, heimzukommen nach den Abenteuern.

Eine Folge dieser Wendezeit ist, dass sich die eigentlich logischen jungen Nachfolger auf politische, wissenschaftliche und wirtschaftliche Spitzenposten – das sind die heute 50-Jährigen – im neuen Bundesgebiet nicht haben durchsetzen können. Karriere machen ging nur fern der Heimat. Insgesamt sind in den vergangenen 30 Jahren 1,23 Millionen mehr Menschen von Ost- nach Westdeutschland umgezogen als umgekehrt. Das war vor allem meine Generation, die damals fertig Ausgebildeten, die 18- bis 30-Jährigen; sie war die größte Gruppe von den fast vier Millionen Ostdeutschen, die ihre Heimat verließen.[6] Übertrüge man das auf westdeutsche Verhältnisse, hätten in kurzer Zeit 15 Millionen junge Erwachsene ihrer Heimat den Rücken gekehrt.

In den 1990ern hat man sich vor allem um sich selbst kümmern müssen. Tina A., eine frühere Mitschülerin, resümiert: »Die Neunzigerjahre waren so intensiv, ich habe viel nicht wahrgenommen und nur noch schemenhafte Erinnerungen. Ich hatte damit zu tun, die Existenz abzusichern. Mit dem Kinderkriegen habe ich gewartet bis zu den Nullerjahren. Als Ingenieurin bin ich den Großhandel gewechselt, dann habe ich umgeschult. Es kamen ja haufenweise Dozenten aus dem Westen, die haben die Basics gelehrt, Betriebs-

---

6 Antwort des Bundesinnenministeriums auf eine Anfrage der Linken im Bundestag, 30. März 2021.

wirtschaft, Rechnungswesen und Gesellschaftsformen. Danach habe ich einen neuen Beruf gelernt, Kauffrau. Zuerst habe ich in einer Agentur gearbeitet und danach bei einem Großunternehmen angefangen.«

Mit der Erinnerung an diese Zeit verhält es sich so ähnlich wie mit einem James-Bond-Film: Man hält die Spannung dieser scheinbar aussichtslosen Überlebenskünste aus, weil man weiß, dass 007 es schaffen wird (weil es sonst keine Fortsetzung gäbe), so, wie man es selbst im realen Leben geschafft hat. Rückblickend könnte man sagen: Es war ja so viel im Umbruch, dass in den Trümmern neue Chancen entstehen mussten. In der Makroökonomie hat Joseph Schumpeter dafür den Begriff der »schöpferischen Zerstörung« geprägt. Auf den Ruinen des Alten wächst das Neue. Klingt gelesen jedenfalls besser als erlebt.

Auch mein Einstieg in den Journalismus ist ein Beispiel für die Irrungen und Wirrungen von damals. In der Regel gehen junge Leute, die »was mit Medien« machen wollen, erst in eine Journalistenschule und dann in einen Verlag oder Sender. Dass ich – 1990 frisch diplomierte Maschinenbauingenieurin in Elternzeit und prekären Arbeitsverhältnissen – schließlich Journalistin geworden und bis zur *Süddeutschen Zeitung* gekommen bin, verdanke ich dem Mauerfall und einem frisch verliebten Universitätsprofessor aus Berlin-Dahlem. Ich hatte nach meinem Babyjahr – in dem es dann übrigens genug Kinderwagen zu kaufen gab und ich es irgendwann nicht mehr verwunderlich fand, sogar zwei zu haben – wieder arbeiten gehen wollen. Der Betrieb, in dem ich 1989 ein paar Monate vor der Wende als Ingenieurin angefangen hatte, das größte Leiterplattenwerk der DDR mit 3 500 Beschäftigten, war binnen kürzester Zeit von der Treuhand plattgemacht worden. Was viele verwunderte. Der Betrieb hatte Maschinen aus der Schweiz eingekauft, weil er nicht nur die DDR mit elektronischen Bauteilen zu beliefern hatte, sondern auch kräftig exportierte, in die sozialistischen Staaten –

und auch ins nicht sozialistische Wirtschaftsgebiet, gegen Devisen. Nach den westdeutschen Bilanzregeln sollten die Maschinen nichts mehr wert sein, wurden die vielen Anlagentechniker und Programmierer und Techniker nicht mehr gebraucht. Sie mussten umgeschult werden. Die schnell gegründete Umschulungsgesellschaft suchte händeringend Lehrer für Mathematik und andere technische Fächer. Tja, warum nicht mal was wagen?, habe ich damals gedacht und mich beworben. Es war ein warmer Tag, als ich vorsprechen durfte, ein heller Raum in einer Baracke. Mein Gegenüber war ein kurz vor der Rente stehender Abgesandter einer Kreishandwerkerschaft aus einem nordrhein-westfälischen Städtchen. Die Leute aus Bad Coesfeld hatten die Patenschaft über die Umstrukturierungen in dem stillgelegten DDR-Betrieb übernommen und den älteren Herrn in den Osten geschickt. Vielleicht war es Misstrauen, vielleicht auch Missbilligung, auf jeden Fall aber Skepsis, die aus seinen Augen sprach. Ich erinnere mich, wie er mich von oben nach unten und wieder nach oben abschätzte. Sie als Dozentin, so jung? Was sind Sie von Beruf? Diplom-Ingenieurin. Wie alt? 25. Sie haben ein Diplom? Ja. Es folgte eine Pause und dann eine aus seiner Sicht wohl revolutionäre Entscheidung: Gut, dann versuchen wir das mal. Es gab wenig Geld, es war besser als nichts.

Fortan radelte ich morgen sehr früh am See entlang in das stillgelegte Werksgelände. Um 7 Uhr begann der Unterricht. In einer Baracke gab es Büros für die Lehrkräfte. Ich studierte die Lehrpläne, bereitete Werkstoffanalysen, einfache Dreisatzaufgaben oder Aufmaß-Berechnungen vor, stellte mich vor die wesentlich älteren Umschüler, erklärte alles und ließ sie rechnen. Manchmal bat ich auch einzelne Umschüler, an der Tafel vorne vorzurechnen und ich weiß noch, dass es Momente gab, in denen ich zwischen Freude und Ungläubigkeit schwankte, dass diese gestandenen Männer und Frauen, die zu Hause noch ganz andere Probleme hatten, ohne Murren nach vorne kamen und sich an den Aufgaben versuchten. Als ich die Stelle später aufgab, bekam ich einen großen blauen drei-etagigen, seitlich aufziehbaren Werkzeugkasten geschenkt mit allem, was frau eben so im Hause braucht.

Die berufliche Wende kam nach zwei Jahren in Gestalt eines gut gekleideten Herrn. Ich hatte eine Freistunde, die ich auf einer Bank inmitten des abgewickelten und trostlosen Werksgeländes in der Sonne verbrachte. Mitte der Neunzigerjahre waren Westdeutsche ja gut an ihren Klamotten zu erkennen gewesen.

Der in feinen Wollstoff gekleidete Herr trat auf mich zu.

Darf ich Sie ansprechen?

Ja, bitte?

Ich suche Personal.

Das war in einer Gegend, in der zwei Drittel der Leute arbeitslos waren, ein unwiderstehlicher Einstieg.

Der Herr war Professor an der Technischen Universität Berlin und hatte einen eigenen Verlag in Dahlem. Ein lukratives Unternehmen. Er verlegte Bücher, gab ein Monatsmagazin heraus und organisierte Kongresse, auf denen Experten sprachen, deren Reden in die Bücher kamen. Dieser Verlag müsse jetzt nach Neuruppin umziehen, sagte der Herr. Weil er seinen persönlichen Lebensmittelpunkt in die Stadt verlagern wolle. Aus Dahlem nach Neuruppin? Ja: Er habe zu Silvester die Liebe seines Lebens auf dem Alexanderplatz in Berlin getroffen, eine Ärztin aus der Region. Er werde zu ihr hier an den schönen See ziehen. Es gebe nur ein Problem: Das mit dem Personal sei sehr schwierig. Seine Leute aus Dahlem hätten keine Lust auf umgebaute LPG-Schweineställe in der Mark Brandenburg, wo der Verlag einziehen sollte. Er habe per Anzeige schon neue Mitarbeiter gesucht und gebe in 30 Minuten einen Überblick über den Verlag, den er nach Neuruppin zu versetzen gedenke. Ich glaubte, meinen Ohren nicht zu trauen.

Heute kommt mir meine Reaktion unglaublich cool vor, aber ich bin sicher, dass ich damals richtig aufgeregt war. Eine unglaubliche Chance war das.

Wie lange diese Vorstellung dauern werde, fragte ich sachlich zurück. Meine Umschüler warteten schließlich, ich hatte also nicht alle Zeit der Welt, einem potenziellen Arbeitgeber aus Westberlin zuzuhören.

Dreißig Minuten, beeilte sich der Professor zu versichern. Gleich jetzt, sofort fange er an.

Gut, das geht.

Meine Unterrichtspause reichte also, ich folgte ihm und er präsentierte sein Geschäftsmodell. Ich hörte die Worte Verlag, Apple-Computer und Redaktion, ich hörte München und Düsseldorf, ich war begeistert und stieg ein.

So wie mir ist es damals vielen gegangen. Wie aus dem Nichts boten sich neue Gelegenheiten, aus der Arbeitslosigkeit zu kommen oder sich in neuen Feldern auszuprobieren. Meist stand man vor einem großen Dilemma: Es wurden Jobs angeboten, für die wir völlig überqualifiziert waren. Die wir aber mangels Alternative nehmen mussten. Erst in einer Zwangslage wie in jener, in der dieser verliebte TU-Professor damals war, stieg die Wertschätzung so weit, dass man vernünftige Angebote bekam – und ein ordentliches Gehalt dazu. Ich fühlte mich an diese Einstellungspraxis erinnert, als ich viele Jahre später ein Interview mit der späteren EZB-Chefin Christine Lagarde über Frauen in Spitzenjobs führte. Frauen, sagte sie sinngemäß, bekämen immer noch vor allem in Krisen eine Chance. So ähnlich war es damals in Neuruppin. Wäre der Verleger nicht in Not gewesen, neues Personal zu finden, hätte er wohl kaum Einheimische gesucht.

Wenn vor Corona gelegentlich Studentengruppen in unsere Berliner Redaktion gekommen waren und fragten, wie man sich eine Stelle im Parlamentsbüro der *Süddeutschen Zeitung* erarbeiten könne, konnte ich zwar eine lustige Geschichte erzählen, aber nicht wirklich einen Rat geben. Außer den, nicht aufzugeben, weil es stets unverhofft Chancen geben kann.

Ein Jahr pandemiebedingtes Zuhausebleiben hat unerwartet viel Gelegenheit und Zeit gebracht, diese krassen Veränderungen zu reflektieren. »Ich finde es wahnsinnig interessant, wie doch alle in unserer Klasse in der Oberschule ihren Weg gefunden haben. Ich habe gerade Daniela Kriens ›Muldental‹ gelesen, das waren für mich hammerharte Geschichten aus der Wendezeit, und ich war erschrocken, wie viel ich aus dieser Zeit schon verdrängt habe. Viele Erlebnisse und Befindlichkeiten sind wieder hochgekommen«, beschreibt meine frühere Mitschülerin Claudia P. ihre Rückschau. Es wird jetzt erst klar, dass diese Generation die Generation des Aufbruchs hätte sein müssen. Sie wurde zur Generation Umschulung, die jetzt die Posten einfordert, die sie damals hätte kriegen müssen.

Heute frage ich mich, wie eine Gesellschaft es sich leisten konnte, so viele Ressourcen zu verschwenden. Eine ganze Generation voll ausgebildeter Facharbeiter und Akademiker musste sich hinten anstellen, während Leute das Sagen hatten, deren Eignung vor allem darin bestand, aus alten Netzwerken und den alten Ländern zu kommen.

Auch die einstige Mitschülerin Claudia P. hatte eine andere Lebensplanung. Sie war als sehr junge Schülerin in eine Russisch-Exzellenzklasse der »Clara Zetkin«-Sprachschule in Freiberg gewechselt, wegen ihrer hervorragenden Sprachkenntnisse. Was ist daraus geworden? Es ist ein sonniger Tag Mitte Februar 2021, noch darf man nicht in Cafés sitzen, und so stehen auf dem Gendarmenmarkt in Berlin vereinzelt und im erlaubten Doppel Menschen mit Kaffeebechern an den von der Sonne gewärmten Hauswänden. Auch Claudia P. hat einen solchen Pappbecher in der Hand, sie wird aber den Kaffee kalt werden lassen, so viel ist zu erzählen. Russisch und Sport hat sie immer besonders gemocht. Und heute? Sie lacht, na ja, Vorteil Ost. Heute kann sie Russisch gut gebrauchen, wenn sie mit manchem Mieter verhandelt: Sie ist nach der Schule nach Ost-Berlin gezogen, hat dann Wirtschaftsinformatik studiert und in der staatlichen Plankommission der DDR[7] gearbeitet. Die Karriere nahm ein abruptes Ende nach dem Mauerfall. Claudia P. wechselte erst in die Treuhand-Anstalt, dann zu Ericsson Düsseldorf und schließlich in eine private Immobilienverwaltung. »Meinen jetzigen Job habe ich über eine Anzeige gefunden: eine Wohnungsbaugesellschaft hat Hochschulabsolventen gesucht, hauptsächlich in den Bereichen Ökonomie und Informatik. Der Personaler kannte jemanden an der Bergakademie[8], und weil ich an der ABF[9], die zur Bergakademie gehörte, mein Abitur gemacht hatte, habe ich den Job in einer privaten Hausverwaltung bekommen. Ich hätte auch in die IT-Abteilung gehen können, denn wir haben mit einer selbstentwickelten Software gearbeitet. Aber dann war der Bedarf bei den Verwaltern größer, und ich bin ins kalte Wasser gesprungen. Kaufmann der Grundstücks- und Wohnungswirtschaft war in der DDR kein Ausbildungsberuf, deshalb haben die meisten Unternehmer für die Verwaltung ihres Eigentums im Osten Quereinsteiger genommen. Unsere jetzige Chefin hat Physik an der Humboldt-Uni und in Moskau studiert, im Nebenzimmer sitzt eine promovierte Mathematikerin, eine Tierzüchterin haben wir auch. Mit vielen arbeite ich schon 25 Jahre zusammen«. Und Russisch? Die Russen sind gute Kunden, umso besser, wenn man ihre Sprache spricht.

Im Alltag spielt Ost und West für sie kaum noch eine Rolle. Auch nicht für meinen früheren Kommilitonen Jens S., der noch 1989

---

7 Die staatliche Plankommission gehörte zum Ministerrat der DDR, sie war zuständig für die gesamtstaatliche Planung der Volkswirtschaft und für die Kontrolle der Durchführung der Planaufgaben. Heute würde man sie als Wirtschaftsministerium bezeichnen.

8 Claudia P. stammt aus Freiberg. Die dort 1765 gegründete Bergakademie ist die zweitälteste montanwissenschaftliche Universität in Deutschland.

9 ABF: Arbeiter- und Bauernfakultät an der Bergakademie, dort wurden junge Facharbeiter auf ein technisches Studium vorbereitet.

nach Berlin gezogen ist und inzwischen am Stadtrand lebt. Er hat vor der Stelle bei der Bank in einer Spedition, einem Reisebüro, einem Ferienhausanbieter und einem Busreiseveranstalter gearbeitet und so viele Kollegen kommen und gehen sehen, dass keine Zeit war, sich für deren Herkunft zu interessieren. »Das ist für mich schon lange kein Thema mehr«. Und trotzdem, sagt Claudia P., weg ist das Gefühl nicht, anders zu sein. Und es ist auch nicht vergessen, dass man sich hinten anstellen musste. »Wir sind ja trotzdem unterschiedlich. Wir sind anders aufgewachsen, haben beide Systeme kennengelernt, mussten uns fast alle neu orientieren und haben jetzt Erfahrungen, die andere nicht haben. Das, was heute Corona von Künstlern oder kleinen Selbständigen verlangt – ihr Leben neu zu denken und sich neu zu orientieren –, hat uns damals fast alle getroffen. Wir waren damals sehr unsicher. Unsere Generation hatte einerseits den Vorteil, dass wir unsere Ausbildung abgeschlossen und keine Besitztümer angehäuft hatten oder an einen Ort gebunden waren. Wir standen am Anfang unseres Berufslebens. Aber wir hatten keine Erfahrungen in einem marktwirtschaftlichen System oder Seilschaften. Vielen hat es für lange Zeit die Sprache verschlagen.«

Heute sind die Wege von damals in Gedanken mehrmals abgeschritten, man hat sich wieder eingerichtet. Die Strecke, die die Leute dazu zurücklegen mussten, war um ein Vielfaches länger als jene, die die Menschen in den alten Ländern gehen mussten nach der Gründung der BRD. Das Symbol dafür sind die Frauen, die in der Immobilienverwaltung arbeiten, in anderen Jobs, für die sie hoffnungslos überqualifiziert sind. Manche mit dem Umbruch verbundene Wunden bleiben für immer: »Ich hatte panische Angst davor, arbeitslos zu werden. Das war auch der Grund, warum ich lange auf Kinder verzichtet habe. Und später war es zu spät«, berichtet Claudia P. Viele Kinder kamen gar nicht, auf die Zweitgeborenen verzichtet.

Die krassen Neunzigerjahre wirken bis heute nach. Die damaligen Entwicklungen haben dazu beigetragen, dass sich in den Regionen in Ostdeutschland keine Eliten aus sich selbst herausbilden konnten. Mutige, selbstbewusste Köpfe, die den Bürgerrechtlern das Recht auf die Debattenhoheit hätten streitig machen und damit die Diskurse vorantreiben und neue Ideen hätten gestalten können. Die Generationen, die den Fall der Mauer herbeigeführt hatten, und die Jungen, die bereitgestanden hatten, Verantwortung zu übernehmen, hätten die Aufbruchsstimmung weiter entwickeln müssen in eine Aufbaukraft. Aber sie (wir) waren damit beschäftigt, das neue System zu lernen. Ostdeutschland hat sich damals in eine politische Brache verwandelt, es entstanden keine eigenen Programme oder spezifische Bewegungen. In den letzten Jahren haben sich wieder zarte Pflänzchen entwickelt. Man muss jetzt aufpassen, dass ihnen das Licht nicht genommen werden kann.

Obwohl es wünschenswert wäre – noch scheint die Zeit nicht reif zu sein dafür, den Begriff des Ostdeutschen einmotten zu können. Man könnte ihn für eine Übergangszeit mit dem Begriff des *Quereinsteigers* ersetzen. Quereinsteiger waren wir in mehrfacher Hinsicht, in die Demokratie, in die Konsumgesellschaft, in neue Jobs, neue familiäre Zusammensetzungen, neue Kulturen.

Ostdeutschland ist anders als Osteuropa

Dass eine ganze Region ohne eigenes Führungspersonal auskommen muss, ist europaweit einmalig und kommt auch in den anderen früheren Ostblockstaaten nicht vor. In Polen, Tschechien, Slowenien und anderen Staaten rekrutierten sich ab 1990 von innen heraus neue Eliten mit unglaublich schnellen Aufstiegskarrieren. Der Ungar Viktor Orbán war mit 29 Jahren schon Parteichef, mit 35 Ministerpräsident. Der Streit, den der Dauerpremier ständig mit den westeuropäischen Staaten anzettelt, kann auch als Versuch einer Selbstbehauptung verstanden werden: *Wir haben den eisernen Vorhang niedergerungen.* Nur, weil ihr das Geld habt, könnt ihr uns nicht ständig sagen, was richtig und was falsch ist. Geradezu demonstrativ hat er den russischen Impfstoff Sputnik V bestellt, während in Brüssel die EU-Kommission nur mit Lieferanten aus dem Westen verhandelte. Die eigene nationale Linie bringt ihm Zustimmung im eigenen Land – und Ärger in Brüssel. Sicher, es wäre wohl nicht so richtig logisch, seinen Bürgern zu erklären, dass Russland angeblich die besten Dopingmittel produzieren kann – aber der Impfstoff nichts taugt. Noch dazu, wenn die ungarische Bevölkerung noch aus Erfahrung weiß, dass Impfstoffe aus Moskau verlässlich waren. Aber ums Inhaltliche geht es Orbán ohnehin kaum zuvorderst, sondern vor allem um Selbstbewusstsein, Profilierung und Augenhöhe.

Ich habe sieben Jahre lang aus Brüssel berichtet und schon in der Eurokrise und bei allen Haushaltsverhandlungen diesen Streit zwischen EU-Kommission und den neuen EU-Staaten miterlebt. Ich muss zugeben, dass ich lange nicht nachvollziehen konnte, warum der Regierungschef Ungarns eine Kompromissfindung unter den damals noch 28 Mitgliedsstaaten so oft torpedierte. Und offenbar immer einen Extrabonus rausschlagen wollte. Und auch nicht, dass die polnische Regierung sich jedes Gramm CO_2-Einsparung mehrmals teuer bezahlen ließ. Inzwischen glaube ich, dass die alten EU-Staaten gut daran getan hätten, sich das eine oder andere Mal zurückzunehmen in der Sprache. Und vielleicht manche Übergangsregel oder mehr Zeit hätten anbieten müssen. Hin und wieder wird im Eifer der Auseinandersetzung übersehen, dass schon ein Wort neue Verletzungen schaffen kann. »Wenn sich Orbán an die Gestapo erinnert fühlt, sollten wir wissen, dass wir vielleicht im Duktus etwas falsch gemacht haben«[10], gibt auch Reiner Haseloff zu bedenken.

---

10 Schalte mit Ministerpräsident Reiner Haseloff im März 2021.

Dieses europäische Ringen zwischen den alteingesessenen und den dazugekommenen Ländern findet eine Nummer kleiner auch in Deutschland statt und zeigt sich etwa im Wahlverhalten. Wer in den neuen Ländern für die AfD stimmt, muss nicht unbedingt Sympathisant dieser Partei sein und auch nicht das Parteiprogramm gelesen haben. Es reicht, dass sie sich inszeniert als eine Partei der Kümmerer jenseits des vermeintlichen Establishments, nach dem Motto: Euch wollen die nicht und uns auch nicht. Zwei nicht Gewollte, die sich verbünden, um vermeintliche Alternativen aufzuzeigen.

Fehlstellen

Das wäre anders, hätten auch die Jungen und die Mutigen den Schwung des Umbruchs nutzen können, den Aufbruch in den Heimatregionen voranzutreiben. In den neuen Ländern aber konnte sich kaum etwas dergleichen entwickeln, weil die aus dem Westen diktierten Bedingungen der deutschen Einheit es nicht zuließen. Die aus den alten Bundesländern zuziehenden Bürger übernahmen Landratsämter, Verwaltungen, Hochschulen, Medien und die politischen Spitzenpositionen. Viele fremdelten zunächst, blieben aber oft da und zogen ihre Leute nach. Alle Bundesbehörden in Ostdeutschland werden noch 2021 von Westdeutschen geleitet. Den Einheimischen bleiben sie fremd, und so witzelt noch heute mancher ostdeutsche Ministeriumsmitarbeiter in den Landeshauptstädten, er gehe zur Besatzerparty, wenn Abteilungsleitersitzung ist. Offen sagen will es aber keiner, man will ja keine neuen Verletzungen schaffen. War schon schwer genug bis hierher. Da versucht man es lieber mit Augenzwinkern.

Weil der Osten kein eigenes Spitzenpersonal herausbilden konnte und das vorhandene lange kaum akzeptiert wurde, hat er im bundesdeutschen Diskurs kaum Stimme noch Programm. Das hat Folgen bis heute. Ohne sichtbare Vorbilder und Führungspersönlichkeiten konnten sich auch keine Eliten bilden, weil die sich aus Menschen in Führungspositionen rekrutieren, die aufgrund ihrer Stellung in Organisationen wie Parteien, Universitäten, Konzernen oder Gerichten und der Armee gesellschaftliche Entwicklungen beeinflussen. Der gesellschaftliche, intellektuelle, politische und wirtschaftliche Wandel wird in der Bundesrepublik von Personen gelenkt, die aus der alten Bundesrepublik stammen oder dort geprägt wurden. Die anderen, die sich wegen der Erfahrungen aus den Umbrüchen der Wendezeit verbunden fühlen und als Ostdeutsche definieren, »sind außerhalb der Politik deutlich unterrepräsentiert«[11] – bis heute sind nur 1,7 Prozent aller Spitzenpositionen bundesweit von ihnen besetzt. Selbst in den neuen Ländern, wo 85 Prozent der Bevölkerung einheimisch ist, wird nur in knapp einem Viertel aller Topjobs in den Medien, der Wissenschaft, Verwaltung und in der Justiz der Osten bedacht. Lediglich ein Drittel aller im Osten ansässigen Unternehmen wird von Einheimischen geführt. Von den Vorsitzenden Richtern ist nicht mal jeder Zehnte aus dem Osten. Auch die Nachbesetzung folgt überwiegend diesen Strukturen, alte Netzwerke ziehen ihre Kandidaten nach.

Die Universität Greifwald ist eine der ältesten Hochschulen in Deutschland, sie wurde 1456 gegründet und ist besonders für ihren Fachbereich Medizin anerkannt. Nicht ganz *up to date* ist allerdings die Personalstruktur. So sind bis heute im Fachbereich Medizin an der Uni Greifwald[12] die Führungspositionen in den Kliniken, in der Forschung zur Genetik und Genomen, der Pharmakologie sowie der Immunologie und Transfusionsmedizin überwiegend westdeutsch-männlich besetzt. Von 40 Professorinnen und Professoren kommen 29 aus den alten Ländern, davon sind 23 männlich. Im September 2020 wird eine (!) Universität in Ostdeutschland von einer ostdeutschen Person geleitet, in den alten Ländern werden

11 6. Armuts- und Reichtumsbericht der Bundesregierung, 5. März 2021.
12 Eigene Recherche Dr. Cornelia Wolf-Körnert, Universität Greifswald.

71 Universitäten von Westdeutschen geführt.[13] Die Universität in Greifswald hatte seit 1990 sechs Rektoren, davon fünf aus den alten Ländern. Ihre Qualifikation bestand darin, die westdeutschen Strukturen zu kennen; ihre Aufgabe war es, diese Strukturen in den Osten zu kopieren. Noch heute werden die Stellen überwiegend westdeutsch nachbesetzt. Das hat auch strukturelle Gründe: Die Berufungskommission besteht zu 80 Prozent aus (westdeutschen) Lehrstuhlinhabern und Professoren und ein bis zwei Mitarbeitern oder Studenten. »Das Instrument der Berufungskommission verfestigt die Tendenz zu nicht-teamfähigen West-Professoren.«[14]

Wenn Frauen ihren Anspruch auf Spitzenpositionen anmelden, argumentieren sie, dass gemischte Teams besser arbeiten. Wenn Ostdeutsche in Führungspositionen kommen wollen, sagen sie, damit die Gesellschaft repräsentiert ist. Beide Begründungen haben eines gemeinsam. Sie sind überflüssig. Wenn CSU-Chef Markus Söder warnt, die Union habe kein Abonnement auf das Kanzleramt, so kann man das auch ableiten für Männer oder Westdeutsche: Auch sie dürften keinen angeborenen Anspruch auf Führungspositionen haben. In einer Gesellschaft, die mehrheitlich auf dem Vertrauen ihrer Bürger in das Spitzenpersonal aufgebaut ist, sollte es von vornherein der Anspruch sein, die Gesellschaft zu repräsentieren. Das muss ja nicht auf die Prozentzahl abgebildet werden. Wenn aber bestimmte Personenkreise von Elitenpositionen ausgeschlossen werden, ist das ein Problem, weil deren Interessen und Befindlichkeiten nicht mitgedacht werden und damit nicht in die demokratische Konsensfindung einfließen. Das gilt nicht nur für Bürger aus den neuen Ländern, sondern auch für andere Gruppen wie Migrantinnen und Migranten und bei Frauen sowieso, schließlich stellen Frauen die Hälfte der Bevölkerung.

---

13 Check Hochschulleitung in Deutschland, update 2021, che.de.
14 Eigene Recherche mit Dr. Hartmut Bettin, Universität Greifswald.

Es ist ja nicht so, dass Ostdeutsche in Spitzenjobs alles ändern und den Osten nach vorne schieben sollen. Es gibt den Osten ja auch gar nicht als Block, er besteht aus vielen Milieus und Gegenden, der Harz ist anders als der Spreewald oder die Mecklenburger Seenplatte und der Fichtelberg. Menschen aus diesen Regionen in gesamtdeutschen Topjobs könnten dafür sorgen, dass der mediale Scheinwerfer auch auf das Leben der Bürger in diesen Regionen gerichtet wird.

Die junge bürgerliche Generation West

Wie junge Generationen nachrücken und ihre Eltern so vehement wie konsequent herausfordern, zeigt die Bewegung *Fridays for Future*. Die dort engagierten jungen Menschen Anfang bis Mitte 20 – auffällig viele junge Frauen[15] – haben sich politisch schon so profiliert, dass sie im bundesdeutschen Diskurs wahr- und ernst genommen werden. Dass der Kohleausstieg schneller kommt als gedacht, haben die jungen Leute mit ihren Demonstrationen und Auftritten in Talkshows maßgeblich beeinflusst. Kann sich eine Regierung gegen die Kraft und Aufbruchstimmung der Jugend stellen? Dauerhaft jedenfalls nicht. Die Klimaschutzaktivisten kommen aus dem westlich geprägten bürgerlichen Milieu. Die schwedische Klimaschutzaktivistin Greta Thunberg wurde 2003 geboren, sie kommt aus einer Künstlerfamilie und sagt geradeheraus, dass sie den politischen Versprechen für mehr Klimaschutz kaum noch glaubt. »Mein Name ist Greta Thunberg und ich lade Sie ein, Teil der Lösung zu sein«, schreibt sie auf Twitter in einem angehefteten Tweet. »Das Pariser Klimaschutzabkommen hat den 5. Geburtstag gefeiert und unsere Regierungen präsentieren hoffnungsvoll weit entfernte

---

15 https://www.boell.de/de/2019/08/19/ein-jahr-fridays-future-erste-umfassende-studie-veroeffentlicht

hypothetische Ziele, Netto-Null-Lücken und leere Versprechen. Die wahre Hoffnung liegt bei den Bürgern.« Klarer kann man die ältere Generation kaum herausfordern. Thunberg folgen auf Twitter fast fünf Millionen Menschen; die englische Universität Winchester enthüllt im Frühling 2021 die erste Bronze-Skulptur der schwedischen Aktivistin. Damit soll sie als weltweite Vorkämpferin und inspirierende Frau geehrt werden. Ihre deutsche Mitstreiterin Luisa Neubauer, geboren 1996, stammt aus dem hanseatischen Bildungsbürgertum. Es ist kein Zufall, dass die führenden Aktivistinnen aus Regionen in den alten Bundesländern kommen mit vergleichsweise stabilen Strukturen, wo die klassischen Generationenkonflikte ausgetragen werden. Statt die Eltern zu unterstützen, wie es vielfach – wenngleich in abnehmender Tendenz – in den neuen Ländern passiert, nehmen die Jungen im Westen sie in die Pflicht, wie es jetzt bei #ParentsForFuture der Fall ist. Hinzu kommt, dass junge Menschen im Westen in überwiegend gefestigten Strukturen leben und es sich auch materiell leisten können, überwölbende Themen voranzutreiben. *Fridays for Future* ist bundesweit in Ortsgruppen organisiert. Ein Blick auf die Karte[16] zeigt, dass die Regionalgruppen in den alten Ländern deutlich dichter aneinanderliegen als in den neuen, wo sie sich vor allem in größeren Ortschaften organisieren. Und das liegt nicht nur daran, dass Mecklenburg-Vorpommern, Sachsen-Anhalt oder Brandenburg viel dünner besiedelt sind als Nordrhein-Westfalen oder Baden-Württemberg. Andererseits ist beim Umweltschutz und vor allem grünen Energien ein bundesdeutsches Paradoxon zu besichtigen. Dort, wo die *Fridays-for-Future*-Bewegung im Osten noch helle Flecken hat, stehen oft die gigantischen Windräderparks, die genau das produzieren, was die Aktivisten wollen: klimaneutralen Strom. Fährt man die A20 oder die A9 abends nach Süden, kann man kilometerlang impressionistisch-futuristisch anmutende Sonnenuntergänge erleben. Wind-

---

16 https://fridaysforfuture.de/regionalgruppen/

parks im Gegenlicht. Die Regionen scheinen Vorreiter im Ringen um die Klimaneutralität des Landes zu sein, ohne dass das richtig wahrgenommen wird. Wobei auch hier das bekannte Problem auftritt, das der CDU-Politiker Detlef Gürth aus Sachsen-Anhalt so beschreibt:[17] Es sei ja schön und gut, dass es auf jedem Feld ein Windrad gebe. Aber wer profitiere denn davon? Ja, nur wenige Firmen, die vor allem im Westen sitzen würden. In Sachsen-Anhalt gebe es 2800 Windräder, das seien dreieinhalb mal so viele wie in Baden-Württemberg – und da regierten die Grünen. Gürth fürchtet, die Menschen in seinem Bundesland würden das nicht mehr lange mitmachen. Es ist genau dieser Widerspruch, auf den die Bürger in den neuen Ländern so sensibel reagieren. Ihre Regionen werden mit Windrädern vollgestellt, davon profitieren wirtschaftlich wie politisch andere.

Schwarz-Weiß-Denken ist dennoch nicht angebracht: Die größte Parteispende, die Bündnis90/Die Grünen bisher erhalten haben, trifft im April 2021 ein. Eine Million Euro, gespendet aus Greifswald. Ein junges Parteimitglied hatte erfolgreich Bitcoins geschürft; den mit enormer Klimabelastung erworbenen Reichtum spendet er seiner Partei. Wer hätte gedacht, dass die Grünen dank finanzieller Hilfe aus den neuen Bundesländern einen großen Wahlkampf machen können?

Generationenablösung Ost

In der Pandemie – Zufall oder nicht – haben einige der zur Zeit des Mauerfalls Jungen lauter als bisher ihre Stimmen erhoben. Sie fallen umso mehr auf, weil es ja ohnehin kaum Ostdeutsche in den bundesweiten Debatten gibt. Das Magazin *Cicero* hat in einem Ran-

---

17 https://www.spiegel.de/politik/deutschland/wahlen-in-sachsen-anhalt-die-cdu-und-ihre-angst-vor-der-afd-a-7c039276-0002-0001-0000-000177693563

king der Intellektuellen im Jahr 2019 den ersten Ostdeutschen auf Platz 47 verortet, ausgerechnet den 1976 ausgebürgerten Liedermacher Wolf Biermann. Im Corona-Jahr ist der Chor vielstimmiger geworden. Es ist ein neues Selbstbewusstsein zu spüren, man hat Boden unter den Füßen und traut sich raus. Der als bodenständig geltende Schauspieler Andreas Schmidt-Schaller erzählt, wie der Polizeiruf 110 in der DDR »mit Sorgfalt und Liebe fürs Detail« produziert wurde.[18] Diese Sorgfalt würde er sich heute »auch wünschen, wenn über die Menschen in den ostdeutschen Bundesländern in den Medien berichtet wird oder wenn Politiker sich über sie äußern«. Heute sei vieles so oberflächlich, man setze sich gar nicht mit den Menschen auseinander. »Nach 30 Jahren gibt es immer noch dieses Gefälle, das es bei einem partnerschaftlichen Verhältnis nicht geben sollte.« Seit dem Mauerfall habe sich das nichts verändert. »Ganz schlimm« und »sehr ungerecht« findet er, »dass der Osten einfach in die rechte Ecke gestellt wird«. Schaue man es sich genau an, »sieht man, dass die Führenden der rechten Gruppierungen aus dem Westen kommen. Die haben erkannt, dass es dort so viele enttäuschte Leute gibt, die ihre Arbeit verloren haben und nicht wissen, wie es weitergeht. Da fehlt mir ein Gegenwartsfilm, der so in die Tiefe geht, wie damals der Polizeiruf.«[19]

In die öffentliche Wahrnehmung hat sich auch Schauspielerkollege Jan Josef Liefers gebracht mit der Aktion #allesdichtmachen.[20] Als er bei Maybrit Illner im TV sitzt und die Moderatorin ihn befragt, fällt mir zuerst auf, dass sie sich ungewöhnlich viel Zeit mit ihm nimmt. Und dann fällt mir wieder ein, dass Illner ja selbst Ostdeutsche ist. Dass sich zwei aus der gleichen Generation Ost im TV über ostdeutsche Befindlichkeiten, Pressefreiheit und Redefreiheit

18 https://www.sueddeutsche.de/kultur/andreas-schmidt-schaller-thomas-grawe-polizeiruf-110-ddr-fernsehen-15306814?reduced=true
19 Ebd.
20 https://allesdichtmachen.de/

unterhalten, noch dazu als Fragerin und Befragter, erscheint mir wie ein großer Schritt in Richtung deutsch-deutscher Normalität. Und auch, dass man inhaltlich durchaus geteilter Meinung sein kann über ihre Unterhaltung – wie immer.[21]

Es fällt auch auf, wie lange die damals Jungen auf großen Abstand bedacht waren zu ihrer Vergangenheit in der DDR, wie lange sie ihre Köpfe in der Deckung gehalten und nicht darüber geredet haben. Die jetzt reden, sind vor allem diejenigen, die zunächst den Ostgeruch ablegen wollten. Jetzt, da sie sich bundesweit Anerkennung und Respekt verschafft haben, entschließen sie sich, ihre Geschichten zu erzählen. Der Soziologe Steffen Mau gehört zu ihnen, Professor an der Humboldt-Universität. Der Wissenschaftler Wolfgang Schröder, die Unternehmerin Katharina Witt oder die Medienwissenschaftlerin Mandy Tröger aus Berlin-Ost, die sich einen Doktortitel vor dem Namen erarbeitet hat, damit ihre Forschungsergebnisse respektiert und nicht sofort in die Ost-Schublade gesteckt werden. Diese Generation hat die Erfahrung gemacht, dass man seine Herkunft besser nicht thematisierte, wenn man Karriere machen und bundesweite Anerkennung haben wollte. Man musste sich eine Art Reputation erarbeitet haben, bevor man sich aus der Deckung wagte.

Das »Outing« der Ost-Herkunft führt noch immer zu Aha-Erlebnissen, die by the way freilegen, dass die Denke über den Osten noch recht verkrustet ist. Es ist immer der gleiche Reflex, egal, ob man privat, mit befreundeten Kollegen oder mit beruflichen Gesprächspartnern zu tun hat. Selbst Bundestagspräsident Wolfgang Schäuble schaut noch im Februar 2020 bei einem Gespräch in seinem Büro überrascht auf. Er hatte seine Lateinkenntnisse zum Besten gegeben, ich auf meine Russischkenntnisse verwiesen: Ach, Sie sind aus dem Osten? Ja, bin ich. Ein über-

---

21 https://www.zdf.de/politik/maybrit-illner/jan-josef-liefers-zu-allesdichtmachen-bei-maybrit-illner-29-april-2021-100.html

raschter Blick, der so viel heißt wie: Das merkt man gar nicht. Oder, wahlweise: Das sieht man Ihnen nicht an. Hätte ich nicht gedacht, sagt Schäuble. Lange Zeit habe ich mich über solche Geplänkel gefreut, als seien sie eine Anerkennung. Seit einigen Jahren aber betrachte ich sie eher liebevoll ironisch. Wer ist hier eigentlich stehen geblieben?

»So jemanden wie dich hätte ich hier gar nicht erwartet«, hat meine Schwester an der neu gegründeten und mit westlichen Professoren besetzten BWL-Fakultät der Bergakademie Freiberg in ihrer Promotionszeit dutzendfach zu hören bekommen. Hoppla, mag sich mancher gedacht haben, die können ja mehr als lesen und schreiben. Als sei der Osten ein Zoo gewesen mit seltenen Lebewesen darin. Die krasseste Anekdote hatte kurz vor dem Mauerfall mein Ehemann mitgebracht, der seine Cousine in der Schweiz besuchen durfte. Man sei zusammen mit der Cousine zum Recyclinghof gefahren, berichtete er, wo sie ihn und seine Schwester als Verwandte aus der DDR vorgestellt hatte. »Sprechen die auch Deutsch?«, flüsterte der Recyclinghofbesitzer hinter vorgehaltener Hand. »Oder nur Russisch?«

Der erfahrene Politiker Wolfgang Schäuble glaubt, dass sich das mit Ost und West in den nächsten Jahren verwächst. Vielleicht hofft er es auch, weil er ja federführend am Einigungsvertrag geschrieben hat. Angesichts der strukturellen Benachteiligungen erscheint diese zur Schau getragene Hoffnung etwas überoptimistisch – es sei denn, das politische Spitzenpersonal würde mal einen auf den Osten zugeschnittenen Wahlkampf und sich daran machen, die gröbsten Schnitzer des Einigungsvertrages auszubessern. Womöglich täuscht er sich aber auch in der Generation der heute 18- bis 30-Jährigen im Osten, die sich zwar als Ostdeutsche fühlen, das Streben ihrer Eltern nach Anerkennung und finanzieller Absicherung aber nicht unbedingt teilen. Die Zeit[22] hat

---

22 Zeit im Osten 7/21.

eine kleine Umfrage unter Studierenden in Leipzig durchgeführt, die Befragten gaben sich in ihren materiellen Ansprüchen erstaunlich bescheiden. Die Umfrage bestätigte die Mutmaßung, dass junge Ostdeutsche ostdeutsch sein anders definieren als ihre Eltern: nicht mehr über die Erfahrungen des Umbruchs, sondern über die Erfahrung sozialer Eigenschaften. Zusammenhalt, Freundschaften, Gemeinschaftssinn und Menschlichkeit werden wichtiger bewertet als Effizienz, Karrierestreben und Ellenbogen. »Ich glaube, durch meine ostdeutsche Prägung sind mir humanistische Ideale, Solidarität und Gerechtigkeit oder Themen wie die Emanzipation der Frau immer wichtig gewesen und anerzogen worden«, sagt Anna (26). Nun mag die Leipziger Community nicht repräsentativ sein für alle Gleichaltrigen. Relevant ist sie trotzdem, denn sie ist eine Keimzelle politischen Elitedenkens. Aus denen, die jetzt dort studieren, können die künftigen Eliten Ostdeutschlands hervorgehen. Ähnlich wie aus der bürgerlichen Elite Hamburgs die *Fridays for Future* in Deutschland entstanden sind.

Stereoanlage statt Kinderwagen – das Erlebnis aus der Nacht des Mauerfalls steht exemplarisch für die verrückten Zeiten des Umbruchs, für das Lernen, unter marktwirtschaftlichen Bedingungen zu leben. Es soll hier nicht ausgeblendet werden, dass auch der Westen, geografisch gesehen, in der Nachwendezeit einiges zu lernen hatte. Die einstige Bundestagspräsidentin Rita Süßmuth erinnert sich, dass die Fahrer aus Bonn so ihre Schwierigkeiten hatten, sie an den richtigen Ort zu bringen. Mehr als einmal landete sie in Wittenberge (Stadt an der Elbe, halbe Strecke zwischen Berlin und Hamburg), wo sie doch nach Wittenberg (Universitätsstadt an der Elbe südlich Berlins mit engen Verbindungen zu Martin Luther) wollte. Was man noch nicht kennt, sind die Erzählungen aus der Mitte der Gesellschaft, das bunte, alltägliche Bild, und dass man in den Regionen drüben jetzt auch eigene Wege geht, die das

Selbstbewusstsein wachsen lassen. »Wir haben die ersten sechs bis acht Jahre einfach den Westen nachgeahmt, aber dann gemerkt, das geht so nicht«, sagt Mario Voigt, der als Spitzenkandidat der CDU in Thüringen für die Landtagswahl im September darauf hinarbeitet, den Ministerpräsidenten Bodo Ramelow von der Linken abzulösen »Wer immer nur Imitat ist, wird immer unzufrieden sein.«

Laboratorium Ost

Die Pandemie hat Deutschland einen größeren Einigungsschub versetzt als die Jahre zuvor. Sie hat die neuen Länder und ihre Regierenden selbstbewusster gemacht. Sie erheben ihre Stimme – und geben schon mal bundesweit den Ton an. Ostdeutschland ist das Laboratorium für die moderne Demokratie. Es gibt neue Koalitionen und einen neuen Politikstil.

Der neue Politikstil

Es ist ungemütlich vor dem Schloss in Schwerin, dem Regierungssitz in Mecklenburg-Vorpommern. Noch ist es trocken, aber der Wind treibt schwarze Regenwolken ran. Düster ist auch die Stimmung unter den gut hundert, teils mit schwarzen Totenkopf-Umhängen bekleideten Menschen auf dem Platz. Sie haben eine Totenbahre aufgestellt. Eine Frau in einem grauen Stepp-Parka hat sich ein riesiges Schild um die Schultern gehängt: »Statt Sterbegeld brauchen wir jetzt Entschädigungen«, rechts und links hat sie ein Friedhofskreuz aufgemalt. »Wir wollen nicht irgendwelche Hilfen, die zu spät kommen und nicht reichen. Wir wollen selbst arbeiten«, ruft eine andere in ein Mikrofon. Zustimmendes Klatschen. Es ist März 2021. Hoteliers, Gaststättenbesitzer sowie Veranstalter demonstrieren für Lockerungen in der Pandemie. SOS steht an der

Leinwand hinter dem Mikrofon. Es geht um die Existenz. Mal wieder, wie man mit Blick auf die Umwälzungen in der Wendezeit sagen muss.

Die Pandemie hat in Mecklenburg-Vorpommern den Tourismus hart getroffen, das Land lebt zu einem guten Teil von dem, was die Urlauber im Nordosten ausgeben. Die harten Restriktionen der Landesregierung haben das Geschäft zum Erliegen gebracht – aber gleichzeitig die Zahl der Infektionen und Todesfälle vergleichsweise niedrig gehalten. Insbesondere im Vergleich mit dem Bundesland, dessen Bewohner im Sommer stets die Strände an der Ostsee bevölkern: Sachsen. In keinem anderen Bundesland ist die Todesrate so hoch, allein bis Frühjahr 2021 waren dort fast 10.000 Menschen gestorben.[23] Sachsen und Mecklenburg-Vorpommern haben wie alle Bundesländer mit der Pandemie zu kämpfen. Was aber heraussticht, ist der neue Politikstil ihrer Regierungschefs. Der Ministerpräsident von Nordrhein-Westfalen und Unions-Kanzlerkandidat Armin Laschet lässt sich in Impfzentren filmen. CSU-Chef Markus Söder posiert vor bayerischer Kulisse. Die beiden jüngeren Regierungschefs im Osten aber, Manuela Schwesig (SPD) und Michael Kretschmer (CDU), haben es nicht so mit der großen Inszenierung. Dafür reden sie mit gefühlt jedem Bürger, der seinen Unmut kundtut.

Es fällt auf, wie selbstbewusst Ministerpräsidentin Schwesig und Ministerpräsident Kretschmer auftreten. Nicht nur im eigenen Land, sondern auch bundesweit. Als ebnete ihnen die Pandemie, die alle gleichermaßen trifft, den Weg zur gleichberechtigten Teilhabe in den Ministerpräsidentenrunden. Kretschmer und Schwesig mischen Abstimmungsrunden im Kanzleramt auf, sie präsentieren eigene Konzepte und verteidigen sie gegen Widerspruch. Sie pflegen den Kontakt nach Russland und stören sich nicht am Nase-

---

23 9625 Tote Stand 31. 5. 2021, https://de.statista.com/statistik/daten/studie/1100750/umfrage/fallzahl-des-coronavirus-covid-19-nach-bundeslaendern/

rümpfen der Kollegen. Die Geschichte der Pandemie ist für beide auch eine von Emanzipation und neuer Augenhöhe.

Immer wieder hat man den Eindruck, dass die beiden deutlich näher an den Menschen auf der Straße sind. Und auch, dass die Pandemie eine schlummernde Begabung der Ostdeutschen wiedererweckt hat: das Talent, improvisieren zu können, sich etwas auszudenken, damit Dinge funktionieren.

Einiges geht schneller im Osten als im Bundesmaßstab. Mecklenburg-Vorpommern hat Anfang März 2021 als erstes Land die digitale Kontaktverfolgung eingeführt. Mit der Luca-App kann man sich landesweit ein- und ausloggen, das ist wichtig, um Begegnungen nachvollziehen zu können. Die Luca-App ist nicht perfekt, zeigt aber den digitalen Weg hin zu den gewünschten Lockerungen. Auch in Sachsen ist man schnell. Die kleine Stadt Augustusburg entwickelt die erste digitale Eintrittskarte für Geschäfte und Gaststätten für negativ Getestete – und weil der Bürgermeister im *Deutschlandfunk* erklären darf, wie sie funktioniert, wird Augustusburg bundesweit bekannt und der Bürgermeister so oft befragt wie noch nie. Der Osten – bisher vor allem gefragter Gesprächspartner bei rechten oder rassistischen Problemen – ist plötzlich bundesdeutscher Maßstab für andere Themen. Es scheint von Vorteil zu sein, dass dort Strukturen nicht so verfestigt sind und dass die Menschen ihre Erfahrungen haben mit ungewohnten Situationen. Das macht manches schneller als anderswo.

An jenem Freitag im März quillt der Terminkalender von Schwesig über. Zuerst geht es in die Staatskanzlei, ab Vormittag in den Landtag. Für unser Gespräch hat sie um 10 Uhr einen Slot reserviert, der, wie sich später herausstellen wird, so nicht stattfinden kann und sich auf mehrere Gesprächsfetzen aufteilen wird. Die Demonstranten waren nicht eingeplant, sorry, wir müssen verschieben. Schwesig will raus zu den Leuten auf dem Platz, der eigentlich ein Parkplatz ist, aber jetzt vom Trauerzug der Gastronomen besetzt ist. Sie trägt an diesem Tag hohe Schuhe und ein frühsommerliches Kleid, aber darauf wird sie keine Rücksicht nehmen. Schnell den Mantel drüberziehen, und dann schreitet die Chefin in Pumps zügig durch den Schotter des Platzes auf die Demonstranten zu. Ihr Chef der Staatskanzlei läuft mit einem Stapel Akten unterm Arm hinterher.

Später sagt sie, es sei ein Albtraum für sie, gerieten die Dinge außer Kontrolle. Bisher hat das Land bundesweit bei den eher niedrigen Infektionszahlen gelegen – und in der Anerkennung weiter oben. Das liegt auch an dem aus Dänemark stammenden Rostocker Oberbürgermeister Claus Ruhe Madsen. Er organisierte schon pragmatisch Massentests, als die Berliner Politik davon noch nicht viel hielt. Er ließ die Belegschaft des geschlossenen Grünflächenamtes zum Testpersonal ausbilden, als anderswo über die Zumutbarkeit einer Umschulung von Beamten oder Verwaltungsangestellten ausführlich debattiert wurde. Schwesig hat ihn machen lassen, und es hat sich nicht nur wegen der niedrigen Infektionszahlen gelohnt. Sondern auch wirtschaftlich: Das Rostocker Biotech-Unternehmen Centogene, das die Corona-Tests entwickelt, hergestellt und durchgeführt hat, ist ein Jahr später, im Frühjahr 2021, bundesweit der offizielle Pilot-Massentest-Durchführer in der Berliner Philharmonie.

Ein Gewinner macht natürlich noch keinen Sommer und die Demonstranten, auf die Schwesig zuschreitet, kommen aus besonders getroffenen Branchen. Sie leben vom Tourismus, und der findet nicht statt. Sie bittet um das Mikrofon und stellt sich vor das Schild mit dem »SOS«. Ihr Kabinettschef stellt sich daneben, es sieht aus, als halte er sich bereit, notfalls ein paar Papiere zu zeigen, man kann ja nie wissen. Die Personenschützer sind auch da, sie wird sie aber nicht brauchen.

Die Demonstranten werden friedlich bleiben, aber ihre Wut ist unüberhörbar. Sie haben Hygienekonzepte eingeführt, digitalisiert, die letzten Reserven mobilisiert – und trotzdem dürfen sie nicht arbeiten. Für manche fühlt sich das nach früher an, nach

Berufsverboten wie zu DDR-Zeiten. Als Schwesig sich das Mikro nimmt, weiß sie, dass sie die Forderungen nach schnellen Öffnungen hier und jetzt nicht erfüllen kann. Dass sie nur die Überbringerin einer Botschaft sein kann, die niemand hören will: »Wir müssen weiter vorsichtig sein, aber mit Testen und Impfen werden wir vorankommen und auch wieder öffnen«, verspricht sie, und das Erstaunliche ist, dass kaum jemand pfeift. Und als ein Mann im Umhang »Wir kommen wieder« brüllt, gibt Schwesig das Mikrofon zurück – und spricht den wütenden Mann an.

Das Überbringen schlechter Nachrichten gehört auch bei Michael Kretschmer zum Alltag. Bis in den Pandemieherbst 2020 hinein hat er es eher locker angehen lassen. Nach seinem Besuch in einer Klinik in Aue Mitte Dezember aber legt er eine Kehrtwende unter den Augen der Öffentlichkeit hin. Ihm sei klargeworden, dass es jetzt »ganz klare, autoritäre Maßnahmen des Staats« brauche. Mehr als ein Drittel der Ärztinnen, Ärzte und Pflegekräfte in der Klinik sei krank oder in Quarantäne, der Rest vollkommen erschöpft – aber manche Sachsen störe das alles offenbar nicht genug, um eine Maske aufzusetzen und aufzupassen, dass nicht noch mehr Alte angesteckt werden und sterben. Im Landtag redet Kretschmer den Abgeordneten heftig ins Gewissen. Im Überbringen unerwünschter Nachrichten entwickelt Kretschmer eine gewisse Routine. Mitte März 2021 fährt er etwa mit dem Ost-Beauftragten der Bundesregierung, Marco Wanderwitz, zu Unternehmern an die sächsisch-tschechische Grenze. Die ist geschlossen, den Fabriken fehlen also einige tausend Pendler. Die Unternehmer sind wütend über die geschlossene Grenze und fordern, sie zu öffnen. Kretschmer ist hingefahren, um das Gegenteil zu sagen: »Die Grenze muss geschlossen bleiben, bis in Tschechien die Zahlen sinken«.[24] Termine wie diese, sagt Wanderwitz, gehen an die Substanz.

---

24 Interview Marco Wanderwitz.

Ich frage Kretschmer bei einem Gespräch in der Staatskanzlei,[25] warum er sich das antut. »Ich lebe vor, wie ich mir ein Miteinander vorstelle«. Es gehe ihm um jene, »die diese Demokratie stützen, die müssen wir erreichen. Ich spreche mit denen, die Existenzängste haben, die Friseurin oder der Gastronom, der wegen Corona schließen musste. Die dürfen sich nicht in eine Ecke gedrängt fühlen, nur weil sie kritische Punkte haben bei der Corona-Politik.«[26]

Schwesig und Kretschmer, Jahrgang 1974 und 1975, sind weitestgehend in den Regionen aufgewachsen, die sie regieren.[27] Sie führt eine große Koalition mit der CDU als Juniorpartner, er ein Kenia-Bündnis aus CDU, Grünen und SPD. Beide begegnen dem Vorwurf, die etablierte Politik habe sich zu weit von den Menschen entfernt, indem sie gegebenenfalls mit jedem einzelnen Bürger reden. Manchmal dauere es eine Stunde, sagt Manuela Schwesig, um die 300 Meter zwischen Staatskanzlei und Parlament zurückzulegen. Weil sie so oft angesprochen werde. »Wir sind gewählte Volksvertreter, wir sprechen mit allen Bürgern, die interessiert sind an einem Dialog«. Wenn er die Sorgen der Leute nicht ernst nehme, stünden irgendwann 40.000 Leute auf der Straße und dann sei es zu spät, sagt Kretschmer.

Aber kann eine Politikerin, ein Politiker ein ganzes Bundesland befrieden? Kann sie oder er jede Wut, jede Überforderung umwandeln in gemäßigten Protest? Und selbst wenn es gelänge, ist so ein Politikstil angemessen?

»Wir müssen es probieren«, sagt Manuela Schwesig.

Es geht in beiden Ländern ja auch darum, dass die Leute die oft als kompliziert und in der Pandemie zu langsam und chaotisch erscheinenden demokratischen Prozesse verstehen lernen. Demo-

---

25 29. Januar 2021, Dresden.
26 *Süddeutsche Zeitung* Interview, 12. Februar 2021.
27 Schwesig kommt aus Brandenburg, lebt und regiert im Nachbarland Mecklenburg-Vorpommern.

kratie sei ja, so haben sie nach der Wiedervereinigung gelehrt bekommen, wenn jede einzelne Stimme zähle. Jeder kann in freien
Wahlen seine Stimme abgeben und darüber Politik mitbestimmen. Der Vorteil dieser Regierungsform sei, dass jeder frei seine
Meinung kundtun könne, sich beteiligen, organisieren und kriti-
sieren. Über diese Rechte und freie Wahlen fließen die Interessen
eines jeden Einzelnen in der Gesellschaft in die Politik hinein. So
weit wird es verstanden von den Bürgern. Schwieriger ist zu verstehen, dass niemand darauf beharren kann, dass persönliche
Interessen eins zu eins widergespiegelt werden. Demokratie bedeutet eben auch, dass in freien Wahlen Vertreter – also Abgeordnete – bestimmt werden, die Einzelinteressen bündeln und ab-
wägen und in demokratische Verfahren einspeisen, in die
Gemeindeversammlungen, in Parlamente und die Länderkam-
mern. Zugleich haben die Menschen erfahren, dass es im Westen
gewachsene Netzwerke gibt, die in den Osten übertragen wurden – und die für die Einheimischen weitgehend undurchlässig
geblieben sind.

Es ist auch dieser Widerspruch, der die parlamentarische Inte-
ressenvertretung unter Druck geraten lässt oder der AfD manche
Stimme bringt. Die Wiedervereinigung oder präziser gesagt die
Übernahme 1990 hat ihren Teil dazu beigetragen, weil sich herausgestellt hat, dass eine Eins-zu-Eins-Übertragung der westdeutschen Parteienlandschaft auf einen völlig anders sozialisierten
Osten nicht funktionieren konnte. Während der Kanzlerschaft von
Angela Merkel ist dieses Parteiengefüge insgesamt fragiler geworden, in den neuen Ländern hat die ostdeutsch sozialisierte Kanzlerin besonders stark polarisiert. Für die einen ist sie eine patente
Politikerin, die das Land geöffnet hat. Andere wenden sich veräch-
lich ab, weil sie sich nicht vertreten fühlen.

Das hat wieder zu einem Protest geführt, der allerdings ganz
anders ist als 1989. Damals wollten sich die Leute beteiligen, waren
auf der Straße, um gemeinsam für freie Wahlen und Reisefreiheit

zu demonstrieren. Heute ist es häufig so, dass sie sich verweigern wollen. Oder »zeigen, was eine Harke ist[28]«. Und das ist kein Problem der Ossis, sondern des gesamten Landes.

Kretschmer spricht vom Osten auch als »Seismografen für die gesamtdeutsche Entwicklung«.[29] Was in Ostdeutschland passiert, lässt sich auch anderswo beobachten: abnehmende Wählerbindung, Wechselstimmung, weniger Teilhabe, rauer werdender Umgangston, Ungeduld. Natürlich lässt sich durch reden mit jedem zu fast jeder Zeit kein Land regieren, nicht einmal so kleine wie Mecklenburg-Vorpommern oder Sachsen. Und es stellt sich auch die Frage, ob nicht der Respekt verloren geht, wenn gewählte Regierungschefs jedem antworten, auch wenn er übel pöbelt. Aber das Wissen, dass man mit denen reden kann, hinterlässt selbst bei Bürgern, die das nicht unbedingt vorhaben, ein Gefühl der Zufriedenheit. Kurz bevor ich den sächsischen Ministerpräsidenten selbst Ende Januar treffe, bekomme ich eine Kurznachricht aus einem Teil meiner Familie, der ganz in der Nähe von Dresden wohnt. »Gute Führung und keine Skandale«, ist da zu lesen. »Wir sind ganz zufrieden.« Gemeint ist Kretschmer. Ich bin überrascht, wie eindeutig die Nachricht ist. Nicht jeder Bürger erwartet ein Date, findet es aber gut, dass er, wenn er wollte, eines haben könnte.

Schwesig und Kretschmer haben als Teenies die Kraft der Massen miterlebt, die zum Fall der Mauer geführt hat. Sie haben in einer Gesellschaft gelebt, die der Historiker Ilko-Sascha Kowalczuk als ostdeutsche »Zusammenbruchsgesellschaft«[30] bezeichnet. Die staatliche Kommission »30 Jahre friedliche Revolution und deutsche Einheit« hat versucht, diesen Zusammenbruch des Alltags,

---

28 Protokoll Tina A.
29 Gespräch in der Staatskanzlei Dresden, 29. Januar 2021.
30 Ilko-Sascha Kowalczuk, Die Übernahme, C. H. Beck 2019.

dem die DDR-Bürger überwiegend ausgeliefert waren, als Transformationserfahrung positiv zu konnotieren. Die Menschen im Westen wollen aber nicht unbedingt an diesen Erfahrungen teilhaben und sie auch nicht auf das eigene Leben übertragen. Was ja völlig verständlich ist. Wer nicht muss, setzt sich nicht freiwillig einem radikalen Wandel aus, das belegt schon der Widerstand gegen Reformen fast jeder Art. Wer seit Generationen in stabilen gewachsenen Strukturen gelebt hat, hat kaum Interesse oder Lust auf radikale Veränderungen, und wenn, dann als kurzes Abenteuer oder doch nur in homöopathischen Dosen. Und auch die Leute in den Regionen zwischen Rostock und Plauen wollen nicht immer wieder darüber reden, was sie durchgemacht haben. Weil sie das immer wieder durchleben müssen. Manche fühlen sich so, als würde auf sie wie auf Bürger zweiter Klasse geschaut.[31]

Schwesig und Kretschmer identifizieren sich über ihre Umbruchserfahrungen als Ostdeutsche, ohne das besonders zu betonen. Die Erfahrungen der Wende und der Zusammenbruchgesellschaft spiegeln sich in ihrem Politikstil wider, der neu ist in der Bundesrepublik. Es mag förderlich gewesen sein für ihren Ansatz, mit allen zu reden, dass sie die Runden Tische kennen aus den Erfahrungen ihrer Vorgänger. Das Besondere an den Runden Tischen der Wendezeit war, dass da Leute aus allen Schichten und Milieus saßen. Akademiker, Arbeiter, Studenten, Bürgerrechtler und einst passive Mitläufer, weiblich und männlich, junge und alte, alle stritten um Kompromisse. Viele Leute, die vorher überhaupt nicht politisch waren, haben dabei mitgemacht, Flugblätter entworfen, gedruckt, verteilt, Zeitungen gegründet, Nachbarn Bescheid gesagt, Unterschriften gesammelt. Man war aktiv dabei. Es war die Verschmelzung vieler Milieus, aus der die Kraft kam für die friedliche Revolution. Es war ein *Miteinander*, das eine irre Kraft entwickelt hat

---

31 Abschlussbericht Einheitskommission 30 Jahre Friedliche Revolution und Deutsche Einheit, 2020.

und eine einzigartige Erfahrung ist, prägend für alle, die dabei waren.

Das Miteinander war vorbei, als man zuvorderst sein persönliches Überleben in einem neuen System zu lernen hatte. Später kam hinzu, dass Runde Tische in der parlamentarischen Demokratie mit ihren parteipolitischen Diskursebenen nicht mehr gefragt zu sein schienen. Inzwischen aber stellt sich die Frage, wie die parlamentarische Demokratie wieder mit Leben gefüllt werden kann. Es gibt Gemeinderäte, die müssen die Mitglieder der Freiwilligen Feuerwehr einladen, um eine gültige Wahl hinzubekommen. Immer mehr Bürgermeister gerade in den ländlichen Gegenden in den neuen Ländern sind parteilos. In Thüringen stellen »Sonstige« in 461 von 631 Gemeinden den Bürgermeister oder die Bürgermeisterin – der Rest verteilt sich auf CDU, SPD, Linke, FDP und Grüne.[32]

Im Pandemiejahr Jahr 2021 fällt auf: Es gibt zunehmend Versuche, an die einstigen Runden Tische anzuknüpfen und Leute aus allen Milieus anzusprechen. Grünen-Co-Chef Robert Habeck holt die Runden Tische wieder hervor als Instrument, um viele unterschiedliche Gruppen einer Gesellschaft zusammenzubringen und eine gemeinsame »neue Mitte« bilden zu können[33], Unions-Kanzlerkandidat Armin Laschet von der CDU hat alle Bürger aufgerufen, am Wahlprogramm mitzuarbeiten und Ideen zur weiteren Entwicklung des Landes einzubringen. Die Union arbeitet mit dem Slogan: »Mach mit beim Machen. Nimm Platz am runden Tisch«.[34] Man liest das und fühlt sich plötzlich in der Wendezeit 1989, als die Runden Tische das Instrument der Wahl waren, um die Leute zusam-

32 https://wahlen.thueringen.de/datenbank/wahl1/wahl.asp?wahlart=-BM&wJahr=0000&zeigeErg=KARTESVG / Grüne stellen demnach keinen Bürgermeister.

33 Robert Habeck, Von hier an anders, Kiepenheuer & Witsch 2021.

34 https://www.zusammenmachen.de/

menzubringen und Kompromisse zu finden, weil sich andere Strukturen auflösten.

Auch Kretschmer und Schwesig bemühen sich, so viele enttäuschte oder kritische Bürger wie möglich zurückzuholen. Kretschmer erklärt die Regeln demokratischer Prozesse sogar beim privaten Schneeschippen. »Ich will vorleben, wie ich es mir denke.«[35] Manuela Schwesig lässt sich eher vom Wind wegwehen als dass sie geht, bevor sie mit den Demonstranten gesprochen hat, die das wollen. »Bitte notieren«, sagt sie ein ums andere Mal zu dem Mann mit den Akten, der sie begleitet. Sie muten ihren Bürgern die Wahrheit zu. Damit übertragen sie ihnen ein Stück weit die Verantwortung und fordern sie auf, selbst aktiv zu werden und beizutragen, dass das Leben wieder normaler werden kann.

Ob es sich auszahlt, ist nicht ausgemacht. Kretschmer jedenfalls hat das Grillen von Würstchen auf gefühlt jedem BBQ in Sachsen bei den Landtagswahlen 2019 den Sieg eingebracht, fast fünf Prozentpunkte vor der AfD. Vor der Bundestagswahl 2021 wird er kaum den landesweiten Grillmeister geben können, es ist ja noch Pandemie. Es ist nicht vergessen, dass bei der Bundestagswahl 2017 die AfD in Sachsen stärker wurde als die CDU – und der damalige Ministerpräsident Stanislaw Tillich zurücktreten musste. Kretschmer redet in Sachsen also auch gegen eine Wiederholung dieses Wahlergebnisses an.

Manuela Schwesig hat im September 2021 eine Landtagswahl zu gewinnen. Sie will persönlich viel Wahlkampf machen, sagt sie, weniger mit der Bundespartei. Was angesichts der Lage der Bundes-SPD in den Umfragen nachvollziehbar ist, sie ist im Bund rund zehn Prozentpunkte schwächer als in Mecklenburg-Vorpommern. Was es ihr bringt, dahin zu gehen, wo es nicht einfach ist, bekommt sie direkt an diesem Freitag im März zu spüren. Als sie verspätet in den Landtag kommt, hat die AfD gerade die Anwesenheitspflicht der

---

35 Gespräch mit Kretschmer am 29. Januar 2021.

Ministerpräsidentin beantragt. Schwesig muss ins Plenum, das gemeinsame Gespräch muss erneut warten.

Die Ministerpräsidentin hat sich ein kleines Refugium neben dem Plenarsaal eingerichtet, ein Besprechungstisch mit vier Stühlen, in der Ecke Getränke, der Blick aus dem Fenster geht in den Schlossgarten und auf den Schweriner See. Auf dem Tisch liegt eine Tafel Yogurette. Für die Ministerpräsidentin, die braucht ja Energie, sagt eine der Angestellten. Neben den Getränken steht eine kleine Papiertüte, darin das Lunchpaket. Beides bleibt unberührt, die Chefin muss ja im Plenum sitzen, weil die Fraktion der AfD das so will. Es ist auch die AfD, die schließlich unbeabsichtigt das ursprünglich für 10 Uhr terminierte Gespräch mit der Ministerpräsidentin möglich macht. Im Landtag macht die Info die Runde, dass die Ministerpräsidentin zu spät im Parlament gewesen sei, weil sie zuvor mit den protestierenden Hoteliers geredet habe. Die AfD beantragt daraufhin, die Sitzung ganz zu unterbrechen, sie will auch raus auf den zugigen Platz zu den wütenden Unternehmerinnen und Unternehmern, Unterstützung versprechen. Die Unterbrechung bringt Schwesig Zeit für das verschobene Gespräch. Der Osten, Corona, die Wahlen, das Impfen, wir hetzen durch viele Themen, die sie umtreiben. Die Unterbrechung bringt ihr auch einen Punktsieg. Nach den Gesprächen mit der Ministerpräsidentin hatten die Hoteliers das Totenbett abgebaut und waren abgezogen. Als die AfD rausstürmt, ist der Platz wieder das, was er sonst ist: ein Parkplatz am Schweriner See.

Moderne Teilhabe

Der neue Politikstil wird sich nicht nur darauf beschränken können, mit jedem zu reden, der will. Die Politik muss auch neue Wege finden, wie die Leute in die zähen Prozesse der demokratischen Kompromissbildung einbezogen werden können. Im Frühjahr 2021 tagen bundesweit Bürgerräte. Es ist der Versuch, herauszufinden, wie sich die Meinungen zufällig ausgeloster Bürger entwickeln, wenn sie sich länger mit einem bestimmten Thema beschäftigen. In dem bundesweit angelegten Versuch geht es um »Deutschlands Rolle in der Welt«. Bundestagspräsident Wolfgang Schäuble und die aus der DDR stammende Bürgerrechtlerin und ehemalige Chefin der Stasi-Unterlagen-Behörde Marianne Birthler leiten das Experiment, das aufgrund der Pandemie vollständig digital durchgeführt wird. »Wir müssen unsere parlamentarische Demokratie zukunftsfest machen«, sagt Schäuble. »Die Bindung zwischen Wählern und Gewählten ist schwächer geworden – und die Kraft der Parteien, die für eine stabile repräsentative Demokratie wichtig sind, ist auch kleiner geworden.«[36] Schäuble bestätigt damit die These, dass Ostdeutschland der Seismograf für bundesdeutsche Entwicklungen ist. In den neuen Ländern ist die Parteienbindung fragiler, sind die traditionellen Volksparteien manchmal nur Bonsai-Varianten ihrer Schwestern im Westen. Aber auch dort wird das Band zwischen Wählern und Parteien loser. Die Maskenaffäre der Union und die Amigo-Netze in Bayern lassen zusammen mit dem schlechten Corona-Management der CDU-Bundesminister im März 2021 die Umfragewerte so deutlich wie nie zuvor in den Keller sacken.

Für die Besetzung der Bürgerräte wurden wie in einer Lotterie Bürger ausgelost, angesprochen und mit Laptop und WLAN ausgestattet. Sie sollten sich intensiv – auch mithilfe von Fachleuten – mit den Aufgaben deutscher Außenpolitik befassen und ein Gutachten mit den Ergebnissen erstellen. Schäuble hat freilich eine Hintertür eingebaut: Ob das Gutachten in die Arbeit des Bundestags einfließt, etwa über eine Gesetzesinitiative, sollen die Abgeordneten entscheiden. Das Plenum wird es zum Abschluss der Legislaturperiode debattieren.

---

36 https://www.sueddeutsche.de/politik/schaeuble-bundestagspraesident-buergerraete-15044696

Ende März 2021 liegen die Ergebnisse des ersten Modellversuchs vor. So richtig zufrieden ist der Bundestagspräsident nicht. »Ich denke, wir müssen zukünftig die Fragen konkreter und kontroverser stellen. Und wir dürfen die parlamentarischen Prozesse nicht noch länger machen. Und am Ende ist man im Modellversuch den ganz harten Fragen ausgewichen. So fehlt beispielsweise eine Empfehlung dazu, ob man die Bundeswehr in Afghanistan mit bewaffneten Drohnen ausstatten soll.«[37] Mancher hat den Eindruck, dass man in der Schlussredaktion des Gutachtens »noch andere kontroverse Fragen rausgenommen hat«. Wolfgang Schäuble, der ja noch einmal kandidiert bei der Bundestagswahl im Herbst 2021, zieht aus den Gesprächen schon eine Idee, die er im neuen Bundestag angehen lassen könnte: »Eine interessante Frage für die nächsten Bürgerräte wäre, ob unsere föderale Ordnung nach der Pandemie noch gut genug funktioniert.«

Bürgerräte gelten als Demokratieverstärker und sind ein Versuch, emotionale und strittige Debatten zu versachlichen. Und ein Versuch, den demokratischen Prozess zu öffnen, um ihn breiter zu machen und seine Akzeptanz zu erhöhen. Die Räte sind entstanden aus der Einsicht, dass man mehr Menschen und mehr Milieus beteiligen muss, damit am Ende möglichst viele Leute hinter den Ergebnissen stehen, die ja für alle gelten sollen. Es ist nicht ideal, die Teilhabe an der parlamentarischen Demokratie über einen Umweg zu stärken. Zum einen kann sich in dieser schnelllebigen Zeit während der langen Diskussionsprozesse die Situation ändern, was im schlimmsten Fall die Ergebnisse der Bürgerräte veraltet aussehen lässt. Die Bereitschaft, in den Räten mitzuarbeiten, würde sinken, die Akzeptanz sich verlieren. Schwierig ist in diesem Zusammenhang, dass dieses aufwendige Verfahren die ohnehin als langwierig bemängelten demokratischen Prozesse noch verlängert. Ungeklärt ist zudem, wie Leute reagieren, die mitarbeiten, weil sie

---

37 Gespräch mit Wolfgang Schäuble, 29. März 2021.

ein eigenes Problem gelöst haben wollen und dann feststellen müssen, dass ihm oder ihr als Einzelperson nicht geholfen werden konnte, weil am Ende immer nur ein Kompromiss herauskommen kann. »Man sollte sich nicht zu viel von den Bürgerräten versprechen. Ich denke nicht, dass sie die parlamentarische Demokratie ersetzen können. Aber wir sollten sie ausprobieren. Denn was wir nicht haben, das sind Meinungsbilder von Bürgern, die zufällig ausgewählt worden sind und die sich mit einer Frage intensiv beschäftigt haben. Die brauchen wir aber. Wir müssen die Bindung zwischen Wähler und Gewählten stärken. Denn ohne diese Bindung funktioniert freiheitliche Demokratie nicht. Wir brauchen Vertrauen. Wenn die Leute nicht mehr folgen, kann die Regierung machen, was sie will, sie kann es nicht erzwingen.«[38] Soziologen wie Raj Kollmorgen gehen noch einen Schritt weiter als Schäuble. »Die Frage, wie wir unter diesen Umständen in der Demokratie zu Entscheidungen kommen, die möglichst viele Menschen mittragen, ist für mich noch komplett offen.«[39]

Corona stellt *en passant* die Frage nach dem besseren politischen System. Demokratien haben zu beweisen, dass sie ihre Bevölkerung gut vor dem Virus schützen können und zugleich die freiheitlichen Grundrechte. Diktaturen wie China behaupten, dass sie ihre Bevölkerung mit harten Entscheidungen, die individuelle Rechte außer Kraft setzen, besser vor dem Virus bewahren als Demokratien. Vergleicht man die Zahlen der Toten, scheint das zu stimmen. Das Notwendige lässt sich durch Zwang offenbar besser und schneller erreichen, als wenn alle sich freiwillig fügen sollen. Der Preis dafür aber wären die Aufgabe von Teilhabe und Menschenrechten.

Es drängt sich noch eine andere Schlussfolgerung auf. Womög-

---

38 Gespräch mit Wolfgang Schäuble, 29. März 2021.
39 SZ-Magazin, Nummer 11/2021.

lich liegen die Aufgeregtheiten und Schwierigkeiten, in die Demokratien durch die Pandemie geraten sind, nicht an zu viel oder zu wenig Freiheit, sondern an *zu wenig Miteinander* und zu wenig gelebter Solidarität. Womöglich steckt genau darin der Irrtum, was Demokratie eigentlich ist. Miteinander zu leben bedeutet ja nicht nur, verschiedene Egoismen zu Kompromissen auszubalancieren, sondern auch Egoismen hintanzustellen. Demokratie entsteht nicht schon, indem jeder frei seine Meinung sagen kann und alle darüber abstimmen. Demokratie ist auch, dass man sich selbst zurücknehmen kann. Sie ist keine Methode, sondern eine Haltung. Jeder entscheidet frei, ob er sich zurücknehmen will und das auch tut. Diesen Unterschied lernen wir in der Pandemie kennen. Der öffentlich ausgetragene globale Wettlauf um die schnellsten Impfkampagnen zeigt auch, dass der Anspruch auf demokratische Werte und die Realität weit auseinanderliegen. Natürlich muss es das Ziel sein, so schnell wie möglich alle impfwilligen Bürger zu immunisieren. Aber muss es ein Wettlauf sein? Warum sollten wir als Maßstab diejenigen Länder nehmen, die USA *first* oder UK *first* zelebrieren und dafür Impfstoffe horten, Absprachen verletzen und Lieferketten unterbrechen, alles nur, damit sie alles kriegen und die anderen nichts? Was sagt es aus, wenn wir uns nicht an den europäischen Nachbarn messen, die ungefähr alle gleich weit sind? Und auch an die Länder denken, die den Wettlauf nicht mitmachen können. In der aufgeregten Debatte spielen Werte wie Vertrauen, Solidarität, Gemeinschaft kaum eine Rolle mehr. Stattdessen ist zu hören und lesen, dass die EU im Allgemeinen und Deutschland im Besonderen versagt hätten – weil zusammen bestellt wurde und dabei die Interessen aller 27 Länder berücksichtigt werden mussten. Ja, die EU – und auch die Bundesregierung als damals amtierende EU-Ratspräsidentschaft – hat einen riesigen Fehler gemacht. Sie hat sich nicht genug um die Produktion von Vakzinen in Kontinentaleuropa gekümmert. Und zugeschaut, wie die USA und Großbritannien Impfstoffe gebunkert haben, die anderswo dringend gebraucht worden wären. Und auch die Bundesregierung hat es versäumt, die wirtschaftspolitischen Weichen zu stellen und alles darauf zu setzen, ausreichend Kapazitäten für Masken, Tests und Impfstoffproduktion zu stellen. Davon unabhängig aber geht es in der Debatte vor allem darum, als *Erster* wieder in den Normalzustand zu schalten und als *Erster* wieder wirtschaftlich wettbewerbsfähig zu werden. Denn klar ist ja auch: Die ersten Rückkehrer auf den Markt können auf Wettbewerbsvorteile hoffen und größere Umsätze. Die Pandemie erzählt nicht nur etwas darüber, welchen Politikstil es in Zukunft geben könnte, sondern auch darüber, welche Bürgerinnen und Bürger wir sein wollen.

Deutsch-deutsche Annäherung

Die Pandemie zwingt die Deutschen zu Entdeckungsreisen im eigenen Land. Und schafft es, so manches Vorurteil aufzulösen. Nach der ersten Corona-Welle haben Anfang Juni 2020 die Hotels an der Ostsee wieder geöffnet. Auf die schmal beginnende Halbinsel Darß, keine Autostunde östlich von Rostock gelegen, führt nur eine große Straße, und die ist tagsüber permanent verstopft mit Autos, Stoßstange an Stoßstange. Die Straße teilt auch das kleine Seebad Wustrow. Wer dort von der offenen Ostsee kommt und zum Bodden will, muss lange auf eine Lücke in der Blechlawine warten. Als Kinder haben wir oft Nummernschilder geraten, und so schaue ich beim Warten auf einen geeigneten Moment zum Überqueren der Straße automatisch auf die Plaketten. Mal abgesehen von den Einheimischen kommt geschätzt jedes zweite Auto aus den alten Bundesländern. Im *Dashboard* der Bundesregierung ist ein halbes Jahr später der empirische Beweis zu finden: die mithilfe der Handydaten erstellten Bewegungsprofile, gestaffelt nach Bundesland. Mecklenburg-Vorpommern hat ab Ende Mai bis in den Oktober deutlich mehr registrierte Handy-Bewegungen[40] als alle anderen Bundesländer – es sind Besucher, die an die Ostsee strömen.

Die Bundesbürger machen 2020 Urlaub im eigenen Land. Sie erkunden die Mecklenburger Seen, staunen über die Schönheit der Sächsischen Schweiz, radeln in der Eifel und faulenzen im Allgäu. Auch die Spitzenpolitiker bleiben zu Hause. Der Sachse und Ostbeauftragte Marco Wanderwitz (CDU) fährt nach Bayern zum Wandern statt wie sonst nach Spanien. Der aus Krefeld stammende SPD-Co-Chef Norbert Walter-Borjans fährt in den Spreewald, der Badener Wolfgang Schäuble an die Ostsee. »Der Sommer hat viele Aha-Effekte ausgelöst. Und manches Vorurteil aufgelöst«, erinnert sich Ministerpräsident Reiner Haseloff.[41] Manch einer, der sonst zum Ballermann gefahren wäre, grillte 2020 an einem deutschen Baggersee.

Die Aha-Effekte aber sind besonders groß an der Ostsee. Mehr als jeder zweite Übernachtungsgast ist ein Neukunde, insgesamt sind es 57 Prozent.[42] Am Strand auf dem Darß stehen die Strandkörbe zwar wegen der Viren etwas weiter auseinander als sonst, aber der Wind trägt Stimmen herüber und so sind gelegentlich Gespräche aus den Nachbarstrandkörben zu hören:

Der Sand ist ja wirklich fein.

Und so weiß.

Fast wie auf Sylt hier.

Nur billiger.

Im Künstlerdorf Ahrenshoop hat das Café in der Mühle die Menükarten abgeschafft. Gäste müssen einen Code scannen, dann erscheint die Karte auf dem Screen. Der Darß ist eine digitale Test-

40 https://www.dashboard-deutschland.de/#/
41 Schalte am 10. März 2021.
42 https://tourismus.mv/artikel/blitzumfrage-mehr-neukunden-aber-insgesamt-
    leicht-weniger-sommergaeste-als-im-vorjahr

region. Plätze in Gaststätten werden ohnehin online gebucht. Pandemiegerecht und topmodern, das alles. Abgehängter Osten, schimpfende Bürger? War da mal irgendwas? Es stimmt schon, dass viele Regionen an der Ostsee einst das waren, was man eine Servicewüste nennt. Kurze Öffnungszeiten, jeder Zusatzwunsch ein Affront, man wusste gleich, wo man gelandet war. Davon ist (bis auf abendliche Engpässe) fast nichts mehr zu spüren.

Die Pandemie tut – auch wenn das zynisch klingt – Deutschland auf eine besondere Weise gut. Die traditionell im Sommer die Ostsee bevölkernden Sachsen geraten in die Minderheit, weil viele von den anderen, die sonst nach Italien, Spanien oder die Niederlande fahren, jetzt notgedrungen einen Platz am heimischen Strand haben wollen. In den Monaten, in denen Urlaub möglich ist, hat Mecklenburg-Vorpommern so viele Gäste wie nie zuvor. »Im sonst schon voll belegten August legte unser Land bei den Übernachtungen noch einmal um mehr als zehn Prozent zu, der September übertraf alle Erwartungen (+ 25,3 Prozent) und auch der Oktober war, trotz der beginnenden Reiseeinschränkungen, mit + 11 Prozent ein goldener. Im bundesweiten Vergleich haben wir die geringste Verlustrate.«[43]

Müsste man dem Virus einen positiven Effekt zuschreiben, dann den, dass es die Deutschen ausgerechnet im 30. Jubiläumsjahr einander nähergebracht hat, als es jede organisierte Vereinigungsparty am 3. Oktober 2020 vermocht hätte. Bevor das Virus kam, hatte es ja nicht danach ausgesehen, dass es die Deutschen in Ost und West nach 30 Jahren friedlicher Revolution und deutscher Einheit drängen könnte, mal rüberzumachen. Schon bei der Planung der Zeremonie in Berlin war es nicht besonders gut gelaufen. Die extra eingesetzte Einheitskommission stritt erst über ihre Zusammensetzung – klar, zu wenige Ostdeutsche. Als das klar war, gingen die

---

43 Mecklenburg-Vorpommerns Wirtschaftsminister Harry Glawe, https://urlaubs-nachrichten.de/artikel/bilanz

Augenbrauen hoch, als der frühere Ministerpräsident Brandenburgs und kurzzeitige SPD-Chef Matthias Platzeck forderte, die
friedliche Revolution als besondere Leistung der ehemaligen DDR-
Bürger herausgehoben zu würdigen, beispielsweise mit einem
neuen Nationalfeiertag. Warum nicht der 9. Oktober? An dem Tag
fand 1989 die große Leipziger Demonstration statt, bei der erstmals
alle frei redeten, die es wollten. Oder der 9. November, als 1989 die
Schlagbäume an der DDR-Grenze hochgingen. Aber ausgerechnet
der 3. Oktober? Die Kritik daran: Er markiere doch nur den »Ver-
waltungsvollzug«. Doch die zahlenmäßige Ost-Mehrheit in einer
Einheitskommission garantierte noch lange keine Mehrheit für
weitreichende bundesdeutsche Beschlüsse. Platzeck musste ein-
packen. Am Nationalfeiertag wurde nicht gerüttelt. Was ja wiederum den seit der Wiedervereinigung herrschenden Mehrheitsver-
hältnissen entspricht.

Das neue Selbstbewusstsein

Ministerpräsidentin Manuela Schwesig ist im Mai 2021 schon in
Wahlkampfstimmung. In ihren persönlichen Zustimmungswerten
liegt sie weit vor der politischen Konkurrenz. Und mit der SPD immerhin knapp vorne. Das mag auch daran liegen, dass Mecklenburg-Vorpommern in der Pandemie gelegentlich positiv überrascht
hat. Mal waren es die Einheimischen, die sich mehrheitlich über
die strikten Einreisevorschriften gefreut haben, die im Rest des
Landes manchen Verdruss bereiteten. Mehr als 60.000 auswärts
wohnende Zweitwohnungsbesitzer sind im Land registriert. Zu Beginn der Pandemie durften auch sie nicht einreisen. Das hat Schwesig zwar außerhalb viel Wut eingebracht, unter den Einheimischen
aber auch Zustimmung. Die Regelung half, die erste Welle milde
vorüberrollen zu lassen. Und mancher fühlte sich wohl, die Küste
für sich alleine zu haben.

Die Ministerpräsidentin ist derart präsent, dass man sich manchmal wundern konnte, ob nicht sie die bessere Kanzlerkandidatin gewesen wäre für die SPD. Seit dem 10. August 2020 ist Olaf Scholz der offizielle Kandidat im Rennen ums Kanzleramt. Das Gesicht der SPD aber ist immer wieder Manuela Schwesig. Sie fällt auf, weil sie kämpft. Selbst wenn man in der Sache geteilter Meinung sein kann, nötigt es Respekt ab, dass sie eine Umweltstiftung gründen lässt, um den Bau der Pipeline Nord Stream 2 trotz aller Widerstände und Sanktionen der US-Administration gegen die am Bau beteiligten Firmen vollenden zu können. Es nötigt Respekt ab, dass sie mit dem russischen Botschafter in Berlin, Sergei Netschajew, die Anlandestation von Nord Stream 2 im Seebad Lubmin besuchen will – obwohl der politische Gegenwind schärfer wird. Peter Beyer, Koordinator der Bundesregierung für die transatlantische Zusammenarbeit, bezeichnet am Tag des Besuchs in Lubmin den Bau der Pipeline »als Hindernis für einen Neustart der Beziehungen zu den USA«.[44]

Die Pipeline ist zu diesem Zeitpunkt zu 95 Prozent fertiggestellt. Die restlichen fünf Prozent sollen bis zur Bundestagswahl folgen. Es ist davon auszugehen, dass die große Koalition unter Angela Merkel nicht an dem Projekt rütteln wird. Und danach? Schwesig jedenfalls tut, was sie kann, dass die Pipeline tatsächlich fertiggestellt wird. Anfang Januar 2021 stellt Schwesig im Schweriner Landtag die Stiftung »Klima- und Umweltschutz MV« vor. Die Aufgabe der Stiftung ist aufgrund des Namens selbsterklärend. Dass die Umweltstiftung aber auch wirtschaftlich tätig werden soll, erwähnt Schwesig eher beiläufig. Den Journalisten aber fällt es auf: Eine Umweltstiftung, »die schweres Gerät für den Bau einer Pipeline in der Ostsee beschafft, (ist) mehr als nur ungewöhnlich. Es ist klar: Die Umgehung von US-Sanktionen ist der eigentliche Kern des An-

44 https://www.deutschlandfunk.de/transatlantische-beziehungen-beyer-nord-stream-2-ist.1939.de.html?drn:news_id=1253648.

liegens.«[45] Dafür spricht auch, dass das Stiftungskapital von der Nord Stream 2 AG kommt, einer 100-prozentigen Tochter des russischen Energiekonzerns Gazprom.

Schwesig mag das bundesweite Presseecho von vornherein einkalkuliert haben. Die Schlagzeilen sind nicht zimperlich. Sie lasse sich, mit anderen Worten, von Moskau kaufen.[46] »Ein Lügengebäude von geradezu Trump'schem Ausmaß«.[47] Andererseits ist die Pipeline unter den eigenen Bürgern weit weniger umstritten als im westdeutsch dominierten Blätterwald. Mecklenburg-Vorpommern bringt die Pipeline sichere und gute Industrie- und Ingenieurjobs. Von Lubmin, nahe Greifswald gelegen, soll das Gas, rund 55 Milliarden Kubikmeter jährlich, an europäische Abnehmer weitergeleitet werden, unter anderem nach Österreich und an weitere Anrainer. Die ostdeutschen Länder unterstützen Schwesig. Der Streit um die Pipeline Nord Stream 2 wirft ein helles Licht auf eine interessante Gemengelage: Ostdeutschland trägt das Projekt mit, die Wirtschaft ebenfalls. Bundeskanzlerin Angela Merkel will zwar mit den USA über die Beziehungen zu Russland reden. Zugleich sagt sie, ihre Grundeinstellung zu Nord Stream 2 habe sich aber »noch nicht dahingehend verändert (…), dass ich sage, das Projekt soll es nicht geben«.[48] Schwesigs Parteifreund und Kanzlerkandidat Olaf Scholz hält sich öffentlich zurück. Im Hintergrund versucht er, einen Deal mit den Amerikanern auszuhandeln, die das Projekt sanktionieren. Das heimliche Angebot bringt ihm zu Hause vor allem Ärger ein.

45 https://www.berliner-zeitung.de/wirtschaft-verantwortung/zweifelhafte-umweltstiftung-ein-aussichtsloses-unterfangen-li.132155?pid = true

46 vgl. https://www.ndr.de/nachrichten/mecklenburg-vorpommern/Schwesigs-Pipeline-Stiftung-Ferngesteuert-aus-Moskau,nordstream516.html

47 https://www.welt.de/debatte/kommentare/article224048456/Manuela-Schwesig-und-ihre-Fake-Umweltstiftung.html

48 https://www.welt.de/politik/deutschland/article224771319/Nord-Stream-2-Merkel-will-mit-US-Regierung-ueber-Pipeline-reden.html

Das pragmatisch-aufgeschlossene Verhältnis der neuen Länder zu Russland haben die westlich sozialisierten Bürger und Politiker lange unterschätzt. Warum eigentlich? Ich frage nach bei Wolfgang Schäuble, der ja den Kalten Krieg miterlebt hat. Hängt er immer noch dieser alten Polarisierung an? Seine Antwort deutet darauf hin. Der mit Abstand erfahrenste Politiker Deutschlands findet das Verhältnis der Ostdeutschen zu Russland auch 2021 noch »merkwürdig«. »Dass die Ostdeutschen eine bessere Einstellung zu Russland hatten als die Westdeutschen, gehört für mich zu den Dingen, die ich mühsam lernen musste. Ich dachte, sie seien von der Westgruppe der sowjetischen Streitkräfte unterdrückt worden. Ich dachte, man lehne seine Unterdrücker dann ab. Aber ich habe mich getäuscht.« Für Schäuble waren die Amerikaner »Schutzmacht«, die Russen Bedrohung, und er macht diese Sicht zum Maßstab. Viele DDR-Bürger sahen das jedoch andersherum oder mindestens so, dass sie sich sowohl von den SS-20-Raketen als auch den *Cruise Missiles* bedroht fühlten. Die Sowjetunion war ein beliebtes Reiseziel gewesen. Das Jugendtourist-Reisebüro hatte damals Reisen für Jugendliche in die Sowjetunion organisiert, ich weiß noch, wie mich diese unendliche Weite beeindruckt hat und die U-Bahn-Stationen in Moskau. Meine Abiturklasse reiste nach Kiew zum Abschluss. Hochzeitsreisen auf die Krim waren heiß begehrt. Man sprach die Sprache (leidlich), hatte viel über das riesige Land gelernt, Schriftsteller von Aitmatow bis Tolstoi gelesen und natürlich das Kinderbuch »Timur und sein Trupp«. Mein ehemaliger Schwiegervater, der für die sowjetische Kommandantur in Neuruppin fast sein Arbeitsleben lang arbeitete, war schwer beeindruckt von der Solidarität der bettelarmen Sowjetsoldaten, die in den Wäldern um die frühere Garnisonsstadt stationiert waren und nach der Reaktorkatastrophe von Tschernobyl unermüdlich Pakete für die Menschen in ihrer fernen Heimat packten. So was habe er nie erlebt zuvor.

Nicht nur bei der Pipeline drückt Schwesig das Kreuz durch. Sie legt sich notfalls mit der Kanzlerin in den Corona-Abstimmungs-

runden im Kanzleramt an. Sie ermahnt den Bayerischen Ministerpräsidenten Markus Söder, wenn er sich im Ton vergreift. Kein
Land hat schneller zu impfen begonnen. Schwesig berichtet von
einem Anruf ihrer Parteifreundin, der rheinland-pfälzischen Ministerpräsidentin Malu Dreyer, die sich erkundigt hat, wie die das da
im Norden machen. Das Ergebnis dieses Auftretens ist, dass über
Meck-Pom[49] nicht mehr nur berichtet wird, wenn es um Tourismus
geht oder man sich über Rechtsextreme empören will. Man weist
jetzt in den Norden, wenn es um Inzidenzen geht, das Testen, das
Impfen und digitale Fortschritte. »Übrigens, Bayern hat unser Öff-
nungskonzept für die Gastro-Branche komplett übernommen«,
sagt Schwesig. Auch in der Staatskanzlei steht jetzt Luca am Pfört-
ner. Wer das noch mal ist? Die App zur Kontaktnachverfolgung.
»Wir müssen ja mal anfangen.«

Die Pandemie hat Deutschland einen größeren Einigungsschub
versetzt als die zuvor gelebten Jahre. Nicht nur, weil man sich in
einem Land, das man besser vorübergehend nicht verlässt, zwangsläufig öfters begegnet. Die Sachsen, sagt Schwesig mit einem Augenzwinkern, die gehören im Sommer ja sowieso zu uns. »Aber
jetzt hat uns auch der Westen entdeckt. ›Wir sind aus Baden-Württemberg und wir sind das erste Mal hier. Sie haben es ja schön‹«[50],
hört sie oft von Touristen, die ihr auf dem Schlossplatz über den
Weg laufen. Der nächste ist aus Bayern, dann ein Westfale. Und so
weiter. Man begegnet sich auf Augenhöhe. Das ist neu. Und ganz
angenehm.

---

49 Von den Einheimischen inzwischen akzeptierte Abkürzung für das Bundesland,
    einst von Angela Merkel als »Westbezeichnung« für Mecklenburg-Vorpommern
    eingestuft, Süddeutsche Zeitung, 25. November 2005, 100 Fragen an Angela
    Merkel.
50 Interview mit Manuela Schwesig, 12. März 2021.

Die neue politische Augenhöhe

Es mag gleich der erste Satz des Beschlusses der Kabinettssitzung von Ministerpräsident Michael Kretschmer vom 9. Februar 2021 gewesen sein, gegen den einen Tag später Angela Merkel nicht mehr anreden will. Die zur Abstimmung der Pandemiemaßnahmen tagende Runde der Ministerpräsidenten hatte immer wieder heftig gestritten um Schulen und Kitas, öffnen oder schließen? Und dann war Sachsen vorgeprescht. »Das Kabinett hat beschlossen, die Grundschulen und Kindertageseinrichtungen zum 15. Februar im eingeschränkten Regelbetrieb wieder zu öffnen.« Sachsen öffnet als erstes Bundesland offiziell die Schulen, entgegen dem bekannten Willen im Kanzleramt. Kretschmer wagt den Alleingang, obwohl bundesweit noch heftig um die richtige Perspektive für Kitas und Schulen gerungen wird. Dresden setzt selbstbewusst den Ton für die Beratungen in Berlin – Merkel wird später in Berlin die Schulöffnungen ganz in die Hände der Länder legen. Er glaube, dass Angela Merkel wegen der Sachsen in den Beratungen schlussendlich aufgegeben habe, mit den Schulöffnungen bis März zu warten, wird Winfried Kretschmann enttäuscht resümieren.[51] Für den Ministerpräsidenten aus Baden-Württemberg ist es eine neue Erfahrung.

Die Chefs der neuen Länder überraschen auch die Kollegen. »Das sind die, die am längsten in den Ministerpräsidentenkonferenzen reden«, sagt einer, der selbst an den Schalten teilnimmt. Sachsen-Anhalts Ministerpräsident Reiner Haseloff (CDU) bestätigt, nicht zurückhaltend zu sein. Man müsse ja den Mund aufmachen, wenn man was durchsetzen wolle. »Die Leute gucken ja auch, was wir hinkriegen, und wie es besser vorangeht«, sagt er nach der Ministerpräsidenten-Schalte Anfang März – als erstmals kompliziert zu organisierende Lockerungen beschlossen werden.

---

51 Notiert im Gespräch mit Winfried Kretschmann am 12. Februar 2021.

Der Beschluss über die Schulöffnungen steht für eine grundsätzliche Tendenz in der Pandemie. Es spielt in den Beratungen kaum eine Rolle, ob die Ministerpräsidenten aus den alten oder den neuen Ländern kommen. Auch vor Corona war es üblich gewesen, dass sich die Regierungschefs der neuen Länder vor gemeinsamen Konferenzen eigens abgestimmt hatten in der »Ost-MPK«. Die Beziehungen der neuen Länder sind wegen der gemeinsamen Umbrucherfahrungen enger. Und auch, weil sie mit den gleichen strukturellen Problemen zu kämpfen haben. Die Wirtschaft ist kleinteilig, größere Unternehmen sind rar, es gibt zu wenig Eigentum, das verpflichten könnte, zu wenige Köpfe in einflussreichen Positionen, die den Osten mitdenken könnten. Zu Russland haben sie sich oft vorher abgestimmt, die an der deutschen Grenze ankommenden Lieferungen von Erdöl und Erdgas sind ein wichtiger Wirtschaftsfaktor, Hunderte Arbeitsplätze in strukturschwachen Gebieten hängen daran. Außerdem weiß man die Zuverlässigkeit schon aus Zeiten des Kalten Kriegs zu schätzen. Mit dieser Haltung sind sie später in der großen Runde oft untergegangen, weil die Kollegen aus den alten Ländern mehrheitlich eine strikte Linie gegen Putin fahren wollten und ihn mit Russland gleichsetzen.[52] Doch auch hier ist der Ton jetzt selbstbewusster. »Wir haben wegen Donald Trump doch aus guten Gründen nicht mit den Amerikanern gebrochen«, sagt Manuela Schwesig und ergänzt: »Warum sollen wir dann wegen Putin mit Russland brechen?« Dass der Osten den Russen gegenüber eine pragmatische Haltung an den Tag legt, liegt auch an den Erfahrungen des Mauerfalls: »Die Leute mögen es nicht, wenn gesagt wird, es ist der eine nur gut und der andere nur böse. Diese Schwarz-Weiß-Bilder lehnen sie ab, weil sie ja wissen und erlebt haben, dass das Leben bunt ist.«[53] In den pandemiebedingten Krisenschalten gibt es keine

---

52 Gespräch mit Matthias Platzeck.
53 Gespräch mit Manuela Schwesig, 12. März 2021.

Ost-West-Befindlichkeiten. Alle haben mit den gleichen Sorgen zu kämpfen.

Ende Januar 2021, ich bin zu Besuch in der barocken sächsischen Staatskanzlei bei Sachsens Ministerpräsident Michael Kretschmer. Man plaudert, was es denn so ausführlich zu erklären gebe in den Schaltkonferenzen, weil es heißt, dass die Ministerpräsidenten aus den neuen Ländern dort besonders lange redeten. Also er sei das nicht, pariert Kretschmer spontan, der Kollege aus Sachsen-Anhalt vielleicht, und, ja, Manuela Schwesig könnte auch Generalsekretärin werden. Später möchte er diese Bemerkungen wieder zurückholen. So sei es ja nicht, man arbeite sehr gut zusammen, er habe nichts Negatives zu sagen. Loyalität ist ihm wichtiger als ein schneller ironischer Satz. Reiner Haseloff hat allerdings überhaupt kein Problem damit, als Quasselstrippe dargestellt zu werden. »Wir müssen als Umbruch-Generation jetzt mal den Mund aufmachen. Und deshalb sage ich in den Ministerpräsidentenkonferenzen immer meine Meinung«.[54] Und, klar, es gebe eine Grundsolidarität und auch eine Beißhemmung unter den ostdeutschen Ministerpräsidenten und der Ministerpräsidentin: Wir würden uns gegenseitig nicht in die Parade fahren. Weil wir ja auch wissen, dass die Mehrheit sowieso erst mal gegen uns ist. Da hätten wir es noch schwerer.

Ost und West als Resonanzböden in der Pandemie

Die Pandemie trifft auf verschiedene Resonanzböden in Ost und West, aber auch innerhalb der Regionen. Vielen Menschen zwischen Erzgebirge und Rostock fällt es erkennbar leichter, sich mit der Lage zu arrangieren als ihren Landsleuten in den alten Län-

---

54 Schalte mit Reiner Haseloff im März 2021.

dern.[55] Sie sind umsturzerprobt und werden nicht so schnell panisch, wenn was nicht klappt, sagt Thüringens Ministerpräsident Bodo Ramelow von der Linken.[56] Ramelow, der selbst aus Niedersachsen kommt und der letzte nicht einheimische Ministerpräsident im Osten ist, aber als Ossi-Versteher durchgeht, bezeichnet das als den »typisch ostdeutschen Pragmatismus«. Die Erfahrung habe gelehrt, dass auch aus vermeintlich Nichts noch was zu machen sein kann.[57] Dass man Job, Beruf, Besitz, Werte verlieren – und neu erarbeiten kann. Dagegen erscheint eine Pandemie, solange man ihr mit Abstandhalten, Händewaschen und Maske begegnen kann, einfach zu bewältigen. Vor allem aber selbstbestimmt.

Es gibt auch die anderen Stimmen, die sagen, jetzt ist es aber mal gut. Widerstandsfähig zu sein reiche nicht aus, um Krisen wie die Pandemie bewältigen zu können. Im Gegenteil, zu viel Widerstandsfähigkeit könne man auch als risiko-avers bezeichnen, meint Wolfang Schäuble.[58] Wer schon viel Änderung ertragen habe, wolle eben nichts mehr ändern. Der Ostbeauftragte der Bundesregierung, Marco Wanderwitz, kann von Unternehmern berichten, die einfach keine Lust haben, ihren Betrieb zu digitalisieren.[59] Oder die Produktion auf neue Bedarfe umzustellen. Ist doch noch alles neu, sie wollen nicht schon wieder von vorne anfangen. Es ist also nicht so, dass Umbruchskompetenz die Menschen automatisch zur Avantgarde werden lässt. Auch das Gegenteil ist möglich.

Insgesamt scheint es, dass sich die Bürger in Ostdeutschland von der Pandemie weniger in ihren Leben bedroht fühlen als damals 2015 von den Flüchtenden. Christine Lieberknecht, die frühere CDU-Ministerpräsidentin von Thüringen, hat das Phänomen der

---

55 Abschlussbericht der Kommission 30 Jahre Friedliche Revolution und Deutsche Einheit, S. 189.
56 Gespräch in der Staatskanzlei Erfurt am 1. März 2021.
57 Ebd.
58 Gespräch mit Wolfgang Schäuble am 29. März 2021.
59 Gespräch mit Marco Wanderwitz, März 2021.

heftigen Proteste im Osten gegen Flüchtlinge einmal so erklärt: »Am 31. August 2015 waren die allermeisten erst einmal froh, dass die Bilder aus Budapest weg waren. Aber dann schauten Abend für Abend in den Dörfern hungrige und erwartungsvolle Gesichter in die Wohnzimmer. Und die Leute sahen, die kommen jetzt zu uns. Die werden unseren kleinen Wohlstand wegnehmen. Die Sorge war groß.«[60]

Kenia –
Das Laboratorium im Laboratorium

Schon in der DDR schien der Bezirk Magdeburg, der später im Bundesland Sachsen-Anhalt mit aufgegangen ist, eine seltsam gesichtslose Region zu sein. Nach dem Abitur wollte man auf keinen Fall in Magdeburg studieren und wechselte lieber das Studienfach, statt dorthin umzuziehen. Und man fand auch sonst keinen Grund, in den Bezirk zu reisen. Dieses Gefühl hat sich bis heute erhalten, obwohl man sofort tausend rationale Gründe aufzählen könnte, die das Gegenteil beweisen. Martin Luther und die Reformation, der Hexentanzplatz im Harz oder die Altmark.

Sachsen-Anhalt hat 2021 das Superwahljahr in den neuen Ländern im Juni eröffnet. Da ihm die *Süddeutsche Zeitung* ja nicht dabei helfen könne, die Wahl zu gewinnen, weil sie in seinem Bundesland nicht gelesen werde, müsse er sich andere Wege suchen, merkt Ministerpräsident Reiner Haseloff beim Gespräch im März ironisch an. Man hatte sich verabredet für eine halbe Stunde, dann wurde es die doppelte Zeit. Er wolle gar keinen großen Wahlkampf machen, sondern lieber das Virus niederringen, hat er damals gesagt. »Die Leute wollen ordentlich versorgt werden. Die gucken, was wir hinkriegen, und wie es besser geht. Es geht ja nur darum, ob etwas klappt. Gibt es weitere Öffnungen? Klappt das mit den Impfungen?

---

60 Interview mit Christine Lieberknecht.

Oder was passiert? Wir müssen unsere Hausaufgaben machen – und daran werden wir gemessen.« Das Wahlergebnis, das Haseloff dann im Juni einfährt, ist eine Sensation: mehr als 37 Prozent derjenigen, die zur Wahl gehen, geben Haseloffs CDU ihre Stimme.

So, wie Sachsen-Anhalt ein unterschätztes Bundesland ist, ist Reiner Haseloff wohl der am meisten unterschätzte Ministerpräsident. Er ist ein Einheimischer wie Kretschmer und Schwesig,[61] stammt aus Zahna-Elster im Landkreis Wittenberg. Man hat sich an ihn gewöhnt, auch daran, dass er manchmal etwas länger redet und dass er schon so lange dabei ist wie Angela Merkel. Im Frühling 2021 gibt es viele in der CDU, die sehr froh sind, dass er bleiben will, obwohl die Bundeskanzlerin geht. Dass er dafür sorgen will, dass Sachsen-Anhalt weiter von der CDU regiert wird. »Der Vorteil von Sachsen-Anhalt ist der Ministerpräsident«, fasst es Wolfgang Schäuble zusammen.[62]

Haseloff pflegt einen anderen Politikstil als seine jüngeren Kollegen. Er sieht es als seine Hauptaufgabe an, dafür zu sorgen, dass Menschen in eine Gemeinschaft eingebunden sind. »Nichts ist schlimmer, als wenn Menschen sich nicht einbringen können. Das Schlimmste, was man machen kann, ist, dass man Menschen alimentiert und keine Möglichkeit schafft, dass sie in den Arbeitsmarkt kommen.« Haseloff hat in den Jahren der grassierenden Massenarbeitslosigkeit die Bürgerarbeit erfunden. Arbeitslose bekamen zu tun und ein kleines Entgelt und der Alltag einen Sinn. Sogar in München hätten sie dann Bürgerarbeit gemacht, insgesamt 36.000 Menschen, sogar in Bibliotheken. »Der Mensch will integriert werden. Für das Selbstwertgefühl eines Menschen ist es wichtig zu wissen, dass er das Geld bekommt, weil er was getan hat. Das ist auch wichtig für eine Diskussion mit anderen Leistungsträgern auf Augenhöhe.«

---

61 Schwesig stammt aus Brandenburg, lebt aber schon lange in Mecklenburg-Vorpommern.
62 Telefonisches Gespräch mit Wolfgang Schäuble im April 2021.

Haseloff hatte bei unserer Schalte darauf gesetzt, dass es bis zur Wahl mit Impfterminen klappt für alle, die es wollen. Und dass es keine weiteren Korruptionsfälle in seiner Partei geben würde, Stichwort Maskenaffäre. Es wird zudem öffentlich, dass sich CSU-Bundestagsabgeordnete die Studien, mit denen sie Klagen gegen den Euro und gegen Griechenland vor das Bundesverfassungsgericht gebracht haben, von Millionären aus der Wirtschaft haben bezahlen lassen. Peter Gauweiler hat mit seinem Nebenjob als Anwalt mutmaßlich insgesamt rund elf Millionen Euro kassiert. Wenn wir das also einigermaßen hinkriegen, hat Haseloff kalkuliert, und wenn es nicht noch weitere Affären wie die mit den Masken gibt, die ja dann Kollateralschäden bringen, sollte es klappen mit dem Wahlsieg. In einer Phase, wo man nicht weiß, wie es weitergeht, wählen die Menschen nicht irgendwelche Experimentatoren, sondern Leute, auf die sie sich verlassen können.

In der Bundes-CDU haben sie von Anfang an gehofft, dass es in Sachsen-Anhalt im Juni auf eine Personenwahl hinauslaufen würde. So wie es dem Linken Bodo Ramelow gelungen war, in Thüringen zu siegen, hoffte die Union auf den Kompromisskünstler Reiner Haseloff in Sachsen-Anhalt. »Ich bin sozusagen der demokratische Pflock in der Mitte«, sagt Haseloff. »Ich habe die Kenia-Koalition gebildet, die erste in Deutschland.« Dann ein verschmitzter Blick. So ganz stimme es ja nicht. Warum? »Deutschland wird ja auch durch Kenia regiert.« In der Bundesregierung sitzen CDU und SPD, im Bundesrat sind in elf Bundesländern die Grünen in der Landesregierung »Was ich in Magdeburg am Kabinettstisch habe, findet auf zwei Kammern verteilt und zeitlich gestreckt inzwischen auch auf Bundesebene statt.« Der Osten als Vorreiter, mal wieder. Haseloff grinst. »Deutschland hat von Sachsen-Anhalt gelernt, dass man mit Kenia umgehen muss, um regierungsfähig zu sein.«

Muss Deutschland zittern vor der AfD? Haseloff winkt ab. Er habe jeden Montagabend Demonstrationen der Aluhüte vor seinem Haus. Wenn die wüssten, dass er zu Hause sei, Montagabend, dann würden sie schreien vor dem Haus. Er hat Hinweise, dass die Demos von der AfD organisiert werden.

Aber eins will er doch mal klarstellen: Die AfD sei eine westdeutsche Partei. Das ist ihm so wichtig, dass er es selbst am Abend der Wahl kurz nach seinem Sieg wiederholt.[63] Und da könne man jetzt nicht sagen, sie sei ein ostdeutsches Problem. Sie werde im Osten besonders stark gewählt aufgrund der ungelösten Probleme. Aber es gelte auch: »Keiner wäre im Osten auf die Idee gekommen, die AfD zu gründen.« Es habe einen Bodensatz für die NPD gegeben, die habe es ins Parlament geschafft. Die VdU, die sich als Sammelbecken von Bürgern zweiter Klasse bezeichnet hatte, sei gescheitert. Ihre Sympathisanten seien in den Neunzigerjahren größtenteils von der Linken bedient worden, denen aber jetzt von der Fahne gegangen – und zur AfD gewechselt. »Die AfD ist eine westdeutsche Gründung mit westdeutschem Führungspersonal. In allen Parlamenten sind jetzt AfD-Leute. Die Fraktionsspitzen und die, die in den Medien reden, die kommen alle aus dem Westen. Sie haben aufgrund der Notsituation und der Ansprechbarkeit von Unentschlossenen, Enttäuschten und auch populistisch Anfütterbaren bisher auch meistens Nichtwählern eine Resonanz in einer Krisensituation geboten.« Erst in der Flüchtlingskrise, und nun hoffe er, jetzt nicht wieder in der Coronakrise.

Und weil er das nicht einfach hinnehmen will, hatte sich Haseloff entschlossen, eine Legislaturperiode dranzuhängen: »Ich sehe meine historische Mission darin, dass dieses Land nicht nach links in die Hände fallen darf. Ich will keine Thüringer Verhältnisse[64] haben. Und ich will, dass nie wieder etwas Rechtes auch nur andeutungsweise in unsere Gesellschaft kommt.«

---

63 https://www.guetsel.de/content/guetersloh/22752/phoenix-reiner-haseloff-zu-afd-abschneiden-bei-landtagswahl-fehler-ist-im-westen-gemacht-worden.html

64 Ministerpräsident der Partei Die Linken.

Wer weiß denn so was?

Kreuzfahrtschiffe mit Matratzen aus Thüringen, Aufnahmen mit Linsen von Carl Zeiss und ein Dotcom-Wunder. Konzerne, Geschichtssalons und neues Wirtschaften – erfinden die Menschen im Osten alles selbst.

Der Quizmaster aus Thüringen

Wenn Bodo Ramelow (Die Linke) mal auszieht aus der Staatskanzlei in Erfurt, muss er sich keine Sorgen über eine Anschlussverwendung machen. Zu den unentdeckten Talenten des Ministerpräsidenten von Thüringen gehört das des Quizmasters.

Mit dem Regierungschef in seinem Büro zu sprechen, geht so: Man selbst sitzt auf einer hellen Ledercouch, der Hausherr in einem, wie sich schnell herausstellt, strategisch günstig gelegenen Sessel – er ist seinem vielleicht vier Meter entfernten Schreibtisch am nächsten. Das spart Zeit, denn Ramelow springt an diesem 1. März 2021 immer wieder auf, durchquert den Raum und kommt mit Anschauungsmaterial von seinem Schreibtisch zurück. Kennen Sie Hoffmanns Tropfen, meine Großmutter hat die mir schon gegeben, auf einem Stück Zucker als Kind? Ähm, nein. Warten Sie! Auf zum Schreibtisch. Dann steht eine Schachtel mit einem braunen Fläschchen neben dem Aufnahmegerät, der falsch gefaltete

Beipackzettel ragt heraus. »Cidegol C. Einmal sprühen alle zwei Stunden gegen Coronaviren. Von einer Thüringer Firma, eigentümergeführt, der Besitzer ist schon über 80, hat die DDR überstanden. Das ist die Tradition der Buckelapotheker aus dem Schwarzatal.« Ramelow strahlt.

Wer Ramelow nach Thüringen fragt, fühlt sich in die ARD-Quizshow *Wer weiß denn so was?* versetzt. Ein Ministerpräsident als Moderator, der gnadenlos überzieht. Nachfolgende Sendungen verschieben sich, bis es der Letzte kapiert hat. Sie glauben, dass Sie Thüringen kennen? Na ja, das Übliche: Gut zwei Millionen Einwohner, Carl-Zeiss-Jena, eine linksgeführte Landesregierung, die letzte Landtagswahl hat den Linken 31 und der AfD gut 23 Prozent gebracht, und dann noch den Skandal bei der Wahl des Ministerpräsidenten im Februar 2020. Mit den Stimmen der AfD und der CDU wird der FDP-Kandidat Thomas Kemmerich Regierungschef, erstmals stimmt die CDU mit der AfD, die inzwischen zur Co-Vorsitzenden der Linken gewählte damalige Fraktionsführerin Susanne Hennig-Wellsow wirft daraufhin Kemmerich den Glückwunsch-Strauß vor die Füße.

Und was ist das? Ramelow hält eine 20 Zentimeter lange mattsilbrige Rolle hoch, vier Zentimeter Durchmesser, zwei Anschlüsse rechts und links. Ähm, eine Welle? Neehehe. Eine Lithiumionenbatterie, die in der Raumfahrt verwendet wird. Hergestellt in Nordhausen. Aha. Sie werden auch auf den zwei Elektroschiffen eingesetzt, die den Plastikmüll in den Weltmeeren aufsammeln. Eigentlich sollten die auch die CabinCabs aus London elektrifizieren, dann kam der Brexit und der Ansatz war leider gehimmelt. Gehimmelt ist so ein typisches Wort, das Ramelow gerne nutzt, um schlechte Nachrichten nicht ganz so schlecht klingen zu lassen. Eine gute Idee, die im Himmel liegt, hört sich ja besser an, als zu sagen, die doofen Brexiteers haben das schöne Thüringer Projekt gekillt.

Es wird unterschätzt, sagt Mario Voigt, was es bedeutet, dass sich in den neuen Ländern neun von zehn Menschen neu erfunden haben. Voigt ist Spitzenkandidat der CDU in Thüringen für die Landtagswahl 2021 und hat vor, den Quizmaster aus der Staatskanzlei zu vertreiben. Ramelow ist der übrig gebliebene »Wessi« im Osten, der letzte der Garde von westdeutschen Ministerpräsidenten, die 1990 kamen und glaubten, den Bürgern im Osten nach der Wiedervereinigung in das neue System helfen zu müssen. Es ist schon eine Ironie der Geschichte, dass der Letzte aus dem Westen ausgerechnet ein Linker ist, ein ehemaliger Gewerkschafter, der auch nichts anderes will als die einheimischen Kollegen: mit alltäglichen Erzählungen durchdringen, das gefühlt ewige Narrativ des Ostens voller Geschichten aus der Nazi-, Stasi- und Ostalgie-Szene beenden. Den Unterschätzten zu gesellschaftlicher Anerkennung verhelfen.

Obwohl der Mauerfall in der deutschen Geschichte ein historisches Ereignis markiert und die DDR-Bürger eine Leistung vollbracht haben, die in der gesamten deutschen Historie einmalig ist, ist das Interesse an Erfolgsstorys nicht besonders groß. Viele Leute im Westen haben die Ostdeutschen einsortiert in Schubladen, die eigentlich so gar nicht ins Selbstverständnis jener passen, die einst friedliche Revolutionäre waren und eiserne Vorhänge durchlässig machten. Statt Stolz kam ganz viel Schwerblütiges: Der unverstandene Ostdeutsche. Der Ostdeutsche, dem nicht zugehört wird. Der Ostdeutsche, der jammert. Der ostdeutsche Unzufriedene, der erzählt, wie viel besser der »dritte Weg« gewesen wäre. Der Ostdeutsche als Russland-Versteher. Man hat den Eindruck, als hätte es die ehemaligen Revolutionäre unter eine gläserne Decke verschlagen. Wo auch Frauen, Migrantinnen und Migranten sowie andere unterrepräsentierte/marginalisierte Gruppen anzutreffen sind. Derweil glauben viele in den alten Ländern, sie wüssten alles über die da drüben.

Bundeskanzlerin Angela Merkel hat das Interesse der Menschen aus dem Westen in einem Interview mit der *Süddeutschen Zeitung* mal so beschrieben: »Es war im Übrigen auch nicht so, dass scharenweise Leute zu mir kamen und baten, dass ich ihnen die neuen Länder mal erkläre, so war das nicht.« Ähnliche Erfahrungen hat Ramelow gemacht. Natürlich sagt er es auf seine Art. Er vergleicht sich mit einem »Zirkuspferd, das ab und zu in die Manege darf«, also in den Talkshows der großen Sender auftreten. Er laufe ein paar Runden, und wenn ihn alle genug bestaunt hätten, trete er wieder ab. Ist das jetzt noch ironisch gemeint oder schon zynisch? Vielleicht ist Ramelow auch einfach so, weil er ja auch Candy Crush spielt, wenn im Kanzleramt Corona-Krisen-Schalte ist. Jedenfalls hat Ramelow Lust, zu provozieren und sich immer mal quer zu stellen. Das garantiert Aufmerksamkeit.

Schauen Sie Ihr Handy an! Ja, und? Kann nur funktionieren, weil es Speicherchips hat, die werden in Fabriken hergestellt, die zu 98 Prozent auf Technologien aus Jena basieren. Okay. Und warum kann der *Mars Rover* Bilder senden? Weil er Linsen von Carl Zeiss hat? Richtig. Kein Apollo und kein russisches Raumfahrtunternehmen, das nicht Technologie aus Thüringen hatte. West wie Ost hatten immer Carl Zeiss dabei, schon bei der Mondlandung. Man kann das so verstehen, dass auch der Mittelständler im Schwarzwald gut daran tut, die Konkurrenz im Thüringer Wald im Blick zu haben, die in Ramelows Welt rund um den Erdball das Nötige zuliefert.

Ramelow ist noch nicht fertig mit seiner Leistungsschau. Wer versorgt Europa mit glutenfreien Backwaren? Dr. Schär aus Apolda. Wer rüstet die Kreuzfahrtschiffe der Welt mit Matratzen aus? Matratzen-Breckle, eigentlich ein Schwabe, aber seit der Wende hier, »wenn der in der Leitung ist, höre ich es schon am ersten Ton, Schwäbisch pur«. Gleich zu Beginn von Corona habe der Schwabe nachgefragt, ob Masken benötigt wurden. »Isch näh Ihnen die.« Ruckzuck kamen handgenähte 500.000 Stück für die Thüringer Polizei.

Klingt, als sei alles gut jetzt in Thüringen? »Klar, ich könnte jetzt an zig Stellen auch negative Beispiele nehmen. Oder erzählen, es gab Chancen und die sind vergeigt worden. Aber immer nur über das Vergeigte zu jammern, schafft nichts.« Tatsächlich haben die allermeisten Menschen im Osten ein produktives, erfüllendes Leben. Es sind die, die genau wie in den alten Ländern jeden Tag morgens zur Arbeit gehen und abends wohlverdient Feierabend machen und sich überwiegend an den Wahlurnen einfinden. Es sind die Träger der Demokratie, die wenig beachtet werden. Ramelow ärgert sich, dass der Osten so abgetan wird, seit dreißig Jahren dieselben Erzählungen, die unfähigen Undankbaren im Osten, denen der Westen nur Gutes wollte. Andererseits bedient Ramelow natürlich indirekt diese Erzählung, indem er sich von ihr abgrenzt. Seine gut kontrollierten Erregungsausbrüche sind auch was für die Gefühle der Thüringer, die ihn ja wieder wählen sollen im September. Ramelow ist ein Ministerpräsident auf Abruf, eigentlich hätte schon im Februar 2021 neu gewählt werden sollen, dann hat die Regierung beschlossen, die Wahl wegen des grassierenden Virus auf den Tag der Bundestagswahl zu verschieben.

Im Demokratie-Lab Ostdeutschland ist auch die rot-rot-grüne Minderheitsregierung in Erfurt die Erste ihrer Art in Deutschland. Die Linken hatten die Landtagswahlen im Herbst 2019 vor der AfD gewonnen, zugleich aber hatte die damals schon unter Ramelow regierende Koalition ihre Mehrheit verloren. Nach dem Trauma der Kemmerich-Wahl im Februar 2020 vereinbarten die demokratischen Parteien einen Kompromiss. Die Linken mit Ministerpräsident Bodo Ramelow würden weiterhin mit SPD und Grünen koalieren, nun in einer Minderheitsregierung. Und mit der CDU einen Stabilitätsmechanismus vereinbaren, um im Landtag für Mehrheiten zu sorgen. Das Konstrukt sollte nur für eine Übergangszeit halten, bis zur auf September 2021 verlegten Neuwahl.

Die Geburt des Ostdeutschen
in Bischofferode

Wer wissen will, wie die Spezies des Ostdeutschen entstanden ist, könnte sich eine Wand in Ramelows Büro anschauen. Dort hängen zwei überdimensionale Fotoarbeiten von Bischofferode. Der kleine Ort am Ohmberg steht für das ganz große Trauma der Thüringer Bergarbeiter im Kalibergbau. Rückblickend kann man sagen, dass im Sommer 1993 die Euphorie der Wiedervereinigung endgültig in den Tiefen der Salzgrube im Eichsfelder Land verloren ging. Und dass die Schließung der Grube die Geburtsstunde der Spezies der Ostdeutschen war. Menschen, verbunden in harten Umbruchserfahrungen.

In der nahe Bischofferode gelegenen Grube wurde seit 1909 Kalisalz abgebaut und zu Düngemittel weiterverarbeitet. Thüringen ist das Bundesland mit den besten Kali-Vorkommen in der Bundesrepublik. Nach der Wiedervereinigung sicherte sich die Grube zunächst ausländische Abnehmer. Doch der Kali-Konkurrenz im Westen war das ein Dorn im Auge, sie wollte die Grube schließen lassen, um selbst das eigene Bestehen zu sichern.[65] Der westdeutsche Platzhirsch, die Kali und Salz AG (K+S), die zu 80 Prozent der BASF gehört, ist Anfang der Neunzigerjahre schwer angeschlagen: ihre Lagerstätten sind nicht mehr ergiebig, der Abbau ist nicht effizient genug, auf dem Weltmarkt gibt es Kaliumoxid zu Niedrigpreisen – auch wegen der DDR-Gruben.

Es kommt zu beispiellosen Absprachen, um die unliebsame Konkurrenz aus dem Osten zugunsten der BASF-Tochter auszuschalten, die Kosten von mehreren Milliarden Euro verursachten, die am Ende aus der Staatskasse bezahlt wurden. Das Geld fließt kaum an die brutal betrogenen Bergarbeiter in Thüringen, sondern an die K + S in Kassel und es konsolidiert die Branche im Westen.

---

65 https://klaustaubert.wordpress.com/about/

Die Schließung des Thüringer Kali-Bergbaus in Bischofferode durch die Treuhand ist auch dreißig Jahre danach nicht aufgearbeitet und weiterhin so atemberaubend, dass sie hier erzählt werden muss. Die Kurzform: Die Treuhandanstalt bot die Mitteldeutsche Kali AG – MdK – auftragsgemäß weltweit zum Kauf an, 47 Interessenten meldeten sich, inländische und ausländische. Das Management der BASF-Tochter K+S bemühte sich öffentlich, die MdK als unrentabel darzustellen. »Wenn ein seriöses Unternehmen die MdK übernimmt, dann würde mich das sehr wundern.«[66] Das Verfahren zieht sich in die Länge, die ausländischen Investoren geben auf. Als die damals 700 Mitarbeiter von den Fusionsplänen mit K+S erfahren, beginnt die bis dahin größte Protestaktion in Ostdeutschland: Hungerstreiks, Unterschriftensammlungen, Kundgebungen, Demonstrationen und die Forderung der Kalikumpel, das Werk aus dem Fusionsvertrag herauszulassen, also separat zu privatisieren. Einem deutschen Investor werden in der Nacht vor der Unterschrift von seiner Bank die Konten gesperrt, um zu verhindern, dass er die ostdeutsche Firma doch noch übernimmt. Es ist ein beispielloser Vorgang in der westdeutschen Wirtschaftsgeschichte.

Der Kali-Deal ist zu diesem Zeitpunkt längst besiegelt, die Treuhandanstalt installiert im Vorstand und im Aufsichtsrat der MdK einflussreiche Leute von K+[67]S. Offiziell erklärt sich die K+S großmütig Mitte Dezember 1992 zur Fusion bereit. Die Treuhand bleibt mit 49 Prozent erst einmal finanzkräftige Gesellschafterin

---

66 K + S-Vorstandschef Ralf Bethke Ende 1991, https://klaustaubert.wordpress.com/2013/07/19/der-kali-deal/

67 https://klaustaubert.wordpress.com/2013/07/19/der-kali-deal/ – Etwa Alwin Potthoff, der bis 1989 Direktor bei der K+S i n Kassel war, und als Vorsitzenden des Aufsichtsrates den früheren hessischen Wirtschaftsminister Klaus Steger. Maßgeblich an der Konzeption zum Plattmachen der MdK und des Abbaus der lukrativen Lagerstätten durch die K+S war die Metzler Consulting KG. Die zum Frankfurter Bankhaus Metzler gehörende Firma ist auch im Aufsichtsrat der MdK präsent.

und gibt als »Hochzeitsgeschenk« 1,3 Milliarden DM Bargeld[68] an die marode K+S. Später wird verbreitet, die unzureichende Auslastung und Verluste seien Schließungsgründe für Bischofferode gewesen, was vollständig aus der Luft gegriffen ist, wie Treuhand-Manager Klaus Schucht später eingesteht.[69] Mit der Fusion ist besiegelt, dass die Steuerzahler dreistellige Millionensummen für die Sozialpläne der zu entlassenden Kali-Mitarbeiter im Osten sowie für die Altlastenbeseitigung aufzubringen haben. Im Prinzip läuft es nach dem Motto, dass Gewinne privatisiert und Verluste sozialisiert werden. Und zwar bundesweit. Die Kommunikation des Kali-Deals stützt das bekannte Narrativ. Dass nämlich die Steuerzahler im Westen die neuen Mitbürger im Osten subventionieren, weil diese unrentabel gearbeitet hätten. Das stimmt eben so nicht (immer). Ja, sie haben Milliarden gezahlt. Aber vor allem, um die vom neoliberalen Zeitgeist getragene Privatisierungspolitik der Treuhand zu finanzieren, die das Eigentum der DDR zu Schnäppchenpreisen verscherbelte und oft noch ein Sahnehäubchen für die neuen privaten Eigentümer spendierte. Die Kosten hatte der Steuerzahler zu tragen. Man stelle sich vor, die Kreditanstalt für Wiederaufbau (KfW) hätte stattdessen den Interessenten günstige Kredite gegeben, um die Unternehmen zu modernisieren. Dann hätte sich auch manches Unternehmen in den alten Ländern strecken müssen angesichts der Konkurrenz im Osten. Dem Wettbewerb, der ja offiziell von jeder Bundesregierung als Bestandteil der sozialen Marktwirtschaft gewünscht ist, hätte es sicher gutgetan. Stattdessen lief es so: Die Ostbetriebe wurden privatisiert, verkauft und/oder geschlossen, damit Arbeitsplätze in den alten Ländern erhalten blieben.

---

68 https://klaustaubert.wordpress.com/2013/07/19/der-kali-deal/

69 »Das einzige, was ich wirklich platt gemacht habe, war das Kalibergwerk in Bischofferode«. https://www.tagesspiegel.de/wirtschaft/klaus-schucht-gestorben-der-ehemalige-treuhand-manager-und-wirtschaftsminister-in-sachsen-anhalt-wurde-70-jahre-alt/195 442.html

Vom wertvollen Kali Thüringens profitierte nach dem Kali-Deal allein das Land Hessen. Praktisch alle Thüringer Kali-Kumpel verloren ihren Job. Während in der ostdeutschen Kali-Industrie bereits 23.000 Mitarbeiter entlassen waren, wurde später als »Entgegenkommen« vereinbart, dass bis Ende 1993 beide Seiten weitere Mitarbeiter entlassen sollten. Tatsächlich mussten 556 Mitarbeiter bei K+S gehen. Der Trick bestand darin, dass die Schließung das Kali- und Steinsalzwerkes Niedersachsen seit 1990 aufgrund verbrauchter Grubenvorräte eine längst beschlossene Sache war und mit der Fusion nichts zu tun hatte.[70]

Bodo Ramelow schließt nicht aus, dass der Bund bis zu 3 Milliarden Euro für die Fusionierung und Sicherung der stillgelegten Bergwerke Ost gezahlt hat. Der Freistaat Thüringen ist der große Verlierer des Mega-Deals. Das Land hat neben Bischofferode fast alle Kaligruben verloren. Für die Sanierung und Sicherung der stillgelegten Bergwerke muss der Freistaat Jahr für Jahr Millionenbeträge einsetzen.[71] Ramelow fordert die Offenlegung aller Anlagen zum Fusionsvertrag von 1993.

Die damalige Bundestagspräsidentin Rita Süßmuth (CDU) sagt im telefonischen Gespräch, dieses kapitalistische Niederringen der Bergarbeiter und die Treuhand-Entscheidung habe sie »in einen Konflikt mit der eigenen Regierung gebracht«. Die Regierung von Helmut Kohl habe geglaubt, es sei gerecht verhandelt worden und dass es keinen Investor gegeben habe, der die Grube hätte übernehmen können. »Ich kannte aber einen Unternehmer, der wirklich nächtelang daran gearbeitet hatte, wie er das machen könnte und kein Gehör gefunden hatte.« Wir hätten dort neue Arbeitsplätze schaffen müssen, die aber nicht geschaffen wurden. »Sie haben Verkaufsstellen geschaffen.« Es spricht sehr viel Loyalität aus dieser Erklärung, Süßmuth war ja als Spit-

---

70 https://klaustaubert.wordpress.com/about/
71 https://www.mdr.de/zeitreise/einfuehrung-bischofferode-doku-100.html

zenpolitikerin eingebunden in die Entscheidungen der Bonner Republik.

Und wie sieht die Aufarbeitung des Kali-Deals aus? Im November 2019 schickt die Linksfraktion im Bundestag einen Fragenkatalog an die Bundesregierung. Sie fragt nach den Verantwortlichkeiten, den Sanierungskosten und den Kosten für die Steuerzahler, wie viele Arbeitsplätze insgesamt verloren gegangen sind, ob die Entscheidungen damals alternativlos waren. Die letzte Frage trägt die Nummer 28: »Hat die Bundesregierung aus heutiger Sicht beim Kali-Fusionsvertrag und bei der Schließung des Kali-Werks in Bischofferode Fehler gemacht? Falls ja, welche?« Im Namen der schwarz-roten Koalition antwortet das Bundesfinanzministerium: »Die Bundesregierung bewertet nicht die Tätigkeiten früherer Bundesregierungen.« Der größte Teil der zuvor gestellten Fragen wird mit einem pauschalen Schulterzucken beantwortet: »Die Bundesministerien besitzen zu den Themen ›Kali-Fusion‹ und ›Schließung des Kali-Werkes Bischofferode‹ keine Akten der Treuhandanstalt. Die diesbezüglichen Akten der Treuhandanstalt sind bereits als Archivgut vom Bundesarchiv übernommen worden. Wer die Akten lesen will, muss das nach dem Bundesarchivgesetz[72] beantragen.

Die fehlende Aufarbeitung von Bischofferode steht pars pro toto für das öffentliche Schweigen der bundesdeutschen Politik über die Neunzigerjahre. Es gibt einzelne Bücher und Filme, aber aufgearbeitet wurde das Tun der Treuhand nicht. In den Familien aber leben die Geschichten fort. So wachsen auch die jüngeren Generationen mit dem Zwiespalt auf, dass sie einerseits mit der DDR so gar nichts anfangen können, andererseits die brutale Abwicklung der damaligen Strukturen die Eltern so schwer getroffen hat, dass sie in einem solidarischen Akt gar nicht anders können, als sich als Ostdeutsche zu fühlen. Ohne öffentliche Anerkennung der Fehler

---

72 https://dip21.bundestag.de/dip21/btd/19/144/1 914 488.pdf

damals und eine entsprechende Korrektur wird es schwer werden, die Gräben zu überwinden. Man sollte nicht unterschätzen, welche Kraft eine solche Korrektur entwickeln könnte, eine Aufarbeitung der Jahre in einem Untersuchungsausschuss beispielsweise.

Zurück zu den schwarz-weiß verfremdeten Meldungen und Fotos in Bodo Ramelows Büro. Sie zeigen Tickermeldungen des »größten Arbeitskampfes in der Bundesrepublik«, Hungerstreikende, den Marsch nach Berlin, den Besuch beim Papst, die Treuhand-Verantwortlichen. Sie erinnern mich an meinen eigenen Eintritt in das neue System. Während meines Babyjahrs wurden die Elektrophysikalischen Werke Neuruppin, das größte Leiterplattenwerk des RGW[73], trotz heftiger Proteste als Exportbetrieb in den Westen zügig abgewickelt. Es berührt mich, wie machtlos und unwissend wir waren, wie brutal der Wechsel durchgezogen wurde.

Der Quizmaster hat eine Überraschung bereit: Ramelow zeigt auf einen Din-A-4 großen rötlich-weißen Stein unter den Fotoarbeiten: »Der ist von der Firma Ka-u-tech, die sitzen in Sondershausen, die ehemalige DDR-Bergkali-Forschung. Die kennen jedes Kalibergwerk auf der Welt, jedes! Die entwickeln derzeit die Lithiumproduktion in der Atacama-Wüste. Und sie schaffen gerade die Voraussetzungen, dass im Werra-Revier die Kaliproduktion in den nächsten 30 Jahren gesichert ist.« Bitte? Machen jetzt die Kumpel im Westen dicht und die in Thüringen wieder auf?

Wie es das Leben so will, ist Ramelow einer der Zeitzeugen, die in der Silvesternacht 1993 auf dem Gelände der Grube Bischofferode gestanden und miterlebt haben, wie das Bergrecht erlosch. Die deutschen Vorschriften waren da eindeutig: Ohne Bergrecht

---

73 Der Rat für gegenseitige Wirtschaftshilfe war eine internationale Organisation der sozialistischen Staaten unter Führung der Sowjetunion. Der RGW wurde 1949 als sozialistisches Pendant zum Marshallplan und zur Organisation für europäische wirtschaftliche Zusammenarbeit gegründet.

darf kein Bergbau betrieben werden. Es hätte am 1. Januar 1994 einer erneuten Abtäufungsgenehmigung bedurft, die wurde aber nicht erteilt. Ramelow macht wieder so eine Pause. Und? »Und diese Genehmigung beantragt jetzt ein Konsortium, das im Ohmgebirge einen neuen Abbauantrag stellen will.« Man sollte die Ossis nicht unterschätzen. Kommt der Kali-Bergbau zurück? Jedenfalls wird der Versuch unternommen, die Pläne für ein neues Bergwerk sind konkret.[74] »Nicht in der Grube von damals. Der neue Rohstoff soll in einem neuen Feld erschlossen werden und an dieses neue Feld wird jetzt ein internationales Konsortium gehen.« Und nicht nur das, es soll auch ökologisch zugehen, beim Abbau sollen keine Halden mehr entstehen, weil der Bergabfall unter Tage verbleiben soll. Es wäre schon eine Ironie der Wende, wenn 30 Jahre nach Bischofferode die Kinder und Enkel der Kali-Kumpel von damals Salz mit Öko-Label abbauen würden. Man wird sehen, ob es klappt. Aber die gute Nachricht ist: Die Leute sind wieder aufgestanden.

Aus dem Nichts auf 360 Mitarbeiter

»Debatte? Welche Debatte? In meinem Unternehmen sprechen wir zwölf Sprachen und ein Drittel der Mitarbeiter ist nicht von hier.« Christian Grötsch, gerade 41 geworden, schwarzes T-Shirt, coole Kopfhörer, freundlich-schelmischer Blick, sitzt Mitte April 2021 vor einer Wand, die in Meetings beschrieben werden kann, und sagt: »Tut mir leid, aber das mit Ost-West spielt weder in meiner Firma noch bei den Kunden eine Rolle. Wenn überhaupt, sind wir Thüringer oder Europäer, und so denken alle hier.« Er lächelt erwartungsvoll – na, enttäuscht? –, aber ich bin gerade ganz zufrieden, dass da jemand vor mir sitzt und von Europa spricht und nicht von

---

74 https://www.mdr.de/nachrichten/thueringen/nord-thueringen/eichsfeld/kali-bergwerk-bergbau-ohmgebirge-bohrungen-100.html

deutsch-deutschen Spaltereien, auf die wir später doch wieder kommen.

Wir sind dank Zoom in Jena. Christian Grötsch ist Gründer und Chef einer der größten deutschen Digital-Agenturen, dotSource. Es gibt 360 Mitarbeiter an fünf Standorten, Durchschnittsalter 34 Jahre, jährliches Wachstum 30 Prozent, die Kunden sind international. Was sie genau machen? DotSource baut unter anderem mit der Software, die Branchenführer SAP liefert, digitale Kaufhäuser. »SAP liefert die Ziegelsteine, aus denen wir Kaufhäuser machen, inklusive Architektur und Bauleitung und Inneneinrichtung.« Einziges Manko: Die meisten Angestellten, auch im siebenköpfigen Chefteam, sind Männer, nicht mal jede dritte Mitarbeitende ist weiblich. Warum? »Weil Männer nun mal die Freaks sind meistens. Die Branche ist sehr informatiklastig.«

Der Thüringer Christian Grötsch hat einen Aufstieg hingelegt, wie man ihn aus den USA kennt. Vom Praktikanten zum Digitalmillionär, der bundesweit ganz oben mitspielt. Er ist der Einzige aus einer alteingesessenen Handwerkerfamilie, der sich gelöst hat von der Tradition der Glaser, das »schwarze Schaf«, das Online-Verkaufsplattformen ausrollt. Beispielsweise für Würth, den Schraubenkonzern aus Baden-Württemberg. Für die Heidelberger Druckmaschinen, das Modehaus Esprit, Lebensmittelhändler wie Netto oder Bofrost, die Leipziger Strombörse EEX und für die Bild den Lesershop24. Nur die Zahlungsabwicklung, nee, das machen sie nicht, solche Geschäfte wie der gefeierte Zahlungsabwickler Wirecard aus Aschheim, der mit erfundenen Bilanzen Tausende Anleger geprellt hat und pleite ist. Wäre das aber nicht eine Marktlücke, gerade jetzt, da der frühere Dax-Konzern implodiert ist? Ein Lächeln, nein, sicher nicht. Ein Lehrsatz guten Unternehmertums laute nämlich: Verzettele dich nicht mit anderen Geschäftsmodellen.

Das Geheimnis des Erfolgs von dotSource aber führt doch dahin, wo der Firmengründer nicht hinwill, nämlich in die Ost-

West-Debatte. »Mein Erfolgsgeheimnis ist, dass ich nie im Osten auf Kundensuche war.« Warum? Man schätze hier nicht so den Wert einer professionellen Beratung. Aber kein Problem, Nordbayern war ja nicht weit und digital ist man ja eh national und international unterwegs.

Grötsch geht leicht über ein großes Problem hinweg. Dienstleistungen und die neuen Bundesländer, das ist bis heute keine große Liebe. Noch nicht mal eine On-off-Beziehung. Zwischen Ostsee und Erzgebirge wird vor allem geschätzt, wenn man was selber machen kann. Improvisationskünste und handwerkliches Geschick waren in der DDR der Schlüssel zu einem einigermaßen selbstbestimmten Leben gewesen, man konnte die Gaben tauschen gegen Bückware.[75] Dieses Selbermachen hat sich bis heute erhalten und scheint in den neuen Ländern ein besonderes Gütesiegel zu sein. Ein Grund dafür ist allerdings auch, dass die Einkommen in den neuen Ländern noch immer auf nur 80 Prozent des Niveaus im Westen liegen. Wo das Geld knapper sitzt, werden Dienstleistungen eher als *nice to have* und nicht als *Must* angesehen. Städte wie Jena, Dresden, Erfurt und Leipzig sind die großen Ausnahmen.

Unter den Bundesländern im Osten liegt Thüringen beim Verdienst hinter Berlin auf dem zweiten Platz. Arbeitnehmer verdienen durchschnittlich 38.500 Euro im Jahr und damit 6 000 Euro weniger als in Berlin. Insgesamt wird das Gehaltsgefälle Ost-West mit 23,3 Prozent angegeben. Bei Ingenieuren liegt es sogar bei 34 Prozent. Bei Tischlern wiederum sind die Unterschiede geringer.[76] Das zeigt, dass es in den neuen Ländern an den großen Konzernen fehlt, die ihr Personal sowohl in den Chefetagen als auch in Forschung und Entwicklung herausragend bezahlen und auch Fach-

---

75 Bückware wurden Konsumgüter oder Lebensmittel genannt, die immer knapp waren und nicht ins Regal kamen, sondern unter den fiktiven Ladentisch, wo die Verkäufer sie an gute Kunden nur als Tauschware gegen anderes rausgegeben haben.

76 Gehaltsvergleich 2019, www.gehalt.de

arbeitern ein gutes Gehalt bieten. Ostdeutschland ist Niedriglohn-land.[77]

Das mit den niedrigeren Löhnen hat freilich auch Grötsch ge-holfen, zumindest 2006, als er mit drei Leuten die Firma dotSource gegründet hat. Aus der Not heraus übrigens, weil er nach dem Stu-dium des E-Commerce keinen Job fand. Weil er als Praktikant für ein Online-Auktionshaus als Chefentwickler bis nach Südafrika ge-jettet war und während des Studiums bei dem Branchenriesen In-tershop gearbeitet hatte, auch eine Gründung in Jena, und selbst aus einer Unternehmerfamilie kommt, stand für ihn schnell fest: Ehe ich weggehe, mache ich selbst eine Firma auf. Später in unse-rem Gespräch wird Christian Grötsch dann sagen: »Wir schaffen uns unsere Konzerne hier selbst.« Der Ton ist selbstbewusst, wer 15 Jahre in der schnelllebigen Digitalwelt überlebt hat, weiß, wie's geht. Im Osten zumal. Wer es unter diesen strukturell nachteilige-ren Bedingungen schafft, ist robuster, leistungsfähiger. Und, übri-gens, vielleicht könnten sich seine Gehälter noch nicht mit denen in Berlin vergleichen. »Mit denen in Bielefeld aber schon.« Schon lange kämen die Bewerbungen aber auch aus Bayern.

Grötsch steht für eine Generation im Osten, die in der DDR ge-boren wurde, aber selbst nicht mehr viel davon mitbekommen hat. Es ist die erste Generation, in der die Brüche sowohl privat als auch beruflich weniger werden. »Bei uns in der Firma ist gerade Kinder-krieg-Zeit«, sagt Grötsch und muss lächeln wegen der Doppeldeu-tigkeit des Wortes. Seine Mitarbeiter haben Familien gegründet und bauen sich Häuser in der Umgebung bis runter ins Oberfrän-kische. Eine Grenze? Welche Grenze? Die im Osten geborenen

---

77 https://www.bpb.de/geschichte/deutsche-einheit/lange-wege-der-deutschen-einheit/47 165/niedriglohnsektor. Im Osten des Landes arbeiteten 2017 34 Pro-zent der Beschäftigten im Niedriglohnbereich; im Westen waren es mit 17 Pro-zent halb so viele. Das ist insofern bedeutsam, als dass dies Altersarmut vorprogrammiert. Bis in die Neunzigerjahre herrschte wegen der Ausbildung in der DDR Facharbeiterüberschuss, zuletzt aber mangelte es an ihnen.

Menschen seiner Generation haben – mal abgesehen von den Erb- und Eigentumsverhältnissen – erstmals ähnliche Chancen wie die Gleichaltrigen in den alten Bundesländern. Und es ist völlig verständlich, dass diese Ost-West-Debatten sie nerven. Sie wollen nicht in die Ost-Ecke gestellt werden, mit all den klischeebehafteten Assoziationen. »Ostdeutsch hat im Geschäft keinen Platz und spielt auch keine Rolle. Alle haben jetzt die gleichen Chancen und was passiert ist, können wir nicht mehr rückgängig machen, ohne neue Gräben aufzureißen.« Was Grötsch will, unterscheidet sich nicht davon, was Mittelständler in Stuttgart, Kiel oder Mainz wollen: stabile Verhältnisse, keine neuen Verwerfungen, keinen Streit, gerne Kompromisse. Also genau die Angela-Merkel-Politik? Genau, sagt Grötsch. Die hat uns geholfen, die hat den Laden zusammengehalten. Das muss man erst mal schaffen.

Und wenn in Thüringen die AfD bei den nächsten Wahlen wieder noch mehr Stimmen gewinnt? Selbst wenn sie 30 Prozent bekommt, haben immer noch 70 Prozent demokratisch gewählt. Und das wird vergehen, wie die DVU und die NPD vergangen sind. Womit er bei einem Thema ist, über das er nicht reden will, eigentlich. Weil es ihn aber so umtreibt, spricht er doch darüber. »Da derzeit fast ausschließlich medial Corona abgehandelt wird, hat das mit den Spalter-Artikeln nachgelassen.« Spalter-Artikel? Ja, bis Anfang 2020 habe er gefühlt jede Woche einen Zeitungsartikel gelesen, in dem die Unterschiede zwischen Ost und West herausgearbeitet wurden. Mehr Rente im Osten. Mehr Lohn im Westen. Mehr Arme im Osten. Mehr Erben im Westen. Immer dieselbe Leier, der Blick auf ein geteiltes Land. »Ich habe mir damals überlegt, einen Spalter-Blog aufzusetzen und jede Woche einen Artikel zu posten. Jede Woche einen Spalter-Artikel. Wenn man eine gemeinsame Zukunft in einem gemeinsamen Land haben will, kann man nicht jede Woche die Unterschiede rausarbeiten. Das lehne ich ab.« Landflucht gebe es auch etwa in Cham in Bayern, heruntergekommene Straßenzüge ebenfalls, alles kein Grund für Spaltereien.

Aus Sicht von Soziologen sind Unternehmer wie Grötsch diejenigen, an denen die Angleichung der Lebensverhältnisse hängt. Vor allem deshalb, weil sie gut qualifizierte Leute sind, die Werte schaffen, andere gut qualifizierte Menschen anziehen, die beim Gericht, in Verwaltungen, Ministerien, Universitäten und Medien arbeiten und damit langsam regionale Eliten ausbilden. Bis heute werden diese Schnittstellen und Posten bevorzugt westdeutsch besetzt. Überraschend ist, dass Grötsch sagt, »na, und, das ist jetzt so«. Hat er kein Interesse an den Veränderungen? Doch schon, aber es schwingt noch etwas anderes mit: Wenn wir das ändern, gibt es viel Ärger. Selbst gemachter Ärger aber ist das Letzte, was ein Unternehmer will. Da unterscheidet sich der Ostdeutsche nicht einen Millimeter vom Westdeutschen.

Grötsch hat damit begonnen, die Region an seinem Erfolg teilhaben zu lassen. Er finanziert gemeinsam mit anderen lokalen Unternehmen zwei Studiengänge für E-Commerce an der Ernst-Abbe-Hochschule in Jena mit, hat zwei Professuren gestiftet. In der Weihnachtszeit organisiert er Konzerte mit Nachwuchsbands und Glühwein, die Erlöse werden gespendet, für junge Geflüchtete ohne Eltern, ein Geburtshaus, eine Palliativstation. Es sei sein unternehmerisches Selbstverständnis, der Region etwas zurückzugeben von den Chancen, die er hatte. Auch darin unterscheidet er sich nicht von vielen Unternehmen in den alten Ländern, die über solche Aktionen die Kultur fördern, gesellschaftliche Events organisieren oder sich um Ältere kümmern. »Es geht nicht darum, Firmen selber zu gründen, groß zu machen und zu verkaufen. Sondern darum, dass wir uns unsere Konzerne selber schaffen und Verantwortung übernehmen.« Leider sehen das nicht alle so, auch die Gründer von Intershop nicht, jener Software-Bude, die so viele begeisterte Mitarbeiter angezogen hatte um die Jahrtausendwende, dass sich nach dem Crash am *Neuen Markt* viele kleine digitale Ableger in Jena gebildet haben. Doch der Gründer hat verkauft, neue Unternehmen gegründet, sein Privatvermögen wird auf 350 Millionen Euro geschätzt. Eines dieser neuen Unternehmen wurde von Salesforces übernommen, eine Idee des ehemaligen Oracle-Gründers Marc Benioff, aus der das in den USA börsennotierte Unternehmen mit Sitz in San Francisco hervorgegangen ist, das sich auf die Pflege von Kundenbeziehungen per Cloud Computing spezialisiert hat. Wäre Intershop geblieben, hätten die Inhaber mehr Einfluss auf die Region nehmen können, sagt Grötsch. Wie bei Würth. Dort gebe es sogar einen Flughafen und Ausstellungen mit echten Arbeiten von Picasso. Genau das, was wirtschaftliche Eliten ausmacht, die der Osten dringend braucht.

Erzählsalons im Experiment Ost

Noch mal Jena, aber eine andere Generation. Katrin Rohnstock ist eine energische Frau mit kurzem Jahr, mittlerweile 60 Jahre alt und so temperamentvoll, dass sie digitale Meetings besser nicht moderiert, weil ihre Bewegungen gelegentlich zu schnell für langsame Netze sind. Sie ist in den Neunzigerjahren von Jena nach Berlin gegangen und hat dort ein Unternehmen aufgebaut, lebt aber weiter auch in ihrer alten Heimat Jena. Es ist März 2021, wir sind zum digitalen Kaffee verabredet. Rohnstock sitzt auf ihrer Couch daheim, die Wand hinter ihr leuchtet blau. Sie ist 1998 zur Unternehmerin geworden mit der Idee, die persönlichen Lebensgeschichten von Privatpersonen aufzuschreiben. Viele Menschen finden ihre Biografien so erzählens- und bewahrenswert, dass sie daraus gerne ein Buch machen wollen. Bei der Geschäftsidee hatte sie vor allem an Menschen in den neuen Ländern gedacht. Sie sollten ihre irren Wendegeschichten erzählen und so die Deutungshoheit über ihr Leben behalten. Die neu gegründete Firma Rohnstock-Biografien inserierte in den alten und den neuen Ländern. Und wurde förmlich überrollt von Interessenten aus Ost und West. Das Problem war, sagt Rohnstock: »Die Ossis hatten Interesse. Aber kein Geld.«

90 Prozent ihrer Kundschaft kamen aus den alten Ländern, der Rest aus den neuen.

Und nun? Rohnstock brauchte das Geld, wollte die Ossis aber nicht hängen lassen. Damals seien noch viele gekommen, die in den Zwanzigerjahren geboren waren, die Kriegsgeneration. Sie suchte nach einem Format, in dem Menschen gleichberechtigt ihre Geschichten erzählen konnten, besuchte Erzähl-Cafés, beobachtete Diskussionsrunden. Immer setzten sich Leute durch, die lauter oder schneller erzählten. Eines Tages gab ihr ein gerade aus Israel zurückgekehrter Freund den entscheidenden Tipp: »Nach dem Gottesdienst am Sabbat sitzen die Juden beieinander, essen und trinken und erzählen reihum, was sie in der Woche erlebt haben. Keiner wird unterbrochen. Schau dir das mal an.« Es war die Geburtsstunde der Rohnstock-Erzählsalons[78], die es bis heute gibt. Sie sind ein urdemokratisches Format, es treffen sich Leute jeden Alters, aus allen Milieus, sozialen Schichten und allen Kulturen. Bis zur Pandemie hat man sich persönlich getroffen und seine Geschichte erzählt. Inzwischen sind die Salons digital. Es treffen sich Leute mit Ostbiografien im weitesten Sinne, es sind auch Zugereiste dabei, das Alter schwankt zwischen 16 und 80. Jeweils nacheinander erzählen die Teilnehmer ihre Geschichten, hören zu und beantworten Fragen aus dem (digitalen) Publikum.

Wenn man sich in einen dieser Salons zuschaltet, ist das Erste, was – wie bei Christian Grötsch – auffällt, der Ton. Die Sprecher klingen alle überraschend souverän. Mich erinnert der Tonfall an einen Segler, der in dem kleinstmöglichen Boot plötzlich den Atlantik zu überqueren hatte und es geschafft hat und rückblickend das Abenteuer analysiert. Wahnsinn! Die meisten Erzähler schauen emanzipiert auf ihre Geschichte, ohne Vorwürfe, ohne Selbstmitleid, ohne Larmoyanz – eher mit dem Erstaunen über sich selbst und die Zeit. Manchmal hat es den Anschein, als würden sie sich

---

78 https://deine-geschichte-unsere-zukunft.de/

erst während des Redens bewusst, was alles passiert ist. »Diese Umbruchserfahrungen sind noch lange nicht aufgearbeitet«, sagt Rohnstock. Sie organisiert, was auf der Bundesebene fehlt, dass diejenigen eine Bühne bekommen, »die sonst nie eine Bühne haben«. Sie erzählen ihr Leben, was ja schon einige Überwindung kostet. Manche sind davon so ergriffen, dass sie vorab alles aufschreiben und später ablesen. Was man in den Erzählsalons zu sehen und zu hören bekommt, ist eine große Portion der berühmt-berüchtigten Transformationserfahrung.

Eine Generation über der von Christian Grötsch spielt vieles eine Rolle, was er als »ist eben so« weglegen möchte. Man erfährt in den Erzählsalons, dass es 2021 immer noch Berufe wie den der Unterstufenlehrerin oder der Sprechstundenschwester gibt, deren bundesdeutscher Status ungeklärt ist. Im Einigungsvertrag wurden sie vergessen, weil es diese Berufe in der BRD nicht gegeben hatte. Es spricht Sabine M. aus Dresden, eine gepflegt wirkende Frau Ende 50. Sie hat sich an einer Fachschule als examinierte Sprechstundenschwester ausbilden lassen und seither im Gesundheitswesen gearbeitet. Sie erzählt, dass die Frauen noch immer wie Hilfskräfte bezahlt werden, weil man die Berufe ja nicht eingruppieren kann. Sie erwartet nach einem Vollzeit-Berufsleben 700 bis 800 Euro Rente – und damit Altersarmut.

Man bekommt zudem die Einschätzung von Christian Grötsch bestätigt, dass man die Geschicke besser selbst in die Hand nimmt, wie es die Bürger von Schweina gemacht haben. In dem Dorf in Thüringen verfällt das Gasthaus, das seit Jahrhunderten die Mitte des Ortes war. Nach Wut, Ärger und Warten beschließen ein paar Bürger, es selbst wieder aufzubauen und dem Dorf sein Zentrum zurückzugeben.[79] »Ich bin immer erstaunt, wie die Leute alles an-

---

79 https://www.zeit.de/zustimmung?url=https%3A%2F%2Fwww.zeit.de%2Fzeit-magazin%2F2021%2F09%2Fbuergerinitiative-schweina-gasthaus-krone-75-jahre-zeit

genommen und angepackt haben«, erklärt Rohnstock. »Die meisten haben kapiert: Ich muss mich bewegen. Viele sind in den Westen gegangen, die meisten kommen nach 5, 10, 20 Jahren zurück. Das ist gerade ein großer Trend. Auch 40-Jährige kommen zurück. Sie haben Sehnsucht nach der Heimat. Eine Theologin arbeitet in Naumburg als Verwaltungsangestellte, weil sie nichts anderes bekommen hat, nur um wieder zu Hause zu sein. Karriere im Sinne von Aufstieg wird im Osten weniger gedacht. Man will was machen, was gefällt und Geld bringt, um ein Auskommen zu haben für selbstbestimmtes Leben.«

Man lernt auch, mit wie viel Herzblut, persönlichem Einsatz und von der gesamten Verwandtschaft geborgtem Geld Maschinenbauer in Chemnitz ihre traditionsreichen (lange vor der DDR gegründeten) Unternehmen retten wollten, wie es lange Jahre geklappt hat und dann doch »hochnäsige« Manager aus dem Westen das Ende besiegelten. Drei ehemalige Beschäftigte erzählen die Geschichte der Union[80] in Chemnitz. Drei Männer aus drei Generationen, einer ist schon in Rente, einer in den mittleren Jahren und einer um die 20 Jahre alt. Chemnitz ist seit Jahrhunderten ein Zentrum des Maschinenbaus. Die Auto Union, aus der die Audi AG entstanden ist, wurde in Sachsen gegründet und später vom sächsischen Staat gerettet. Der Maschinenbaubetrieb Germania produzierte mehr als 210 Jahre Bleche und Bauteile für Chemiekessel und Turbinen, bis die Treuhand ihn plattmachte. Es gab die Hecker-Werke – und die Union Werkzeugmaschinen. »Die Union, das war immer was«, sagt Uwe F. aus Augustusburg. Er hat 2011 bei der Union angefangen, wurde 2018 Betriebsrat und merkte schnell »dass irgendwas im Busche war«. Die neuen Eigentümer aus Siegen (man weiß nicht mehr ganz genau, die wievielten es waren seit 1989) behandelten alte Kunden »hochnäsig«, sie verloren Aufträge

---

80 https://media.rohnstock-biografien.de/wp-content/uploads/2021/01/23121726/
    E-Book_DigitaleErzaehlsalons_DeutscheEinheit_Staffel1.pdf

und zogen andere ab, ließen neue Forschungsreihen woanders produzieren, das Ende lag in der Luft und Mitte 2019 war dann Schluss. Vor Friemel hatte Freimut A. berichtet, der in den Sechzigerjahren bei der Union als Werkzeugmacher angefangen und später im Fernstudium Maschinenbau studiert hatte. »Ich war immer bei Union.« Nach der Wende wurde er zum Betriebsratschef mit 100 Prozent gewählt, das ist ihm heute noch etwas peinlich, »so direkt nach der DDR-Zeit«. Aber was soll's, er hat die Union durch die Wirren fremder Eigentümer und Finanzinvestoren geführt und zwischendrin den Kauf durch die Mitarbeiter organisiert. Um das benötigte Geld zusammenzubekommen, sei die letzte Großmutter noch angepumpt worden. Später hätten die Mitarbeiter sogar mit Gewinn das Werk wieder an einen Investor verkauft, was sich – leider – als falsche Entscheidung herausstellen sollte. In Chemnitz ist man seither besonders misstrauisch, wenn von Investoren geschwärmt wird. Die Erfahrungen zeigen, dass man es am besten selbst in die Hand nimmt. Der dritte »Unioner« im Erzählsalon ist 1999 geboren, Lars M., er sitzt mit dicken Kopfhörern vor dem Bildschirm. Lars war Azubi im ersten Lehrjahr, als die Gerüchte um das Ende der Union aufkamen. Das zweite Lehrjahr musste er schon monatelang rumsitzen, weil es nichts zu tun gegeben hatte. Im dritten stellte ihm die Geschäftsleitung ein Ultimatum: Entweder er wechsle freiwillig in ein Ausbildungszentrum, oder er werde gekündigt trotz des Kündigungsschutzes (Lehrlinge waren drei Monate vor dem Ende der Ausbildung unkündbar) und müsse mit einem teuren und langen Rechtsstreit rechnen. Wer aber kann sich als Lehrling einen langen Rechtsstreit leisten? Lars M. reagierte, wie die Manager wollten: Er ging in das Ausbildungszentrum. Mit der herannahenden Abschlussprüfung stand eine weitere Entscheidung an: Würde er die Prüfung schaffen, wäre er am nächsten Tag arbeitslos. Fiele er durch, müsste er für sechs Monate weiterbeschäftigt werden. Lars: »Ich habe dann bestanden und wurde am nächsten Tag arbeitslos.« Auf diese Weise leben die

Nachwendeerfahrungen in den nachwachsenden Generationen weiter.

Junge Generation Aufklärung

Neben allen Rückblicken vermitteln die Erzählsalons auch einen überraschenden Ausblick auf die mentale Befindlichkeit in den nachwachsenden Generationen. Man gewinnt den Eindruck, dass die mentale und sozioökonomische Teilung in Ost und West länger dauern wird als gedacht. Die Nachwendekinder sind in einem Zwiespalt, erzählt Leon S. aus Saalfeld.[81]

Leon ist der jüngste einer digitalen Erzählrunde. Wie er da am Bildschirm zu sehen ist, exakt gescheitelte Haare, selbstbewusst, eine große Brille, fühlt man sich für einen Moment an den CDU-Politiker Philipp Amthor aus Mecklenburg-Vorpommern erinnert, als er noch ganz frisch im Bundestag war und blitzgescheit die AfD zerlegte. Auch Leon aus Thüringen ist so ein Überflieger, nur fliegt er, wenn man so will, politisch in die andere Richtung. Er lernt am Heinrich-Böll-Gymnasium in Saalfeld, ist Landesschülersprecher und organisiert die Presse- und Öffentlichkeitsarbeit der Landesschülervertretung Thüringen. Und: Er trat mit 14 Jahren in die Linke ein. Was ihn beschäftigt, ist die Aufarbeitung der DDR und der Neunzigerjahre. Als Nachwendekind fühlt er sich in einem handfesten Zwiespalt gefangen. Das, was zu Hause geredet wird und seine Familie erlebt hat und das, was er in der Schule hört und was als öffentliche Meinung präsentiert wird, klaffen weit auseinander. Die DDR, sagt er, »ist in meinem Leben omnipräsent«.

Weil in der DDR die Kinder viel früher kamen, leben oft noch mehrere Generationen. So auch bei Leon. In seiner Großfamilie

---

81 https://media.rohnstock-biografien.de/wp-content/uploads/2021/01/23121726/
    E-Book_DigitaleErzaehlsalons_DeutscheEinheit_Staffel1.pdf

wird viel geredet über das vergangene Jahrhundert. Die Großeltern kamen als Flüchtlinge und bauten die DDR mit auf. Die Urgroßeltern waren 1944 aus Ostpreußen geflohen, als ihre kleine Tochter gerade ein Jahr alt war. Als Dresden im Februar 1945 in Schutt und Asche gelegt wurde, sahen sie den feuerroten Himmel. Im November 1945 landete die Familie nach mehreren Umwegen in einem Dorf bei Saalfeld. Die Familie des Opas war aus Breslau geflohen, sie kamen 1957 über Umwege nach Saalfeld.

Der Aufbau der DDR gab nach den Strapazen und Wirren der jahrelangen Flucht Sicherheit und Zuversicht. »Die Großeltern erlebten mit, wie der Staat DDR errichtet wurde. Sie standen ideologisch hinter ihm. Meine Eltern wurde Ende der Sechziger- und Anfang der Siebzigerjahre in diesem Staat geboren, wuchsen auf, gingen zur Schule und lernten Berufe, der Vater wurde Zerspanungsmechaniker und die Mutter Krippenerzieherin. Auch die meisten Lehrerinnen und Lehrer hatten in der DDR studiert und erste Unterrichtserfahrungen gemacht.«

Leon findet den Zwiespalt spannend: »Ich lebe in einem wiedervereinigten Land, in dem die Einheit postuliert wird, doch in den Erzählungen und in der Realität werde ich immer wieder mit der Teilung konfrontiert: In Berichten und Studien wird zwischen Ost und West unterschieden, Löhne und Renten sind unterschiedlich. So lange das Land finanziell und wirtschaftlich geteilt ist, wird man eine wirkliche Wiedervereinigung nicht hinbekommen.«

Sofort nach seinem 14. Geburtstag ist Leon in die Linke eingetreten. »In meiner Familie gehört kein anderer einer Partei an.« Beide Großväter waren SED-Mitglied gewesen, aber danach in keine Partei mehr eingetreten. An die überraschten Blicke, wenn er von seinem Parteibuch erzählt, hat er sich gewöhnt. Es passiere da immer »eine Menge in der Mimik der Zuhörer«.

Selbstbewusst trägt Leon vor, was er vorhat in der Linken. Der Nachwuchsmann hier geht gleich in die Vollen. Ja, die Linken seien eine Nachfolgepartei der SED. Also sei es besonders wichtig, DDR-

Geschichte aufzuarbeiten. Wer in der Partei eine Funktion habe, könne nicht sagen: »Das Thema interessiert mich nicht!«

Außerdem, die Stasi. Beim letzten Landesparteitag der Linken ließ sich für den Posten des Landesgeschäftsführers ein Kandidat aufstellen, der in der Stasi mitgearbeitet hatte. Für junge Menschen klinge das Wort »Stasi« erschreckend. Viele blockten gleich ab. »Das finde ich interessant. Warum wird die Stasi-Mitgliedschaft, die dreißig Jahre zurückliegt, zu so einem wichtigen Thema erklärt? Ich finde es notwendig, sich mehr damit auseinanderzusetzen.«

So, wie es in der DDR tunlichst vermieden wurde, die BRD als deutschen Nachbarstaat ausführlich zu behandeln, fehlt Leon nun die DDR-Geschichte in der Schule. Schulen würden ihrem Bildungsauftrag nicht gerecht. »Wenn sich ein Geschichtslehrer nicht für die DDR interessiert und aus eigenen Erfahrungen berichtet, bekommen wir nur ein holzschnittartiges, starres Bild vermittelt. Dieses Bild steht im krassen Gegensatz zu dem, was die Eltern und Großeltern erzählen. Das Ministerium für Staatssicherheit, das im Unterricht intensiv besprochen wird und den Diskurs bestimmt, spielt in den Erzählungen meiner Familie eine geringe bis keine Rolle. Persönliche Erlebnisse und Erfahrungen werden uns nicht vermittelt.« Damit meint er die Lehrer, die selbst oft noch die DDR miterlebt haben, aber nicht darüber berichten, sondern die Lehrplansicht vermitteln.

Wer was wissen will, muss sich selbst kümmern. Und Leon kümmert sich. Das erste Projekt ist eine Ausstellung zur Treuhandgeschichte im Rahmen seiner schulischen Seminarfacharbeit. »Die Treuhand ist ein Grund, warum die DDR noch heute omnipräsent ist. Die Treuhand ist negativ besetzt und ein Thema, über das es zu wenig Aufklärung gibt.« Zu Betrieben, die die Wende nicht überlebt haben, gibt es kaum Informationen. Warum ist so wenig über diese Betriebe bekannt, in denen doch Tausende Menschen arbeiteten? Welche Betriebe gab es in der Region und welchen Einfluss hatte die Treuhand darauf, ob sie weiterexistierten oder geschlossen wurden? »Wir haben Aufrufe an Zeitzeugen gestartet. Darauf aufbauend erstellen wir eine Ausstellung, die im Sommer 2021 im Saalfelder Stadtmuseum vorgestellt wird.«

Erst reden, dann gründen

Und was folgt nun aus den Erfahrungen der Leute? Und dem neuen Gemeinschaftssinn, der sich in den Erzählsalons spüren lässt? Weil nur reden ja auch keine Lösung ist, hat Katrin Rohnstock ein Konzept entwickelt, das nicht für die neuen Länder, sondern für alle strukturschwachen Regionen interessant sein könnte. Sie plant eine staatlich geförderte Genossenschaftsinitiative. »Wir gründen eine Genossenschaft. Was wir bieten. Was wir brauchen.«[82] So beginnt ihr Antrag, mit dem sie finanzielle Unterstützung für das Konzept einwerben will.

Die Idee ist simpel. Interessierte Leute aus einer Region treffen sich am Runden Tisch oder zu Erzählsalons und berichten, wie das Dorfleben früher organisiert war, was man vermisst im Dorf und was man wiederhaben will – und was man selbst auf die Beine stellen könnte. Dann aber solle nicht mehr auf einen Investor gewartet, sondern eine Genossenschaft gegründet werden – mit staatlicher Hilfe. Der Staat soll investieren in selbstregulierende Strukturen, die mit den örtlichen Herausforderungen umgehen können, also mit dem demografischen, ökologischen, ökonomischen und digitalen Wandel. Den Bürgern soll gemeinschaftlich ermöglicht werden, ihre Fertigkeiten und Fähigkeiten einzubringen bei der Gründung eines

---

82 Das Genossenschafts-Konzept der Rohnstock-Biografien Berlin: Vom Erzählsalon zur Genossenschaft. Aus Vergangenheit Zukunft machen. Die Bürger nehmen ihr Schicksal selbst in die Hand; eine Genossenschaftsinitiative schafft Strukturen von unten. Konzeptionelle Überlegungen für ein Projekt im Rahmen des Förderprogramms STARK, Stand 15. März 2021.

neuen Dorfkonsums, der Wiedereröffnung einer Schankwirtschaft, der Sanierung eines Kulturhauses oder anderen, bei der Bevölkerung vermissten und erwünschten Strukturen. Man kann Märkte organisieren und ein Vertriebsnetz schaffen für regionale Produkte in den Dorfläden für Honig, Schnaps, Hühner, Kuchen, Brot, Obst, Gemüse, Wild und Fisch, gestrickte Socken und traditionelle Pantoffeln. Um auch kleine Mengen kostengünstig zu verkaufen, soll ein Online-Marktplatz entstehen. Bestellungen und Transport können über eine App organisiert und abgewickelt werden, beispielsweise kann man bei ohnehin stattfindenden Autofahrten seine Einkäufe beim Produzenten abholen und unterwegs verteilen.

Das Konzept ist vor allem für die Dörfer in der Lausitz entwickelt worden, die nach dem Ausstieg aus der Braunkohle nach neuen Entwicklungsmöglichkeiten suchen. Es steht insgesamt für den Trend, selbstbestimmter und nachhaltiger zu leben. Global hat sich dazu ein Trend in der Arbeitswelt entwickelt, der den Begriff Purpose groß gemacht hat. Es geht dabei darum, dass Unternehmen dauerhaft unabhängig bleiben und sich nicht am Gewinn orientieren, sondern an Sinnhaftigkeit und Verantwortung. Was sich Sozialunternehmer im Rahmen der New-Work-Bewegung auf die Fahnen geschrieben haben, passt genauso auf die klassischen Genossenschaften. Der Staat müsste in dörflichen und abgehängten Regionen seine Rolle als Anschub-Investor viel stärker wahrnehmen als bisher. Es wird langfristig kostengünstiger und nachhaltiger sein, aus der Bevölkerungsbasis entwickelte neue sozio-ökonomische Strukturen zu fördern als einem Unternehmen viel Geld für eine Ansiedlung zu bezahlen. Eine Art Grass-Root-Ökonomie. Die Bürger in diesen Regionen blieben über Genossenschaften selbstbestimmt und aktiv, es könnten sich damit besser örtliche Eliten herausbilden, das Interesse an politisch-gesellschaftlicher Arbeit würde neu wachsen. Und nicht zuletzt würde die AfD ihr Narrativ als Kümmerer-Partei verlieren.

Besser raus aus der Nische

Es gibt freilich noch andere Typen als den Unternehmer Grötsch und die Unternehmerin Rohnstock. Und deshalb hat der Ostbeauftragte der Bundesregierung, Marco Wanderwitz von der CDU, am 23. Februar 2021 ein Problem. Wanderwitz ist jemand, der erstens sagt, dass es den Osten so nicht gibt als monolithischen Block, man den Begriff aber nicht vermeiden könne. Und der ihn, zweitens, aus der Mikroperspektive kennt. Das Problem ergibt sich aus Letzterem.

Die Bundesregierung hat im Zuge der Pandemie Fördermittel für alle Unternehmen ausgeschrieben, die ihre Produktion vorrangig umstellen auf alles, was zur Bekämpfung des Virus und zum Impfen benötigt wird. Die Bundesregierung ist unter Druck, die Bürger erwarten, dass endlich mal was klappt, das Impfen gilt als Eintrittskarte in ein normales Leben. Der Bund zahlt gut. Das wäre doch wie geschaffen für die kleinen Produktionsbetriebe im Osten, die bis jetzt kaum von den Wirtschaftshilfen des Bundes profitieren. Sie könnten Zubehör liefern. Das Problem ist aber, dass er gerade herausgefunden hat, dass sich kaum eine Firma aus dem Osten beworben hat dafür. Warum? Der Ostbeauftragte zuckt mit den Schultern.

Marco Wanderwitz sitzt in einem Zimmer, das aussieht wie eine schöne helle Küche und erzählt, dass er persönlich rumtelefoniert hat, um Unternehmern in Sachsen von dieser guten Sache, wie er findet, zu erzählen. Gesprochen hat er etwa mit Dieter Pfortner, dem IHK-Chef von Chemnitz, »der hat ein Unternehmen der Medizintechnik im Vogtland. Ich wollte ihn dafür erwärmen, dass er jetzt doch Schnelltests produzieren soll. Weil wir das ja fördern, alles, das Vlies, die Masken, die Fläschchen. Aber leider gibt es fast keine Anträge aus Ostdeutschland.«

Die Zahlen aus dem Bundeswirtschaftsministerium bestätigen Wanderwitz' Eindruck. Nur knapp 12 Prozent der Anträge, die positiv beschieden wurden, kamen aus den ostdeutschen Bundesländern.[83] Das heißt, fast die gesamte Maskenproduktion kommt aus dem Westen, wo die großen Hersteller der dafür nötigen Maschinen sitzen und dort entweder regionale Kooperationen eingehen oder selbst fertigen. Die verlängerten Werkbänke drüben werden nicht gebraucht, die Fördergelder sorgen also dort, wo es sowieso schon besser läuft, dafür, dass es nicht wesentlich schlechter wird.

Das macht den Job für Wanderwitz, 45, nicht einfacher. Aber aufgeben? Nein! Alles kann sich ändern, macht Wanderwitz sich selbst Mut – und führt zum Beweis dafür den Pass seiner Großmutter und seinen eigenen an. Bei der Oma habe zu DDR-Zeiten gestanden: geboren in Chemnitz, jetzt Karl-Marx-Stadt. Bei ihm stehe: geboren in Karl-Marx-Stadt, jetzt Chemnitz. Wanderwitz redet Zweifel und Widersprüche gerne weg mit den Worten »klipp und klar.« Klipp und klar verteidige er den freiheitlichen Rechtsstaat. Klipp und klar die Sache mit den Flüchtlingen. Das mit den Masken-Anträgen nervt ihn aber doch mehr, als er zugeben mag. Als er IHK-Chef Dieter Pfortner endlich ans Telefon bekam, habe der abgewunken. Das mit der Förderung sei an sich 'ne ganz schöne Idee, habe der gesagt, aber so große Einbrüche habe er gar nicht gehabt, um jetzt groß in die Maskenproduktion einsteigen zu wollen. Er habe schon ein bisschen rumprobiert, andere Dinge hochgefahren und in Summe letztes Jahr nur wenig Minus gemacht. Corona habe ihn insoweit getroffen, als dass die Maschinen umgerüstet werden mussten und er als Unternehmer mehr zu tun hatte als in normalen Jahren. Wanderwitz ist jemand, der sich so schnell nicht verdrießen lässt, er kennt ja die Widerborstigkeit, die Sachsen gerne mal vor sich hertragen. Aber so richtig Spaß macht sein Amt gerade nicht.

Sind die Ossis eigentlich unterschätzt? Ja, natürlich, sagt Wanderwitz, sie wissen, wie man Umbrüche bewältigt. Diese Erfahrun-

---

83 Antwort auf die Anfrage an das BMWi, E-Mail vom 25. Februar 2021.

gen werden die Menschen in den alten Ländern wohl erst noch machen müssen. »Die Wirtschaft hier zeichnet sich aus durch eine gewisse Wendigkeit, und durch das Suchen von Nischen. Das Hineingehen in Nischen ist eine ostdeutsche Besonderheit. Wo der Unternehmer aus Baden-Württemberg nicht mehr konkurrenzfähig ist, kann der Ostdeutsche im Zweifel mithalten.« Womit der Ostbeauftragte wohl unbewusst eines der gängigen Klischees reproduziert: »Der Ostdeutsche in der gesamtdeutschen Nische« ist genau das, was nicht mehr das einzige Erkennungsmerkmal sein sollte.

Für Marcel Fratzscher, Chef des Instituts der Deutschen Wirtschaft (DIW) in Berlin, hat der Osten aufgrund seiner ausschließlich kleinteiligen Wirtschaft sogar ein strukturelles Problem. Eines, das in der Pandemie noch größer wird.

Fratzscher hat die Daten in ganz Deutschland im Blick. Seine Analyse lässt den Ostbeauftragten Wanderwitz wie einen Zweckoptimisten aussehen. »Aus ökonomischer Sicht wird die Pandemie die Lücke zwischen Ost und West eher größer machen.«[84] In der ersten Corona-Welle seien die ostdeutschen Länder weniger betroffen gewesen. In der zweiten Welle dafür umso stärker, Sachsen, Thüringen und Sachsen-Anhalt, dann auch Mecklenburg-Vorpommern. Scharfe Restriktionen, Ausgangssperren, das volle Pandemie-Programm. Das hat vor allem die ostdeutsche Wirtschaft in Rückstand gebracht.

Warum? Die Wirtschaftshilfen sind kaum in die neuen Länder gegangen – weil dort eben jene kleinteiligen Unternehmensstrukturen vorherrschen und die wirklich großen Hilfen nicht dafür gemacht waren. Außerdem haben Bund und Länder bei den Restriktionen insbesondere die Industrie ausgenommen, die überwiegend in den alten Ländern sitzt, und die weiter produziert hat. »Wir sehen eine klare Spaltung der Wirtschaft: Die Industrie fährt gut und der Dienstleistungssektor schlecht. Die Industrie ist haupt-

---

84 Gespräch mit DIW-Chef Marcel Fratzscher.

sächlich in Süddeutschland, Hessen und Nordrhein-Westfalen. Der Osten hat einen viel höheren Anteil an kleinen Unternehmen und Dienstleistern. Es liegt nahe, dass sie stärker von den Restriktionen betroffen sind. Es gibt dort nicht diesen Mittelstand, Unternehmen mit 2000 und mehr Mitarbeitern. Deshalb wird wahrscheinlich mittel- und langfristig diese Schere Süd-Nord oder West-Ost weiter aufgehen.«

Der DIW-Chef geht davon aus, dass vor allem der Westen und der Süden von den Wirtschaftshilfen profitiert haben. »Im Mai 2020 hatten wir einen Höhepunkt bei der Zahl der Kurzarbeiter mit sieben Millionen, die kamen vor allem aus größeren Industrieunternehmen in Süddeutschland. Auch von Daimler, die dann Mitte Februar 2021 Rekordgewinne bekannt gegeben haben. Man fragt sich, wie kann das möglich sein, die haben doch weniger Autos verkauft. Ja, die haben weniger verkauft, aber die haben für die Werksschließungen sehr schön Kurzarbeitergeld bekommen. Obwohl die Werksschließungen – wie bei VW – auch ohne Corona nötig gewesen wären. Sie hatten massive Überkapazitäten, bevor die Pandemie überhaupt begonnen hatte.«

Fratzscher kritisiert die massiven Hilfen für eine einzige Branche, die ohnehin mit Problemen zu kämpfen habe; die Autobranche sei 2019 »im Sinkflug« gewesen. Bei VW in Wolfsburg habe man sich gefreut, dass es einen Anlass gab, die Werke zu schließen. Und dazu noch Kurzarbeitergeld[85] bekommen habe. Dazu seien Dinge wie die Mehrwertsteuersenkung gekommen. Fratzscher fand es interessant, wie Markus Söder diese im vergangenen Jahr als Erfolg

---

85 Wichtig zu wissen ist, dass das Kurzarbeitergeld zwar von der Bundesagentur für Arbeit gezahlt wird, aber nicht mehr nur aus den Versicherungsbeiträgen finanziert werden konnte. Der Staat – also der Steuerzahler – hat allein bis April 2021 mehr als 20 Milliarden Euro für Kurzarbeitergeld zusätzlich bereitgestellt. Dass die Konzerne dennoch Dividende zahlen, zeigt, wie in der Pandemie kräftig umverteilt wird. Und auch, dass die Kurzarbeitsregelung nachgebessert werden muss.

verkauft habe für die Automobilwirtschaft, er habe gesagt, das ist im Prinzip eine Kaufprämie. »Drei Prozent bei einem Neuwagen von 40.000 Euro – das ist nicht wenig. Das ist auch das, was wir in den Daten sehen. Die Mehrwertsteuersenkung hat eine moderate Nachfrage geschaffen. Eher bei sehr teuren Gütern, weil es sich da lohnt«, Käufe vorzuziehen. Und das dritte Quasi-Geschenk sei die Kaufprämie für Elektroautos gewesen. »Die Autobauer haben die drei großen Hilfen bekommen durch den Staat und konnten gleichzeitig durch Exporte nach Asien massiv profitieren. All das deutet darauf hin, dass diese Schere zwischen Ost und West durch die Pandemie eher stärker aufgegangen ist.«

Die Schlussfolgerung daraus lautet: Auf wirtschaftlicher Augenhöhe wird man erst sein, wenn sich Konzernzentralen in den Regionen zwischen Ostsee und Erzgebirge ansiedeln. Wie einst die Auto Union in Chemnitz. Oder jetzt Tesla in Grünheide bei Berlin. Oder neue gegründet werden wie dotSource in Jena. Der Wahlkampf wird zeigen, wie ernst es den Politikern ist, die wirtschaftspolitischen Voraussetzungen für unternehmerischen Erfolg so anzugleichen, dass die Debatten verschwinden.

Vorsprung Ost

Die extra gegründete Einheitskommission »Dreißig Jahre Friedliche Revolution und Deutsche Einheit« hat Ende 2020 ihren Bericht vorgelegt. Seither wird davon gesprochen, dass die Deutschen überall in der Republik von den Transformationserfahrungen der Bürger in den neuen Ländern lernen könnten. So viel Wandel wie nach 1990 habe es nie gegeben seit 1945, da könne man stolz sein. Diese Erfahrungen seien das *Asset* des Ostens. Klingt gut. Aber fährt jemand zwischen Elmshorn, der Eifel und dem Allgäu da so richtig drauf ab? Bisher nicht. Überraschend ist das nicht. Man versetze sich für einen Moment in einen Bewohner des Ruhrgebiets.

Jemand klopfte an seine Haustür, hallo, ich bin Ihre Transformationserfahrung aus dem Osten, ich erzähle Ihnen gerne, was da so auf Sie zukommen kann. Ja, wer will da seine Tür öffnen, wenn ein von den Umbrüchen scheinbar noch immer Gezeichneter seine Hilfe anbietet? »Wer die Ossi-Karte spielt, hat schon verloren«, so auch Bodo Ramelow im Gespräch.

Warum aber sollten die Menschen auf Sylt, im Schwarzwald oder in Dortmund, die dem gängigen Narrativ nach den Osten aufgepäppelt haben, den Aufgepäppelten jetzt zuhören, wenn die ihnen berichten, dass sich ihr Leben verändert hat? Vermeintliche Verlierergeschichten? Wären nicht mal ein bisschen Ruhe, Demut und Dankbarkeit zu erwarten? Und dass der Osten zur Kenntnis nimmt, dass der Marktplatz von Görlitz schöner ausschaut als der in Gelsenkirchen oder Solingen? Man kann die Leute von der Nordsee und bis zu den Alpen verstehen, sie haben ja als Steuerzahler jahrzehntelang den Aufbau Ost mitbezahlt – wie übrigens auch die Einwohner in den neuen Ländern. Die Debatte um frisch gestrichene Fassaden und transferierte Milliardensummen übertüncht allerdings die Frage danach, wem das topsanierte Haus gehört, wem die Fabrik und wer die Verwaltung leitet. Das oft bemühte Bild von der bunten Fassade gerät – beabsichtigt oder nicht – zum Versuch, sich nicht mit dem Problem auseinanderzusetzen, dass strukturelle Fehler gemacht wurden im Vereinigungsprozess.

Und so hat auch die Argumentation mit der Transformationserfahrung – die andere Zusammenbruchserfahrung nennen – einen logischen Fehler. Bevor die Bürger aus dem Osten ihre eigenen Umbruchserfahrungen in die laufenden gesamtdeutschen Transformationen einbringen können und damit bundesweit akzeptiert würden, müssten diese erst einmal positiv konnotiert werden. Das Klischee vom undankbaren unproduktiven Jammer-Ossi muss überschrieben werden von Geschichten, die erzählen, dass die bundesdeutsche Gesellschaft sich in den vergangenen 30 Jahren ziemlich veröstlicht hat. Wozu etwa die vielen jungen Frauen

beigetragen haben, die in den Neunzigerjahren in den Westen gegangen sind. Und von Geschichten, die wie bei Rohnstock und
dotSource zeigen, dass man die im Osten mal machen lassen
sollte – und sich nur um gleiche Entwicklungsvoraussetzungen zu
kümmern hat.

Der Osten als Reformtreiber

Müll trennen, ärztliche Versorgungszentren, berufstätige Frauen und Kinderkrippen – der Westen hat von den Strukturen im Osten profitiert. Nur warum gibt das niemand zu?

Von der Bonner zur Berliner Republik

Wenn Professor Wolfgang Schröder an der Universität Kassel eine Vorlesung zur Geschichte der Wiedervereinigung hält, fragt er seine Studierenden gerne, wer wisse, was am 9. November 1989 passiert ist.[86] Meist sehe er zunächst in staunende Augen, dann zögerliche Handzeichen. Ob das eine ernst gemeinte Frage sei? Das ist doch der Tag, an dem die Mauer geöffnet wurde. Richtig. Aber was ist an diesem Tag noch passiert? Schröder wartet ein paar Sekunden, dann liefert er selbst die Auflösung. »Am 9. November 1989 wurde in Westdeutschland die Rentenreform verabschiedet.« Damit reagiert die alte Bundesrepublik auf die steigenden Kosten in der Rentenversicherung. Schröder sagt, der Tag des Mauerfalls markiert auch den Einstieg in eine »austeritäre, armutsfördernde Rentenpolitik«, die sich in den nachfolgenden Jahren verschärfen wird. Die *Frankfurter Rundschau* schreibt, am Tag, an dem im Osten

---

86 Telefonat mit Professor Schröder am 7. März 2021.

117

die Mauer fiel, »fiel im Westen ein sozialpolitisches Tabu«: Mit der Verabschiedung der Rentenreform am 9. November 1989 sei der bisherige Fixpunkt der Rentenpolitik, die Sicherung eines angemessenen Lebensstandards im Alter nach einem vollen Berufsleben, aufgegeben worden. Von nun an war die Sicherung der Beitragsstabilität das Hauptziel der Rentenpolitik.[87]

Der Paradigmenwechsel in der alten bundesdeutschen Rentenpolitik war vor dem Mauerfall beschlossene Sache. Die Stimmung in der alten BRD war nicht besonders gut. Das Land hatte mit strukturellen Problemen in der Wirtschaft zu kämpfen. Alles, was sich an Problemen später im Osten auftürmen sollte, gab es damals schon im Westen. Die Stahlindustrie arbeitete unter massiven Überkapazitäten, die Textilwirtschaft war zu teuer geworden. Traditionelle Uhrenhersteller hatten mit der Konkurrenz billiger und bunter Plastikuhren von Swatch zu kämpfen, viele gaben das Geschäft auf. Autohersteller hatten temporäre Schwierigkeiten, die Gewerkschaften machten mobil bei Volkswagen und bei Opel, sie kämpften gegen Entlassungen. Auch im Gesundheitssystem und den Sozialversicherungen wurden die strukturellen Probleme sichtbar – beide wurden zunehmend teurer.

Dann fiel die Mauer und die Dynamik der Wende übertünchte die eigenen Probleme. Der damalige Kanzler Helmut Kohl von der CDU verlor freilich nicht aus dem Blick, dass er 1990 eine Wahl zu bestehen hatte. Und so kam es, dass die DDR-Bürgerrechtler ein ums andere Mal staunten, wie wenig in den bald einsetzenden Verhandlungen inhaltlich geredet und wie viel machtpolitisch entschieden wurde. So auch die Wiedervereinigung. Sie sollte schnell kommen und darauf hinauslaufen, dass im Beitrittsgebiet die Strukturen des Westens nachgebaut werden – obwohl die bekanntlich selbst reformbedürftig waren. Dreißig Jahre später ist in einer in diplomatischen Worten verfassten Studie nachzulesen, dass

---

87 https://www.fr.de/wirtschaft/jahre-rentenreform-11565849.html

diese machtpolitisch getriebene Entscheidung einen doppelten Reformstau nach sich zog. »Der Beitritt der ostdeutschen Bevölkerung zum territorialen und politischen Geltungsbereich der Bundesrepublik nach Artikel 23 Grundgesetz erscheint rückblickend betrachtet zumindest ambivalent. Denn dieser spezifische Modus des reform- und kontextaversen Institutionentransfers war zwar situativ funktional und effizient, führte aber mittelfristig zu erheblichen Verwerfungen, die einen großen Teil der ostdeutschen Bevölkerung trafen. Der Preis der Einheit bestand einerseits in der Ignoranz gegenüber spezifischen DDR-Arrangements, die von der ostdeutschen Bevölkerung in Teilen als effizient erlebt wurden; andererseits führte der reformfreie Transfer bereits beschädigter und nur eingeschränkt funktionseffizienter westdeutscher Institutionen zu einem Jahre währenden gesamtdeutschen Reformstau.«[88]

Mit anderen Worten: Der Westen verschob erst mal die nötigen Reformen und ließ auf dem Gebiet der DDR die alten verbesserungsbedürftigen Strukturen nachbauen. Die »spezifischen DDR-Arrangements« könnte man genauso gut als die funktionierenden Errungenschaften der DDR bezeichnen – wenn man sich dazu durchringen würde, zuzugeben, dass es so was hat geben können. Unterschätzt hat man etwa das Bildungssystem jenseits seiner ideologischen Ausrichtung. In den Naturwissenschaften, in Sprachen und praktischem Unterricht war das Bildungssystem der DDR sehr gut aufgestellt, es gab republikweite Olympiaden in Mathematik, Physik und Russisch, an denen beispielsweise auch Angela Merkel teilgenommen hat. Es waren pure Leistungswettbewerbe. Die DDR war auf gut ausgebildete Arbeiter und Ingenieure angewiesen.

In die gleiche Reihe gehört das sehr vitale Gesundheitssystem: Es gab kaum niedergelassene Ärzte, sondern mit den großzügig

---

88 Endbericht zur Kurzstudie »Dynamiken, Steuerungen und zukünftige Gestaltungschancen von Revolution, Transformation und Vereinigung«, 30. September 2020 von Wolfgang Schröder und Daniel Buhr, Auftraggeber BMI.

über das Land verteilten Polikliniken eine Art sozialistische Groß-
praxis mit angestellten Fachärzten, wo die Menschen ambulant behandelt und betreut wurden. Es gab Sprechstundenschwestern in
den Polikliniken. In abgelegeneren Regionen sicherten Gemeinde-
schwestern die örtliche Grundversorgung. Sie nahmen Blut ab,
machten einfache Untersuchungen wie die Überprüfung der Vital-
funktionen und stellten Rezepte aus. Thüringens Ministerpräsident
Bodo Ramelow erzählt gern von einem Test, mit dem er als Gewerkschafter in den Neunzigerjahren in den Belegschaftsversammlun-
gen großer Autobetriebe eindeutig herausfinden konnte, wer aus
dem Osten und wer aus dem Westen da in Arbeitskluft vor ihm
stand: »Ich habe in meinen Reden irgendwann beiläufig Schwester
Agnes erwähnt. Und dann in die Gesichter geschaut. Wo ein selig
leuchtendes Lächeln zu sehen war, stand ein Ossi.« Warum?
Schwester Agnes hieß eine sehr beliebte DDR-Fernsehserie, in der
eine Gemeindeschwester auf einer Schwalbe über die Dörfer
knatterte und bei seelischen und medizinischen Problemlagen zu
helfen wusste, und mit der sprichwörtlichen Berliner Schnauze mal
gegen die da oben stänkerte.[89]

Das ausgeklügelte Recyclingsystem: Penibel wurden Zeitungen,
Pappe, leere Glasflaschen, Metallreste getrennt gesammelt und zu
speziellen Annahmestellen gebracht. Nicht zu vergessen sind die
ganztags und oftmals in Technikberufen arbeitenden Frauen, die
dadurch eine reale Chance hatten, finanziell unabhängig und auf
Augenhöhe mit ihren Partnern zu leben. Kinder und Karriere waren
kein Widerspruch. Das erst vor einigen Jahren in der Bundesrepublik eingeführte längere Elterngeld gab es schon in der DDR. Man
nahm nicht Elternzeit, sondern ein Babyjahr, zwölf bis achtzehn
Monate wurden mit zwei Drittel des Gehalts bezahlt. Dazu gab es
flächendeckend ganztags geöffnete Kinderkrippen und Kindergärten.

---

89 https://www.mdr.de/tv/programm/sendung912400.html

All das wurde nach 1990 erst einmal infrage gestellt oder gleich ganz abgeschafft. Doch die Architekten der Einheit haben das Beharrungsvermögen der Bürger in den neuen Ländern unterschätzt. »Die haben erst gedacht, wir machen jetzt alles so wie die. Und nach ein paar Jahren gemerkt, nee, hoppla, so geht das nicht«, sagt der Thüringer CDUler Mario Voigt. Und hier kommt dann die Kanzlerin ins Spiel. Ja, man hätte sich gewünscht, dass sie öffentlich mehr für den Osten eingetreten wäre. Tatsächlich aber hat sie als Regierungschefin zuerst Mehrheiten suchen müssen, um dann politisch das durchsetzen zu können, was in der DDR schon mal funktioniert hatte, etwa das Recht auf einen Kindergartenplatz oder Elterngeld. Es hat gedauert, aber heute ist einiges wieder da oder im Kommen. Weil sich doch noch die nötigen Mehrheiten fanden.

Wenn heute offensichtlich ist, dass einige ostdeutsche Institutionen von Bildung über Medizin bis frühkindliche Betreuung besser als ihre westdeutschen Pendants funktionieren, sollte man souverän genug sein und die Ost-West-Erzählung anpassen. Und die in den gesamtdeutschen Alltag diffundierten einst ostdeutschen Strukturen klar als solche benennen. Doch vielerorts gibt es noch blinde Flecken und eine mentale Fokussierung auf den Westen, die den Leistungen und Errungenschaften des Ostens nicht gerecht wird. Anfang Januar 2021 sagte die von mir sehr geschätzte Soziologieprofessorin Jutta Allmendinger im Gespräch mit dem *Spiegel*[90], die Frauen in Frankreich und Skandinavien seien *role models*, dort sei es völlig normal, ganztags arbeiten zu gehen. Und in Deutschland eben nicht. Hoppla! Und wie war das bis 1989 im Osten? Ich bin in einer Familie aufgewachsen, wo die Frauen *immer* ganztags arbeiten gegangen und manche auch aufgestiegen sind. Meine Großmutter hat eine Personalabteilung geleitet, meine Tante einen Kindergarten. Das war alltäglich. Die Leiterin des Wissenschaftszentrums Berlin (WZB) hebt auch hervor, es habe bis in

---

90 *Spiegel*, Gespräch mit Jutta Allmendinger, 1/2021.

die Neunzigerjahre in der Bundesrepublik nur wenige Kitaplätze gegeben, und die nur für fünf, sechs Stunden täglich. Wirklich? Kindergärten und Krippen gab es vorher schon, flächendeckend und ganztags, in ebenjenem Teil Deutschlands, in dem die Frauen ihr eigenes Auskommen hatten und damit unabhängig waren. Die Wende hat der Familienpolitik im Westen einen gehörigen Modernisierungsschub versetzt.

Und was für ein Glück es ist, dass das Wort Öko in der sozialistischen Terminologie bis 1989 noch nicht angekommen war. Sonst wäre es wohl später schwierig geworden mit der ökologischen Bewegung in Deutschland. Die DDR und Öko, das passt ja auch nach den gängigen Narrativen überhaupt gar nicht zusammen. Man kennt die Quecksilberteiche von Wolfen, den schwarzen Regen in der Lausitz, die unverzeihlichen Umweltschweinereien im Uranerzbergbau und die toten Wälder an der Grenze zu Tschechien. Ostdeutschland hatte pro Kopf die höchsten Schadstoff-Emissionen Europas bei Schwefeldioxid-Staub, Schwermetallen und dem klimaschädlichen Kohlendioxid.[91] Nach der Wende flossen Millionen Euro in die Sanierung.

Stimmt alles. Im privaten Alltag aber sah es anders aus. Da wurde alles recycelt, was ging. Die penible Mülltrennung war gelebter Alltag. Schraubgläser wurden gereinigt und wieder verwendet. In der Schule gab es Pausenmilch in Glasflaschen. Ich erinnere mich daran, wie meine Geschwister und ich als Kinder mit dem Schlitten oder Handwagen um die Häuser zogen und an Türen geklingelt haben, um Zeitungen, Pappe und leere Flaschen zu sammeln. 50 Pfennig pro Kilogramm Zeitungen, Pappe brachte mehr, war aber schwieriger zu transportieren. Andere sammelten Kupferleitungen, alte Dachrinnenteile aus Zinkblech, Eisenteile, Schrau-

---

91 https://de.irefeurope.org/Diskussionsbeitrage/Artikel/article/Umweltdesaster-
   DDR-Bitteres-aus-Bitterfeld

ben, leere Wein- und Schnapsflaschen, was auch immer. Auf dem Schrottplatz gab es Geld für jedes Kilo Metall. Und ein paar Pfennige für jede Flasche. Ja, mag man jetzt einwenden, das war ja nur wegen der Mangelwirtschaft. Und, möchte ich da nachfragen, ist das Resultat nicht das gleiche?

Es mag sich ein wenig komisch anhören, aber tatsächlich musste eine ehemalige Mitschülerin Ende der Achtzigerjahre im Auftrag der Partei klimaneutral Gemüse züchten. Ilka B., inzwischen 55 Jahre alt, hatte nach der Schule eine Gärtnerlehre gemacht und anschließend im Glühlampen- und Glaswerk Narva in Brand-Erbisdorf[92] im Betriebsgewächshaus gearbeitet, das, wie man es heute noch kennt, mit der Abwärme aus der Produktion beheizt wurde. »Wir hatten dort als Parteiauftrag ein großes Gewächshaus aufgebaut, wir haben Gurken und Tomaten, Salat und anderes Gemüse angebaut, das wir an die Beschäftigten der Narva und in der Umgebung verkauft haben. Das war damals schon ein grünes Gewächshaus, es wurde von der Abwärme der Glühlampenproduktion beheizt. Also richtig öko, wir haben das damals nur nicht so genannt.«

Als der Dauerfrost im Januar 2021 das Land endgültig in den Lockdown nimmt, sitzt Ilka B. mit gebrochenem Sprunggelenk zu Hause bei ihrem Lebensgefährten, auf einem Drei-Seiten-Hof, Wohngebäude, Scheune, Seitengebäude, zwanzig Minuten entfernt von Freiberg. Wir reden über die Schulzeit und was danach kam. Aber bitte schreibe auf, sagt sie immer wieder, dass das wirklich nicht einfach war. Der Osten eine Umweltsau? Sie winkt ab. Ja, klar, die Chemiebetriebe. Aber daheim hatte man ja gar keine Möglichkeit, zu viel Müll zu produzieren. Die Mangelwirtschaft in der DDR habe ja die Müllberge automatisch kleiner gehalten. Ließe man die Ideologie mal weg, würde man den Lebensstil von damals heute

---

92 Ein Werk des volkseigenen Glühlampenkombinats der DDR nahe Freiberg in Sachsen.

nachhaltig nennen. »Ich denke, die DDR-Bürger lebten nachhaltiger, weil sie auch sparsam und ordentlich mit ihren Konsumgütern umgingen. Auch aus der Not heraus, man hat ja nicht immer alles gleich wieder bekommen.« Sie hat das jedenfalls beibehalten und überlegt, bei der nächsten Wahl grün zu wählen – »wenn die Politik der Grünen ein bisschen anders gemacht wird, differenzierter. Hier auf dem Dorf leben die Menschen sowieso im Einklang mit der Natur.«

Die neue Kehrtwende –
Nachmachen ist Mist

Mario Voigt, Spitzenkandidat der CDU in Thüringen, ist einer von denen, die nach der Wende weggegangen und wieder zurückgekommen sind. Nach der Wiedervereinigung hätten viele gedacht, schnell so zu werden wie die Westdeutschen. Nach ein paar Jahren hätten sie gemerkt, hoppla, nein, das geht so nicht. Nachmachen ist Mist. Seither sei in den neuen Ländern ein neuer Trend zu beobachten. Man versucht, Eigenes auf die Beine zu stellen.

In den späten Neunzigerjahren hat zwischen Rügen und dem Fichtelberg eine neue Kehrtwende begonnen. Ein Teil der aus dem Westen übernommenen reformbedürftigen Strukturen wird wieder ersetzt durch neue, die sich daran orientieren, was man aus der Vorwendezeit als effizient in Erinnerung hat. Das Novum: Binnen kurzer Zeit werden weitreichende Nach- und Neujustierungen durchgesetzt, »die zugleich eine gesamtdeutsche Relevanz besaßen«.[93] Die aus dem Osten kommenden Modernisierungen greifen vor allem in den Bereichen Gesundheit, Bildung, Berufstätigkeit, Kinderbetreuung sowie bei der Energiewende. Der Einfluss auf das Modell Deutschland sei »aus keiner anderen Region so befeuert worden wie aus den fünf neuen Ländern«. Damit bewerten Forscher

---

93 Mario Voigt, CDU-Spitzenkandidat in Thüringen.

wie Wolfgang Schröder den Einfluss der Ostdeutschen auf das Leben in der Bundesrepublik höher als den aus den USA, wo ja bekanntermaßen vom SUV über den Filmverleih bis zur Apple-Watch vieles an Konsumgütern herkommt, die man angeblich unbedingt braucht.

Klar, die Anstöße aus dem Osten betreffen nicht Konsumgüter, sondern funktionierende und kostengünstige Strukturen – und ein besseres Miteinander. Bis heute ist vielen in den neuen Ländern auch das als Ellenbogengesellschaft verbal abgewertete System von Karrierestreben und Machtpolitik fremd geblieben. Meine frühere Mitschülerin Tina A. sagt: »Karrieristen und Reiche sind hier nicht so gerne gesehen, das müssen keine Westdeutschen sein, das ist generell so.« Aus dieser Haltung heraus erklärt sich auch die teils starke Skepsis von Ostdeutschen gegenüber Angela Merkel. Die aus Ostdeutschland stammende Kanzlerin war ja machtpolitisch exzellent – Ellenbogen! – und zugleich programmatisch eher schwach –, was in der ostdeutschen Sozialisation, wo eher gemacht statt geredet wird, auch fremd wirkt. Die Kombination hat zu einer Entfremdung zwischen ihr und Bürgern in den neuen Ländern beigetragen. Aber zurück zu den ostdeutschen Errungenschaften. Weil es von der Kehrseite her nicht opportun erschien, sind sie als solche nicht benannt worden. Auch nicht von der Kanzlerin.

Forscher wie Wolfgang Schröder und Daniel Buhr verweisen auf psychologische wie ideologische Ursachen. Die im Osten etablierten und in den Westen transformierten Veränderungen würden zugleich »als Infragestellung des deutschen Modells« begriffen. Sie würden also nicht als Fortschritt begriffen, sondern polarisieren und mindestens ambivalente Gefühle auslösen. Das klingt nach empfohlener Rücksichtnahme. Würde man ganz oder teilweise effiziente DDR-Strukturen übernehmen, wäre das mit dem Eingeständnis verbunden, dass unter realsozialistischen Bedingungen etwas besser gelaufen sein könnte. Wie würde das in die Parteiprogramme und zum Selbstverständnis von Land und Leuten pas-

sen? Das westdeutsche Beharrungsvermögen auf die lange eingeübte Sicht der Dinge schätzen die Forscher als hoch ein, was die
Recherche zu diesem Buch bestätigt. Die Bedeutung der Impulse
und Veränderungen aus dem Osten werden sich vermutlich erst mit
einigem Abstand ermessen lassen.[94] Die Forscher sprechen von
einem »peripheriegetriebenen Wandel«, den das politische Zentrum nur begrenzt absorbieren konnte, der aber aufs Ganze betrachtet die Resilienz und Handlungsfähigkeit der Institutionen eher
erhöht als blockiert hat. Wenn man den Satz mehrmals gelesen hat,
kann man ihn als Lob für die ostdeutschen Transformationen in
das wiedervereinigte Land verstehen.

Es ist Zeit für die Einsicht, dass einige Impulse aus dem Osten
ganz Deutschland modernisiert haben. Weil man es im Westen
nicht so gerne hören mag, dass die letzten großen Impulse für
strukturelle Reformen aus dem Land gekommen sind, das 1990 verschwunden ist, wird es kaum thematisiert.[95] Ein Regierungschef
eines ostdeutschen Landes sagt, er sei heute noch froh, dass Franz
Josef Strauß das mit der deutschen Staatsbürgerschaft für DDR-
Bürger verfassungsrechtlich schon lange vor dem Mauerfall geregelt habe. Deshalb hätten die Bundesbürger 1990 nicht über den
Beitritt abstimmen müssen. Implizit zeigt das seine Zweifel, dass
die Westdeutschen die 17 Millionen jenseits der Elbe tatsächlich
hätten haben wollen. Was ja menschlich völlig verständlich ist. Was
hatte man in Frankfurt am Main schon mit Frankfurt an der Oder
zu tun?

Meine Mitschülerin Ilka B. kennt diese Sorge der Westdeutschen, plötzlich überrannt zu werden. »Die West-Verwandtschaft
meines Mannes hat uns mehrfach noch zu DDR-Zeiten erzählt,
dass sie uns im Kofferraum mitnehmen wollten in den Westen. Als
dann die Grenze offen war, haben sie uns gestanden, dass sie doch

---

94 Bericht der Einheitskommission.
95 Die Agenda 2010 fällt dahinter zurück.

alle Angst gehabt hatten, dass wir eines Tages vor der Türe stehen und uns bei ihnen niederlassen werden. Im Nachhinein wurden uns die Westpakete, die geschickt worden waren, vorgerechnet. Und wie teuer die vielen Maggi-Flaschen gewesen waren und der Kaugummi und Sonstiges. Das war schon sehr beleidigend.«

Die Impulse aus dem Osten

Für viele mag es überraschend klingen, dass die Wende Reformen im Westen beziehungsweise in der wiedervereinigten Bundesrepublik angestoßen hat. Neben dem ostdeutschen Einfluss auf die Tarifautonomie in ganz Deutschland hat das DDR-Gesundheitswesen einen gehörigen Modernisierungsschub ausgelöst. Im Nachfolgenden sollen noch einmal wichtige Details herausgearbeitet werden.[96]

Das Gesundheitswesen der DDR war ein auf den Bedarf ausgerichtetes, zentralstaatlich gesteuertes System. Unter den sowjetischen Besatzern entstand nach 1945 ein Netz von Polikliniken, Ambulatorien, staatlichen Arzt- und Zahnarztpraxen, Gemeindeschwesternstationen und Betriebssanitätsstellen. Die Polikliniken mussten mindestens sechs Fachabteilungen und eigene Beratungsstellen unter einem Dach vereinen. Die kleineren Ambulatorien waren im ländlichen Raum und in Betrieben verbreitet. Die Versorgung war einheitlich und funktionierte durch eine Verzahnung von ambulanter und stationärer Versorgung. Es gab nur wenige selbstständige niedergelassene Praxen, 1989 waren es 390. Die überwältigende Mehrheit der Ärzte und Ärztinnen arbeitete in den 615 Polikliniken, 1.030 Ambulatorien und 1.600 staatlichen Arztpraxen. Damals gab es den Vorrang der Prophylaxe, Gesund-

---

96 Endbericht zur Kurzstudie »Dynamiken, Steuerungen und zukünftige Gestaltungschancen von Revolution, Transformation und Vereinigung«, 30. September 2020, von Wolfgang Schröder und Daniel Buhr, Auftraggeber BMI.

heitserziehung und -aufklärung sowie ganzheitliche Perspektiven und einen betrieblichen Arbeitsschutz. Die Polikliniken der DDR galten als Aushängeschild. Durch die Bündelung von Ärzten aus verschiedenen Fachrichtungen in einem Gebäude ergaben sich sowohl für die Patienten, die behandelnden Ärzte als auch für den Staat offensichtliche Vorteile wie kurze Wege, gute Absprachen der Ärzte untereinander, Kosteneinsparungen durch das gemeinsame Nutzen von Gerätschaften und Laboren sowie keine Doppeluntersuchungen durch den Zugriff auf eine gemeinsam angelegte Patientenakte. Kein Wunder, dass nach der Wende die Mehrheit der ostdeutschen Bevölkerung die Polikliniken behalten wollte. Tatsächlich aber wurde mit dem Staatsvertrag vom 18. 5. 1990 die Übertragung der westdeutschen Institutionen und Regeln sowie die Abschaffung der DDR-spezifischen Strukturen zur Maxime des Einigungsprozesses. Die Polikliniken seien »faktisch zum Tode verurteilt« worden, ist in einschlägiger Literatur nachzulesen.[97]

Zwar gab es Widerspruch gegen dieses Urteil. Aber eben auch keine Mehrheiten, um es zu ändern. Helmut Kohl habe die Wiedervereinigung nicht »durch zusätzliche Detaildiskussionen« belasten und deshalb das westdeutsche System generell in den Osten transformieren wollen, schreiben die Autoren. Für eine Übernahme ohne Anpassungen und Reformen habe sich vehement auch der Koalitionspartner FDP eingesetzt, der das Leitbild des niedergelassenen Arztes propagierte, schließlich zählen die zur Stammwählerschaft. Die gängige Kurzformel lautete: Poliklinik ist gleich Sozialismus ist gleich Feind. Die Autoren schreiben: »Ärztliche Kooperationen wie die Polikliniken galten darüber hinaus in vielen Teilen der westdeutschen Gesellschaft als sozialistisch und damit als nicht systemkohärent. Die Aussicht, die dem westdeutschen System widersprüchlich entgegenstehenden poliklinischen Struk-

---

97 Gerhard A. Ritter, Der Preis der deutschen Einheit, C. H. Beck 2006.

turen mit ihren angestellten Ärzten sowie die staatliche getragene ambulante Gesundheitseinrichtung in das eigene System eingliedern zu müssen, wurde als elementare Bedrohung der freiberuflichen, ärztlichen Handlungsautonomie verstanden.«[98] Gelockt von guten Verdienstmöglichkeiten und günstigen Krediten der Ärztebanken hatten sich bereits 1993 rund 90 Prozent der ehemals 22.000 in Polikliniken angestellten Ärzte als Selbstständige niedergelassen, immer mehr Kliniken mussten wegen Personalmangels schließen.

Vier Jahre später hatte die Kassenärztliche Vereinigung ihre Furcht vor dem Erbe der DDR überwunden und erlaubte den Zusammenschluss niedergelassener Haus- und Fachärzte verschiedener Fachrichtungen sowie anderer Gesundheitsberufen wie Psycho- und Physiotherapeuten sowie Logopäden, um das weitere Ausbluten der Branche zu verhindern. In der neu gewählten rotgrünen Bundesregierung trieben die Sozialdemokraten ab 1998 eine Flexibilisierung von Versorgungsstrukturen und die Förderung sektorübergreifender Kooperationsformen voran. 2003 schlug die Geburtsstunde der Medizinischen Versorgungszentren – eine Wiedergeburt der Polikliniken. Den Ostdeutschen den alten Namen und damit ein Stück Identität zurückzugeben, dazu konnte man sich allerdings nicht durchringen. Die MVZ-Polikliniken bewährten sich schnell: Bei der Einführung 2005 arbeiteten in knapp 70 dieser Einrichtungen etwa 700 Ärzte. Ende 2019 arbeiteten 18.000 Ärzte in über 2.800 Einrichtungen. 30 Jahre nach der Wiedervereinigung sind die heutigen MVZ-Polikliniken als Nachfolger der Polikliniken der DDR und der gesundheitspolitischen Reformbewegung im Westen zu betrachten. Sie sind ein Beispiel für die Potenziale einer ost-westdeutschen Reformpartnerschaft, die das Zusammenleben

---

98 Endbericht zur Kurzstudie »Dynamiken, Steuerungen und zukünftige Gestaltungschancen von Revolution, Transformation und Vereinigung«, 30. September 2020, von Wolfgang Schröder und Daniel Buhr, Auftraggeber BMI.

in der deutsch-deutschen Wohngemeinschaft angenehmer machen kann.

Im Bericht der Einheitskommission wird der Journalist Robert Paquet zitiert, der die Unterschätzung des Ostens so auf den Punkt bringt: »Auch wenn man den Untergang der DDR (und ihres Gesundheitssystems) nicht bedauert, ist angesichts der Entwicklungen etwas mehr Demut angebracht. Die im Rahmen der Wiedervereinigung erfolgte rigorose Ausmerzung aller Elemente, die DDR-spezifisch erschienen, das hat auch bemerkenswerte Schäden angerichtet. Auch vom DDR-Gesundheitssystem hätte man das eine oder andere lernen können. Das einzugestehen könnte dazu beitragen, die nach wie vor vorhandenen ›Einigungsschmerzen‹ zu lindern und eine heute z. T. grassierende (aber tatsachenfremde) pauschale DDR-Nostalgie einzudämmen.«[99]

Rückblickend lässt sich feststellen, dass komplett unterschätzt wurde, wie viel Kritik und Unverständnis die im Einigungsvertrag fixierte Auflösung der Polikliniken auslöste. Deshalb sei an dieser Stelle ein Loblied auf die engagierten Politiker erlaubt, die die Polikliniken am Ende wiederbeleben konnten. »Diese kooperativen Formen medizinischer Leistungserbringung genossen nicht nur in der ostdeutschen Bevölkerung hohes Ansehen, sondern auch in der westdeutschen Gesundheitspolitik gab es lange vor dem Ende der DDR die intensive Suche nach neuen Formen der kooperativen und integrierten Leistungserbringung, um die Versorgungsqualität zu steigern, Kosten zu sparen und medizinische Bedarfe besser abzudecken. Es stellte sich daher im Einigungsprozess sogar die Frage, ob diese Einrichtungen nicht auch auf den Westen hätte übertragen werden können. Tatsächlich wurde ihnen eine nur temporäre Bestandsgarantie bis 1995 eingeräumt, um sie schließlich der Geschichte zu überantworten. Die Entwicklung, verlief dann doch

---

99 Abschlussbericht der Kommission »30 Jahre Friedliche Revolution und Deutsche Einheit«.

anders. Denn durch zähes Insistieren namhafter ostdeutscher und auch einiger westdeutscher Akteure konnte sich dieses spezifische ostdeutsche Arrangement zeitverzögert und durch vielfältige Anpassungsschritte seit 2003 offiziell an die Strukturen des westdeutschen Gesundheitssystems anpassen und schließlich Teil einer gesamtdeutschen Erfolgsgeschichte werden, um das gesamtdeutsche Gesundheitssystem zu verbessern.«[100]

Jenseits des Gesundheitswesens werden die zunehmend wieder zweigliedrigen Bildungssysteme[101] in Sachsen und Thüringen, aber auch in einigen alten Bundesländern positiv konnotiert. Man konzentriert sich auf zwei Schulformen, eine Oberschule und das Gymnasium.[102] Nicht mehr wegzudenken aus dem Alltag ist auch die flächendeckende Kinderbetreuung von 6 Uhr bis 18 Uhr, teilweise sogar länger. Eine Freundin, die vor vielen Jahren aus Offenburg nach Berlin und dann an in den Speckgürtel gezogen war und eine mittelständische Firma betreibt, schwärmt heute noch von den Kindergärten dort. »Wenn es die nicht gegeben hätte, die ganztags geöffnet hatten, hätte ich nie arbeiten gehen können«; ihre Söhne sind jetzt Anfang, Mitte zwanzig.

Hehe, und wie weit wir Frauen waren

Fangen wir mit einem (westdeutschen) Holzschnitt an: Die Frauen in der DDR waren ja doppelt belastet: Sie mussten ganztags arbeiten gehen und den Haushalt noch extra machen. Wenn man Frauen als passive Wesen betrachtet, die nicht selbst entscheiden, kann man das so sehen. Und wie sieht das Bild aus, wenn man ihnen

---

100 Kurzstudie Schröder/Buhr 2020 für das BMI.
101 https://www.bpb.de/gesellschaft/bildung/zukunft-bildung/215556/zweigliedrigkeit, https://taz.de/Zweigliedriges-Schulsystem/!5107734/
102 In der DDR gab es die Polytechnische Oberschule und die Erweiterte Oberschule (Gymnasium).

selbstbestimmte Aktivität zubilligt? Die Frauen wollten (überwiegend) ganztags arbeiten und finanziell unabhängig leben. Sie mussten sich nicht nach den Männern richten, weil sie ein eigenes Einkommen hatten. Männer wurden zu Partnern, nicht zu Ernährern. Die Nachfolgerinnen der Trümmerfrauen waren Ingenieurinnen und Lehrerinnen, haben das wirtschaftliche wie gesellschaftliche Leben mit am Laufen gehalten.

Bei den Rechten für die Frauen, sagt Rita Süßmuth, ist im Einigungsvertrag nur an einer Stelle ein Zugeständnis für die Frauen im Osten gemacht worden. Beim Paragrafen 218, als es um das Recht der Schwangerschaftsunterbrechung ging. »Da hat Lothar de Maizière gemerkt, er kann diese Welt nicht überrennen.«[103] Am liebsten hätten die Vertreter der westdeutschen Seite das liberale Abtreibungsrecht[104] der DDR sofort komplett gestrichen. »Dies galt aber nicht für die Regelung des Schwangerschaftsabbruchs, deren gesamtdeutsche Ausgestaltung zu einer offenen Frage im Einigungsprozess wurde. In einem der ganz wenigen Felder, in dem die Übernahme einer DDR-Regelung überhaupt möglich schien, ging es für die einen um den Erhalt staatlicher Gleichstellungspolitiken, für die anderen um die mögliche Erfüllung seit Jahrzehnten umkämpfter feministischer Forderungen. Ostdeutsche und westdeutsche Frauenbewegungen mussten eine gemeinsame Sprache und politische Aktionsmöglichkeiten finden.«[105]

Wenn es in diesem Buch um Unterschätzte geht, betrifft diese Zuschreibung in besonderem Maße auch die Frauen aus dem Osten, die gesellschaftlich ein paar Schritte zurücktreten mussten. »Frauen haben die Veränderungen nach dem Mauerfall generell als

---

103 Gespräch mit Rita Süßmuth.
104 Ein Schwangerschaftsabbruch konnte danach in der DDR in den ersten 12 Wochen ohne weitere Voraussetzungen in einer Klinik vorgenommen werden, in der BRD galt die Indikationsregel.
105 https://www.digitales-deutsches-frauenarchiv.de/angebote/dossiers/30-jahre-geteilter-feminismus/schwangerschaftsabbruch-in-ddr-und-brd

Rückschritt empfunden«, sagt Rita Süßmuth. Warum, das erzählt meine frühere Mitschülerin Tina A.: »Für uns junge Frauen – das ist mir erst in den letzten Jahren richtig bewusst geworden, seit die Debatte um die Frauenquote losgegangen ist – war der Umbruch der totale Knick. Wir waren ja 1989 gut ausgebildet, hatten ein Studium oder eine Berufsausbildung und standen in den Startlöchern für Karriere und Familie. Aber wegen des Bruchs nach der Wende und der Überschwemmung des Landes mit Westdeutschen haben die uns alle guten Positionen genommen, man schaue sich nur die Universitäten an. Wir sind doppelt angeschmiert gewesen. Wir waren nicht nur Ossis, obwohl gut ausgebildet. Sondern wir waren auch noch Frauen. Letzten Endes mussten wir uns immer wieder hinten anstellen. Wir sind nicht nur von den westdeutschen Männern und Frauen von den Positionen ferngehalten worden, sondern auch von den eigenen Ost-Männern. Ich habe bei uns eine Kollegin gehabt, Chefin, eine Ost-Frau, zehn Jahre älter. Die musste superhart sein, nur so konnte sie sich durchsetzen gegenüber dem restlichen Führungspersonal. Sie musste sich doppelt so anstrengen wie ein Mann, sie durfte nicht mitfühlend sein, nur deshalb konnte sie so weit kommen.«

Und noch etwas hat den Knick so schmerzhaft gemacht: Die Frauen wurden unterschätzt, weil die aus dem Westen anreisenden Herren (und ein paar Damen) sich gar nicht vorstellen konnten, welches Potenzial diese Frauen hatten: »Es war in Westdeutschland nicht üblich, dass so viele Frauen studiert und Abschlüsse als Ingenieure hatten. Ich bin 1988 durch familiäre Geburtstage schon in Westdeutschland gewesen. Da war ich auch mit einer Gruppe Gleichaltriger unterwegs, sie haben mich in die Disco mitgenommen und haben mich auch gefragt, was machst du so, was lernst du? Als ich dann gesagt habe, na ja, ich bin fertig mit dem Studium, haben sie gestaunt, was, wie alt bist du? 23. Was, du bist fertig? Und was bist du? Ingenieur für Maschinenbau. Für mich war das normal. Wir hatten alle gute Ausbildungen, Architekten, Chemieingenieure, Maschinenbau. Und immer viele Frauen. Eine völlig normale Sache. Und die im Westen guckten mich an wie einen Menschen vom Mond. In dem Alter? So eine Ausbildung? Schon in Arbeit? Es ist mir in Erinnerung geblieben, dass ich ein Exot war. Und dass sie sich dann nicht weiter interessiert haben, jeder war in seiner eigenen Blase.«

Frauen in Technik

Als die Personalchefs aus Westdeutschland in die neuen Bundesländer kamen, staunten sie nicht schlecht über den hohen Anteil an Ingenieurinnen und Technikerinnen. Das Schulsystem der DDR war so aufgebaut, dass man bis zur 8. Klasse auf die Polytechnische Oberschule ging und danach entweder dort blieb, um den Abschluss der 10. Klasse zu machen. Oder man wechselte aufs Gymnasium, die Erweiterte Oberschule.[106] Ich bin damals gewechselt, auf eine EOS in Freiberg, die in vor-sozialistischen Zeiten mal eine Lateinschule gewesen war, ein stattliches altes Gebäude nahe der Bergakademie am Untermarkt in der Altstadt, knarzende Dielenböden, coole Flügeltüren in einer richtigen Aula mit klappbaren Holztischen. Sie war nach den Widerstandskämpfern der Weißen Rose benannt, »Geschwister Scholl«. Ich weiß noch, dass ich heimlich stolz war, nach der Juri-Gagarin-Schule und der Maxim-Gorki-Schule nun in eine zu gehen, die einen westdeutschen Namen trug. Wo man neben Russisch und Englisch auch Französisch und Latein lernen konnte.

Man sollte die Kombination Frauen und Technik in der DDR nicht verklären, bei aller Bedeutung. Ich erinnere mich gut, dass es in meiner Abiturklasse nicht viele Mädchen drängte, einen technischen oder naturwissenschaftlichen Beruf zu lernen. Auch Bundes-

---

106 Ab 1984 erfolgte der Wechsel dann erst ab der 10. Klasse, entweder zur Klasse 11 auf die EOS oder zur Berufsausbildung mit Abitur.

kanzlerin Angela Merkel trieb nicht die Liebe für Atomschalen und Teilchenbewegungen ins Physikstudium: »Ich habe mich in der DDR für ein Studium der Physik entschieden, weil ich ganz sicher war, dass man vieles außer Kraft setzen kann, aber die Schwerkraft nicht, die Lichtgeschwindigkeit nicht und andere Fakten.«[107]

Ich hatte mir gewünscht, Französisch und Portugiesisch zu studieren und als Entwicklungshelferin nach Afrika zu gehen, wo Länder einen sozialistischen Weg eingeschlagen hatten. Ich träumte vom Reisen in die Länder, deren Sprachen ich gelernt hatte. Ich bestand die Vorprüfung, bekam aber den Studienplatz an der Universität in Leipzig nicht, wurde ohne Begründung abgelehnt. Man trug mir auf, Deutsch und Russisch auf Lehramt zu studieren. In einem Anflug aus Trotz und Verweigerung lehnte ich ab. Und entschied mich aus privaten Erwägungen heraus für Maschinenbau an der Universität Karl-Marx-Stadt. Ich erinnere mich, wie ich Vorlesungen zur Technischen Mechanik hörte und sorgfältig mit Druck-, Schub-, und Zugkräften belastete Wellen abzeichnete, ohne zunächst genau zu wissen, was das war. Ich lernte programmieren und dass Metalle sensible Werkstoffe sind, deren Innenleben (Gefüge) sehr sensibel auf Veränderungen von außen wie Temperaturwechsel oder Belastungen reagiert. Lustige Randnotiz: Meine Diplomarbeit musste 1989 unter Verschluss gehen, weil ich ein auf zwiespältigen Wegen aus dem Westen beschafftes Stückchen Alu-Rohr untersucht hatte, das mit Kohlenstofffäden verformungsstabil gemacht worden war. Diese kohlenstofffaserverstärkten Alu-Werkstoffe wurden damals im Westen in der Raketentechnik eingesetzt.

In meiner Seminargruppe waren damals zwei Drittel Mädchen und ein Drittel Jungs, es gab ein straffes Programm, viereinhalb Jahre bis zum Diplom im Februar 1989. Rückblickend hat mir das Studium den Einstieg in das neue System deutlich erleichtert.

107 Rede im Bundestag am 15. Dezember 2020.

Nichts war ideologisch, Sprödbrüche und polierte Oberflächen gibt es im Osten wie im Westen. Ich habe Ingenieure als die Künstler des Alltags schätzen gelernt, die Brücken bauen, Gebäude, Fahrzeuge. Die genau rechnen und prüfen müssen, weil sonst Brücken brechen und Maschinen ausfallen können. Ein Auto, das nicht fährt, ist unverkäuflich. Es gibt in der Technik nur die Zustände Null (es fährt) oder Eins (es fährt nicht). Das ist wohl der größte Unterschied zwischen Politikern und Ingenieuren. Bei Ersteren überwiegen die Grautöne, bei Letzteren gibt es nur schwarz oder weiß. Technische Berufe haben den Vorteil, dass sich Männer und Frauen auf Augenhöhe begegnen. Sie sorgen für eine Vermischung der Milieus und schaffen ganz praktisch gleiche Rechte und Pflichten, also Gleichberechtigung. Ein wichtiger Punkt ist, dass Frauen bei der Bezahlung auf gleichen Lohn bestehen und zuversichtlich sein können, dass es so kommen wird.

Die Bezahlung war auch der Grund für Ilka B., im Alter von 40 Jahren einen beruflichen Neustart zu wagen. Sie gibt ihre Anstellung als »Gärtner« auf und lernt einen technischen Beruf, wird »Siliciumwerker in der Waferproduktion« (Ilka spricht über sich immer in der männlichen Form: Gärtner, Werker). »Ich bin stolz, dass ich von der heilen Blumenwelt in einen komplexen, hochtechnologischen Betrieb gegangen bin. Ich arbeite seitdem in rollender Schicht 24 Stunden sieben Tage die Woche an riesengroßen Automaten, die drei bis vier Millionen Dollar kosten, als Schichtführer in der Waferherstellung, im Reinraum. Das ist eine andere Arbeitswelt. In unserem Betrieb werden Männer und Frauen gleich behandelt, selbstverständlich auch beim Lohn. Meine Männer, ich arbeite in einer reinen Männerabteilung, sagen zu mir: Du bekommst das Gleiche wie wir, du musst also auch das Gleiche machen. Und das mache ich auch.

Aus Wafern werden Computerchips gefertigt, die braucht man in jedem PC, Auto, Handy und in der Pandemie für Beatmungsgeräte. Das Siltronic Werk ist aus dem VEB Spurenmetalle Freiberg hervorgegangen. Schon in der DDR hat man dort hochreine Silizium-Einkristalle gezüchtet, das war etwas ganz Besonderes, auch im Weltmaßstab. Der VEB Spurenmetalle entwickelte damals Technologien, um in der rohstoffarmen DDR seltene Metalle und Halbleiter aus allen möglichen Ausgangsstoffen zu extrahieren, die Bergstadt war seit den Sechzigerjahren eines der wichtigsten Zentren für Mikroelektronik-Silizium.«[108]

Ilkas B.s Beispiel zeigt, dass es für Frauen in technischen Berufen einfacher und selbstverständlicher ist, sich auf Augenhöhe mit Männern zu bewegen. Vor allem aber, gutes Geld zu verdienen. »Lernt technische Berufe«, hat auch die Physikerin und spätere Bundeskanzlerin Angela Merkel unentwegt auf Schüler- und Studentenforen empfohlen, wenn sie gefragt wurde, wie das am besten gehe mit der Gleichberechtigung. Ilka B. hat stets darauf bestanden, selbst zu bestimmen, wie es weitergeht. Pragmatisch hat sie ihre Chance abgewartet und dann selbstbewusst zugegriffen. Sie freut sich, dass sie erzählen kann, wie sie es mit viel Fleiß geschafft hat, immer einen Job zu haben und so viel Geld zu verdienen, dass sie später eine auskömmliche Rente haben wird. Sie ist eine aufgeschlossene Frau, selbstbewusst, sie würde am Stammtisch sicher gut austeilen können.

Dieses Pragmatisch-Lösungsorientierte ist eine Eigenschaft, die Ostdeutschen in besonderem Maße zugeschrieben wird. Man war stets mehr darauf fixiert, ein Problem zu lösen als es zu beschreiben und dann gemeinsam ein Ergebnis zu erzielen. Lange (demokratische) Debatten zu führen ist bis heute vielen Menschen in den neuen Ländern fremd.

Eine andere typische Eigenschaft ist, dass die Menschen im Osten nicht so schnell in Panik geraten. Man war es gewohnt, mit unerwarteten Mangelzuständen umgehen zu müssen – und hat es

108 https://oiger.de/2011/09/05/die-freiberg-story-der-stoff-aus-dem-computer-gemacht-sind/2944

nicht vergessen. Es fehlte eine Sicherung im TV-Gerät? Moment, da kann man eine Alu-Brücke formen. Vorsicht, denkt man heute, wenn was passiert, was ist dann mit der Versicherung!? Bei der Recherche zu diesem Buch habe ich erfahren, welch erstaunliche und fast immer erfolgreiche Lebensläufe etwa meine Klassenkameraden hingelegt haben. Mathematik-Professor in Kaiserslautern, Steuerberaterin in Leipzig, Raumfahrtingenieur in München, Friseurin in Freiberg, Koch, Erzieherin, mithelfende Ehefrau. Auch der Bauleiter der umstrittenen Waldschlösschen-Brücke über die Elbe in Dresden ist dabei, jener Brücke, die der Dresdner Elbauenlandschaft die Aberkennung als Weltkulturerbe gebracht hat. Viele Sachsen verstehen das nicht. Ihr Argument erinnert an diesen typisch ostdeutschen Pragmatismus, kippt hier allerdings in die ebenfalls typische Widerborstigkeit: »Von den Brühlschen Terrassen aus sieht man die Brücke gar nicht, da macht die Elbe einen Knick.«

Auch unterschätzt:
Milieus vermischen durch Bildung

Heute wird in Deutschland oft nach der vierten Klasse aussortiert, wer aufs Gymnasium darf und wer nicht. Damit entmischen sich Milieus und Schichten. Wer aufs Gymnasium wechselt, ist auf dem Weg in eine andere gesellschaftliche Teilgruppe als jene, die auf die Haupt- oder Realschule gehen.

In der DDR war es – auch aus ideologischen Gründen, man wollte ja eine arbeiterliche Gesellschaft, Eliten jenseits des Parteiapparats waren nicht erwünscht – erklärtes Ziel gewesen, Bildungsmilieus zu vermischen. Also lernte man erst bis zu 8. Klasse, später bis zur 10. Klasse zusammen. Abitur wurde nach 12 Schuljahren gemacht. Wer einen Beruf lernte, konnte gleichzeitig die Hochschulreife ablegen und studieren.

Es lohnt sich trotzdem, dieses Modell jenseits der ideologischen

Aufladung noch einmal anzuschauen, vor allem, wenn man allen Kindern dieselben Bildungs- und Aufstiegschancen versprechen will. Denn die Vermischung kann nicht nur die Gleichberechtigung aller Kinder fördern, sondern auch nachträglich den Zugang zu einer Hochschule ermöglichen. Ein Beispiel dafür war die Berufsausbildung mit Abitur, bei der man neben dem Abitur einen teilweise sehr ungewöhnlichen Facharbeiterberuf gelernt hat. Meine Schwester hat beispielsweise von 1986 bis 1989 Metallurgin mit Abitur gelernt, in ihrer Klasse waren 15 Mädchen und 4 Jungs. Sie hat danach Betriebswirtschaft studiert und promoviert und leitet heute ein Studentenwerk. Viele Mädchen haben technische Fächer studiert, einige arbeiten heute noch in dem Bereich, meistens in Dresden oder Freiberg, wo die Mikroelektronik traditionell stark ist.

Für viele junge Ingenieurinnen fiel mit der Mauer auch der Beruf weg. Der Weg in die Berufstätigkeit gelang oft nur über Stellen, die unter ihrem Niveau lagen, erzählt auch Tina A. »Die Frauen haben nie das Geld verdient, das sie hätten verdienen können. Und es ging auch nicht nur ums Geld, es ging auch um die private Lebensplanung, Kinder und Familie. In meiner Seminargruppe ist es nur einer jungen Frau gelungen, in der Maschinenbaubranche durchzuhalten und wir waren halb Jungs, halb Mädchen. Diese Frau musste sehr viele persönliche und familiäre Abstriche machen: Scheidung. Jede Woche nach Stuttgart fliegen. Nur ein Kind, das war schon da zur Wende, es kam kein zweites Kind mehr. Bei vielen Frauen sind die zweiten nicht gekommen. Das sind solche Lebenslinien, die mit Umbrüchen in Zusammenhang stehen.«

Meine Mitschülerin Tina A. hatte Maschinenbau studiert und war Jungingenieurin bei einem Automobilzulieferer, als die Mauer fiel. Um dem Zusammenbruch des Werkes zu entgehen, wechselte sie vorsichtshalber in den Großhandel – und wurde noch schneller arbeitslos. Weil es keinen Weg zurück mehr in den Ingenieurberuf zu geben schien, schulte sie sich zuerst betriebswirtschaftlich, »es kamen ja haufenweise Dozenten aus dem Westen, die haben Basics gelehrt, Betriebswirtschaft, Rechnungswesen und Gesellschaftsformen«. Und lernte dann einen ganz neuen Beruf in der Kommunikationsbranche. Sie arbeitete für wenig Geld in einer Agentur und wechselte in ein Großunternehmen. Ihr Studium wurde bei der Bezahlung erst anerkannt, als sie vor Kurzem auf eine neue Stelle rückte. »Rückblickend weiß ich, dass uns nach der Wende die Visionen gefehlt haben. Du bist ja nicht auf die Idee gekommen, verfallene Häuser zu kaufen. Oder ein Stück Land, um darauf ein Einkaufzentrum zu bauen. Geld hatten wir auch nicht.«

Interessant ist das Ost-West-Gefälle in der Bezahlung 30 Jahre nach der Einheit. Die Messe Hannover bezahlt ihre Angestellten nach Metall-Tarifvertrag. Die Leipziger Messe hat bis heute keinen Tarifvertrag. Gewerkschaften sind im Osten generell nicht stark, manche Mitschüler berichteten, dass bis heute teilweise versucht wird, diese Gründungen zu verhindern.

Viele von denjenigen, die damals beim Untergang der DDR in den Startlöchern für Beruf, Karriere und Familie standen, mussten sich neu orientieren – und verschwanden damit über viele Jahre von der öffentlichen Bildfläche. Das ist die Generation der damals 18- bis 25-Jährigen, die fertig waren mit der Berufsausbildung und dem Studium, die Arbeitsplätze hatten und oft schon einen Ehepartner und ein Kind. Niemand, der Karriere machen wollte, outete sich offensiv als ostdeutsch sozialisierter Bürger. Weil alles, was gewesen war, nichts mehr galt, nicht mehr gefragt war, belächelt wurde.

Angela Merkel,
die am meisten Unterschätzte

Mit der Kanzlerschaft von Angela Merkel geht ein Kapitel der Wiedervereinigung zu Ende. Mit Gespür für Mehrheiten und Timing hat sie
das Land auf einen gesamtdeutschen Pfad geführt. Sie hat den Osten
emanzipiert, in dem sie gezeigt hat, dass eine Frau aus den neuen
Ländern die Bundesrepublik führen kann. Sie hinterlässt eine Region
mit neuem Selbstbewusstsein.

Vom »Mädchen« zur mächtigsten
Person im Land

Wenn in diesem Buch von »Unterschätzten« die Rede ist, darf die-
jenige nicht fehlen, deren politische Laufbahn auch dadurch befördert wurde, dass sie multipel unterschätzt worden ist.

Als Helmut Kohls *Mädchen* wurde Angela Merkel, damals
35 Jahre alt, väterlich-freundlich in die Bonner Politikrunde aufgenommen. Die regierende schwarz-gelbe Koalition um Bundeskanzler Helmut Kohl von der CDU war bestrebt, ein paar Ostdeutsche einzubinden, um die Wiedervereinigung des Landes auch
personell abzubilden. Als am besten dafür geeignet erkor man
junge Frauen, von denen man glaubte, dass sie wenig widerspens-

tig[109] wären und sich in ihren Blusen nett ausnehmen würden zwischen den altgedienten Politikstrategen. Merkels politische Karriere begann als CDU-Präsidiumsmitglied und 1991 als Ministerin für Frauen und Jugend; 1994 folgte ihr Claudia Nolte für eine Legislaturperiode nach, Christine Lieberknecht regierte später Thüringen.

Zwei der vermeintlich Schüchternen bekamen 1990 extra ein persönliches Stelldichein bei Kanzler Helmut Kohl. Merkel und Lieberknecht sollten in das Präsidium der CDU gewählt werden und der Kanzler sprach ihnen Mut zu. »Helmut Kohl hat uns einbestellt am Rande des Parteitags, unter uns Pfarrerstöchtern, sagte er, ihr braucht hier keine Sorgen zu haben vor den tausend Leuten, die wählen euch schon. Erzählt einfach, wie ihr die Dinge seht«, erinnert sich Christine Lieberknecht. Mit anderen Worten: lächeln reicht. Im weichen Licht der Erinnerung kann man nun über Kohls Einschätzung lächeln. Wenn er mal genau hingeschaut hätte, wie selbstbewusst sie waren, die Frauen aus dem Osten.

Den Politikern aus Bonn kommt der neue östliche Landesteil exotisch vor, einschließlich seiner Bewohner. Als Kanzler Kohl in die Heimat der jungen Politikerin aus der Uckermark fuhr, fragte er Merkel, wem diese herrlichen Seen und Wälder gehörten. Merkel soll darüber irritiert gewesen sein, weil ja in der DDR alles allen gehört hatte, Privatbesitz war so gut wie unbekannt. Und weil sie sich wohl noch nie Gedanken gemacht hatte über Jagdrechte und Fischereirechte und darüber, ob Seen privatisiert werden könnten, kam sie ins Stottern. Kohl soll später gelegentlich Besuchern in Bonn erzählt haben, wie komisch das sei mit den Deutschen im Osten, die wüssten nicht, wem was gehörte.

Angela Merkels Sozialisation hat bei ihrer Art zu regieren stets durchgeschimmert. Sie habe ja, hat sie in ihrer letzten Amtszeit erzählt, ihr Denken nicht einfach an der Garderobe abgeben kön-

109 Interview mit Bodo Ramelow.

nen wie einst Volkspolizisten, die über Nacht die Uniform der Westberliner Polizei angezogen haben. Als die Mauer fiel, hatte Merkel das Rüstzeug für ihre spätere politische Karriere erworben, sie war geprägt durch ihre Kindheit in einem protestantischen Pfarrhaus, ihre Arbeit als FDJ-Sekretärin, das Studium der Physik und die Promotion und die wissenschaftlich-analytische Arbeit. Sie hatte in ihrer Jugend trainiert, über lange Strecken diszipliniert und fokussiert zu arbeiten, sich auf unbekanntem Terrain in sichere Positionen vorzutasten, schweigend und geduldig auf den richtigen Moment zu warten, um etwas anzustoßen und nicht panisch zu werden, wenn was nicht gleich klappte. Und sie wusste, dass man Mehrheiten braucht, um etwas durchzusetzen.

Orientierung

Das erste Mal haben sich unsere Wege bei einer Umweltpressekonferenz in Berlin gekreuzt, das war Mitte der Neunzigerjahre. Meine Studienzeit war noch in frischer Erinnerung, ich war in den Journalismus gewechselt und dabei, die neue Welt zu erforschen. Angela Merkel war ich nie zuvor begegnet, und nun saß sie da vorne als Umweltministerin der Regierung von Helmut Kohl – und kam mir doch so vertraut vor. Sie hatte noch diesen skeptischen Blick, so schräg von unten hoch, als würde sie eine interessante Versuchsanordnung durchdenken: unbekannte Reporter befragen neue Umweltministerin. Wobei da eher eine Wissenschaftlerin saß, wie ich sie von der Uni kannte. Oberhalb der Platte zerlegte sie den Treibhauseffekt in Gigatonnen, ppm und Kohlenwasserstoffketten; unterhalb der Tischplatte war zu sehen, dass sie die Füße von innen an die Stuhlbeine geklemmt hatte, die Schuhe von der Sorte, über die Westdeutsche gerne spotteten: Die Leute aus dem Osten erkenne man daran, dass sie keine neuen Schuhe kauften, sondern die abgetragenen zum Schuster brächten. Irgendwie strahlte sie eine alte Vertrautheit aus, von der ich spürte, dass ich sie vermisst hatte. Merkel trug eine viel zu große Jacke und sah aus wie eine der Physikstudentinnen an meiner alten Universität, über die wir Maschinenbauerinnen gelächelt hatten, weil sie diese weiten Strickjacken und darunter Blusen getragen und sich kaum was aus Mode gemacht hatten. Und wie die Jungs in diesem Studiengang erst ausgesehen hatten – wir hatten die Mädels manchmal bedauert. Und auch unterschätzt: Die in ihren Strickjacken, mit denen würde doch keiner tanzen! Doch, würde. Später habe ich festgestellt, dass Angela Merkel mir damals schon viel Sicherheit gegeben hat. Man konnte sich also zurechtfinden in der Welt, wenn man in der DDR Naturwissenschaften studiert hatte. Eine von diesen Absolventinnen war jetzt so weit vorne, daran konnte man sich orientieren. Angela Merkel an der Spitze des wiedervereinigten Landes hat mir – und sicherlich vielen anderen – die Zuversicht gegeben, dass man sich auf Augenhöhe bewegen kann mit denen, die aus dem Westen kamen.

Aber war sie eine Identifikationsfigur für mich? Die Antwort wäre viele Jahre lang eine eindeutige gewesen: nein. Ich hatte mir manches Mal gewünscht, ein anerkennendes Wort über den Osten von ihr zu hören. Einfach mal, wow, das haben die gut gemacht. Sie aber übte größte Distanz aus. Die Näherinnen in Mecklenburg hätten nicht mal Wisent-Jeans, das war die Ost-Kopie der Levi's gewesen, richtig nähen können, hörte ich sie erzählen – und ärgerte mich. Ich sah, wie landauf, landab fast ausschließlich Männer in Top-Positionen gelangten und wünschte mir irgendwann, dass sie öffentlich Frauen unterstützen und befördern würde. Sie wusste doch, wie selbstverständlich das in ihrer Jugend gewesen war. Im April 2017 wiederum litt ich fast mit, als ich mit ansehen musste, wie sie sich quälte, auf einem internationalen Frauenpodium mit Christine Lagarde und anderen selbstbewussten Frauen auf die Frage zu antworten, ob sie *Feministin* sei. Sie wolle sich nicht mit einem Titel schmücken, den sie gar nicht habe, aber wenn die anderen es fänden, dann eben »na ja.«[110] Erst in ihrem vierten Kabinett – als die öffentliche Debatte um Frauen in Führungspositionen zu stark war, um sie selbst in der konservativ männerdominierten Union[111] ignorieren zu können – hat sie es gewagt, die Ministerämter paritätisch zu besetzen und dies auch öffentlich so zu kommunizieren. In meinen sieben Jahren als Europa-Korrespondentin in Brüssel habe ich auf den europäischen Krisentreffen immer wieder erwartet, dass sie mal einen mutigen Vorschlag für die Gemeinschaft vorlegen würde. Europa, das war doch die offene Gemeinschaft, von der wir hinter der Mauer geträumt hatten. Menschen aus verschiedenen Milieus und Kulturen, die sich treffen und reden und Interessenausgleiche aushandeln. Das war doch das aus den großartigen Monaten des Mauerfalls verlängerte *Miteinander*. Stattdessen schlug sie drakonische Strafen wie den Entzug des Stimmrechts vor für Länder, die zu viele Schulden machten. Sie redete der Globalisierung das Wort und hatte doch vor allem die Interessen des Exportweltmeisters Deutschland fest im Blick. Als es in der Finanzkrise darum ging, für die global vernetzten, schwankenden Banken einen gemeinsamen Rettungsfonds zu organisieren, ließ sie die europäischen Regierungschefs wissen, ein jeder solle vor seiner eigenen Tür kehren. Und beinahe wäre unter ihrer Ägide Griechenland aus dem Euro geflogen. So ostdeutsch geprägt ihre Art des Regierens war, so wenig habe ich den Osten oder den Aufbruch des Jahres 1989 in ihren Entscheidungen wiedergefunden. In ihrem Stil schimmerte der Osten durch, in ihrer Programmatik nicht.

Mir ist eine Aufnahme der Fotografin Herlinde Koelbl in Erinnerung geblieben, die junge Angela Merkel 1991. Sie trägt einen unauffälligen dunkelgraumelierten Rollkragenpullover, darüber einen viel zu großen helleren Cardigan, er steht offen, die Ärmel

---

110 https://www.youtube.com/watch?v=huOuFuODHnc
111 Von 246 Fraktionsmitgliedern sind 51 Frauen.

beider Kleidungsstücke hat sie nachlässig so weit nach oben geschoben, dass die Handgelenke frei bleiben. Sie sitzt auf einem Stuhl mit Armlehnen, als bräuchte sie noch zusätzliche Sicherheit. Im Blick eine Mischung aus Neugier, Respekt und Skepsis, als sei sie damit beschäftigt, die Versuchsanordnung zu durchdenken, in der sie sich befindet: Starfotografin fotografiert Lernende. Ob sie sich schon Gedanken gemacht hat, wie das alles weitergehen könnte?

Und trotzdem gab es immer wieder diese Momente eines sehr speziellen Vertrautseins. Selbst in der Feministinnen-Debatte konnte ich ihren Reflex des Zögerns nachvollziehen. Wir hatten als Studentinnen und junge Frauen keine ewigen Feminismus-Debatten geführt, sondern eher gehandelt als zu viel geredet. Man suchte einen Weg, weil klar war, dass es nichts zu verhandeln geben würde. Auf dem Frühlingsfest der *Süddeutschen Zeitung* im Mai 2019 bittet mich die Kanzlerin neben sich auf eine Couch, man redet ungewöhnlich lange und findet heraus, dass die ostdeutschen Codes noch funktionieren. Eine Frage zum Zustand der Koalition beantwortet sie mit einem Augenzwinkern und dem Hinweis: »Es entwickelt sich.« Der Satz stammt aus einer zu DDR-Zeiten von Manfred Krug vorgetragenen politischen Ballade. Und er hat ja auch auf Merkels politische Laufbahn zugetroffen.

Nach einem sehr persönlichen Interview mit ihr im November 2019, in dem auch Erinnerungen an im Osten nicht vorhandene Umluftherde und Schnittmusterbogen der Modezeitschrift *Sybille* wach wurden, habe ich dann begriffen, dass Angela Merkels Verdienst für die Bürger im Osten gar nicht eine bevorzugte Behandlung sein konnte. Sie hatte nicht vergessen, woher sie gekommen war, konnte sich aber nicht offen darauf stützen, weil sie Kanzlerin für 83 Millionen war, von denen die meisten glaubten, das Leben in der DDR sei so wie in dem Film »Das Leben der Anderen« gewesen. Angela Merkels Verdienst ist, dass sie bewiesen hat, dass eine in der DDR-Provinz sozialisierte Frau das wiedervereinigte Deutschland regieren kann. Sie hat 16 Jahre lang gesamtdeutsche Verantwortung übernommen und dabei die Landsleute in den neuen Ländern indirekt und teils auch widerwillig mitgezogen in die Demokratie.[112] Sie hat gezeigt, dass man in anderen Systemen ankommen kann. Vielleicht ist es sogar einfacher – weil man zwei politische Systeme kennengelernt hat und am eigenen Leib erfahren hat, dass Gesellschaften in Brüche gehen können. Wenn sie nach der Bundestagswahl 2021 das Kanzleramt verlässt, geht auch ein Kapitel des deutschen Vereinigungsprozesses zu Ende. Angela Merkel hat das Land zusammengehalten. Sie hat den Bürgern im Osten einiges zugemutet. Sich selbst allerdings auch. Eigentlich hatte sie 2017 nicht wieder antreten wollen zur Bundestagswahl. Sie ließ sich aber bei einem Besuch des scheidenden US-Präsidenten Barack Obama in Berlin überzeugen, als Regierungschefin eines einflussreichen Landes weiterzumachen und damit weltweit ein Signal für liberale Demokratien zu setzen – gegen den Autokraten Donald Trump. Über den Osten lässt sich sagen: Sie hinterlässt eine Region mit neuem Selbstbewusstsein.

Natürlich ist die Person Angela Merkel auch eine Ausnahme, so wie jeder Mensch einmalig ist, unabhängig von der Herkunft. Die 16 Jahre Kanzlerschaft haben also auch mit persönlichen Eigenschaften zu tun, mit ihrer protestantischen Disziplin, den analytischen Begabungen, einem ausgeprägten Verantwortungsgefühl, ihrer Neugier und Lust am Aufbau politischer Experimentieranordnungen. Für die Physikerin Angela Merkel war ihre Kanzlerschaft das größte anzunehmende Experiment: Ostdeutsche führt viertgrößte Volkswirtschaft durch 16 Vereinigungsjahre und einige globale Krisen. Damit hat Angela Merkel gezeigt, dass die Kohorte

---

112 Vgl. Proteste gegen Angela Merkels Politik, unter anderem nach dem massenhaften Zuzug von Geflüchteten.

Ostdeutschland genau so »normal« ist wie die Kohorte West-deutschland. Dass es auf die Person, den richtigen Augenblick und die eigene Disziplin ankommt. Und das ist ihr Verdienst. Insofern ist Angela Merkel lange von beiden Seiten – Ost und West – unter-schätzt worden.

Wer wie Angela Merkel den Wechsel eines politischen Systems selbst durchlebt hat, ist geprägt für sein weiteres Leben. Wer er-lebt, wie Ideologien in sich zusammenbrechen können, geht Ent-scheidungen pragmatischer an. Wir hatten in der Schule gelernt, wissenschaftlich herzuleiten, dass der Sozialismus gesetzmäßig den Kapitalismus ablösen würde. Und erlebten dann, wie diese sozialistische Ideologie implodierte. Danach nimmt man Ideolo-gien nicht mehr besonders wichtig. Man lernt, sich an Fakten zu orientieren, am besten naturwissenschaftlichen.

Ganz generell, sagt der CDUler Mario Voigt, mögen die Leute im Osten nach ihrer Erfahrung mit der DDR keine Entweder-oder-Ansa-gen mehr. Sie werden misstrauisch, wenn man beispielsweise in der Debatte um die Beziehungen zu Russland keine Fragen stellen kann, ohne in eine Ecke geschoben zu werden. Wenn behauptet wird, Flüchtende zu integrieren, bedeute gar keine Probleme. Sie mögen – wie viele westdeutsch Sozialisierte – auch nicht, wenn Politiker nicht einräumen können, sich auch mal geirrt zu haben. Angela Merkel hatte damit kein Problem. Wenn es wirklich sein musste, hat sie einen Irrtum oder Fehler eingestanden wie zuletzt im April 2021. Damals musste sie eine pandemiebedingt verhängte »Osterruhe« zurücknehmen. Drittens reagiert man zwischen Thü-ringen und Rügen sehr empfindlich, wenn Leute (vor allem aus den alten Ländern) kommen und erklären, was richtig und falsch ist. Das hat die Kanzlerin in der Zeit des massenhaften Flüchtlingszu-zugs zu spüren bekommen.

Die Frage ist aber auch, wo man sich nach einer Erfahrung wie dieser zu Hause und sicher fühlt. Wenn es nicht die Ideologie ist, in der es sich etwa Wolfgang Schäuble und Friedrich Merz ein Stück weit eingerichtet haben und die sie motiviert, rücken Fakten nach vorne, naturwissenschaftlich belegt und evidenzbasiert. Die Physikerin Angela Merkel aus Templin hat sich beim Regieren überwiegend auf gesicherte und belegbare Grundlagen gestützt, auf Wissenschaftler und Meinungsforschungsinstitute. Sie hat sich Fakten berichten und Stimmungen[113] erkunden lassen – und ihre Politik entlang der Wünsche der Mehrheiten ausgerichtet. Ihr wird oft vorgeworfen, sie habe zu wenig inhaltlich geführt und keine Debatten zugelassen, sodass die Union zu einer beliebigen Mitte-Partei geworden sei. Aber vielleicht hat sie genau damit das Land in der Balance gehalten, als sozial(demokratisch)e Kanzlerin mit wissenschaftlichem Background und der Macht der konservativen Union. Vielleicht war dieses *An die Macht kommen und die Macht behalten* genau das, was sie mit ihrer Osterfahrung und ihrer persönlichen Begabung, den richtigen Moment für eine Entscheidung zu erkennen, leisten konnte. Dass sie keine großen inhaltlichen Visionen hatte, hat manche Menschen im Westen enttäuscht und manche im Osten. Aber sie hat damit auch vermieden, dass eine Region wegen der anderen enttäuscht wurde.

Fremdheit

Selbst eingeschworene Gemeinschaften sind in Ostdeutschland in den Neunzigerjahren in zwei Gruppen zerfallen. Die einen blieben da und die anderen gingen weg. Das hat dünnhäutig gemacht und zuweilen ein Gefühl von Fremdheit geschürt, das geblieben ist. Ich erinnere mich an einen Spaziergang Mitte der Neunzigerjahre, ich war gerade nach Berlin-Charlottenburg gezogen, mit meiner frü-

---

113 https://www.zeit.de/zustimmung?url=https%3A%2F%2Fwww.zeit.de%2F2015%2F01%2Fglueck-merkel-muttikratie

heren Seminargruppe im Brandenburger Umland. Irgendwann kamen wir mitten im Wald an eine schöne Schänke, wir setzten uns draußen hin, fünfzehn Leute an einem riesigen Tisch. Der Kellner kam und brachte zwei Karten. Zwei Menüs für 15? »Könnten wir bitte noch ein paar Karten haben«, rief ich dem Kellner hinterher. Und bekam einen Knuff von meinem Nachbarn in die Seite. »Da biste nun schon in den Westen gezogen und willst dich immer noch vordrängeln.«

Vordrängeln war mit das Schlimmste, was man in der DDR hat machen können. Verpönt war auch, aus dem Glied zu treten, in dem angeblich alle gleichberechtigt standen. Und Angela Merkel war gleich rüber und ganz hoch gemacht! Wie kritisch viele Menschen im Osten auf Merkel schauten, zeigt das Wahlergebnis 2005. Sie erringt bei den Bundestagswahlen als Kanzlerkandidatin der Union nur einen hauchdünnen Sieg vor der SPD. Ein Blick auf die Wahlergebnisse zeigt, dass die Uckermärkerin ihren Sieg einigen Wählergruppen im Westen des Landes zu verdanken hat. Von der Anzahl der Stimmen her ist das logisch, klar. Aber ein differenzierter Blick auf Ost und West zeigt, dass in den neuen Ländern auch 2005 Gerhard Schröder die meisten Stimmen erobert hatte. Die Leute wählten lieber den Hartz-IV-Kanzler als die Frau, mit der sie zwar die Erfahrungen des Umbruchs teilten – diese Verbundenheit aber so gut wie nie spürten.

Gerade ostdeutsche Frauen sind bis heute enttäuscht von ihrer Schwester. Das erste Mal waren sie es bei der Abstimmung über das Abtreibungsrecht, das in der DDR viel liberaler und selbstbestimmter für die Frauen gewesen war. Der Einigungsvertrag hatte vorgesehen, bis Ende 1992 eine einheitliche Regelung zu beschließen. Aber Merkel als damals verantwortliche Frauenministerin legte nicht nur einen aus Ost-Sicht rückschrittlichen Gesetzesentwurf zu einer Fristenregelung mit Beratungspflicht vor, sie enthielt sich auch bei der Abstimmung. Die Ministerin habe den Entwurf aus dem eigenen Hause nicht mit ihrem Gewissen vereinbaren können, hieß es. Er sei zu schwach gewesen. Die Anwürfe waren heftig, die Frauen fanden, Merkel hätte entweder springen müssen oder den Gesetzentwurf gar nicht erst zulassen dürfen. Fortan galt diese Abstimmung als Beispiel dafür, dass Merkel nicht mutig genug sei und sich durch die Dinge lavieren würde.[114] Man kann sich aber auch vorstellen, dass Angela Merkel heftig zwischen den Erfahrungen mit dem liberalen Abtreibungsrecht im Osten und den konservativen Ansichten des Westens geschwankt hatte. Aus Sicht der Bonner Politik war Merkel damals weit gegangen. Wolfgang Schäuble[115] erinnert sich, dass er 1990 beim Verfassen des Einigungsvertrages genau zwei heftige Auseinandersetzungen mit seiner Partei hatte. Die eine betraf die Bodenreform, die viele in der Union rückgängig gemacht haben wollten. In der sowjetischen Besatzungszone waren Kriegsverbrecher, Gutsbesitzer und Nazi-Schergen entschädigungslos enteignet worden, um einen Schlussstrich unter das »Dritte Reich« zu ziehen. Die 1990 neu gewählte Volkskammer bestätigt die Bodenreform. Ein Jahr später auch das Bundesverfassungsgericht. Die andere Auseinandersetzung betraf das Abtreibungsrecht. Parteifreunde hatten verlangt, sofort im Einigungsvertrag die strikte westdeutsche Regelung festzuschreiben, wo bis dahin selbstbestimmt über das Austragen von Schwangerschaften entschieden werden konnte.

All diese Vorgänge und Befindlichkeiten trugen dazu bei, dass Angela Merkel gegen den mehrheitlichen Willen der Wähler in den neuen Ländern ins Amt kam. Dass Merkel hatte Kompromisse eingehen müssen, um überhaupt etwas zu erreichen, wurde im Osten unterschätzt, nicht verstanden oder ignoriert. Die Spielregeln der Demokratie überzeugten nicht so recht, weil nichts, was im Osten funktioniert hatte, im Westen eine Berechtigung haben durfte.

---

114   Vgl. Evelyn Roll, Die Erste, Rowohlt 2005.
115   Gespräch mit Wolfgang Schäuble am 29. März 2021.

Manche empfanden Merkel als abtrünnig. Sie hatte sich gefühlt angepasst bis zur Unkenntlichkeit.

Ihren Politikstil hat sie mal so erklärt, dass sie als mehrfache Minderheit ins Amt gekommen sei: als junge Frau, Physikerin, promoviert, ostdeutsch, geschieden, protestantisch. Eine Person also, die viele andere Minderheiten spiegeln kann. Und eine, an der viele andocken können. Frauen, die sich mit Merkel über eine weibliche Grundsolidarität verbunden fühlen. Christen, von denen es in den neuen Ländern wenige, aber in den alten umso mehr gibt. Wissenschaftler, die es mögen, wenn die Regierungschefin über Politik so redet, als erklärte sie die möglichen Ergebnisse einer Experimentalanordnung. Dazu jene Ostdeutsche, die sich mental oder sogar physisch rausgewagt haben und sich mit ihr verbunden fühlen. Und solche Westdeutsche, denen die alte Bundesrepublik zu muffig war, zu filzig-ideologisch. Oder sich einfach einen Neuanfang wünschten. Hätte sie sich auf eine gesellschaftliche Gruppe konzentriert, wären andere womöglich verloren gewesen. Weil sie Kanzlerin für alle Deutschen sein wollte, musste sie die dazugehörigen Mehrheiten organisieren, ohne eine Minderheit besonders zu bedienen. Wer die Ost-Karte spielt, hat schon verloren, weiß der Linke Bodo Ramelow zu berichten, der selbst aus dem niedersächsischen Landkreis Osterholz stammt. Und das gilt für jede andere Minderheiten-Karte auch.

Kairos und Kindergärten

Aus Sicht der Dagebliebenen war das Problem an Merkels Aufstieg anfangs, dass es schien, als verleugne sie ihre Herkunft. Merkel wurde Familienministerin – 1991 bis 1994 –, setzte sich aber nicht dafür ein, das moderne Frauen- und Familienbild des Ostens auch bundesweit zu propagieren. Bundesweite Kindergrippen und Kindergärten, die in der DDR selbstverständlich gewesen waren und auch die Voraussetzung für die weibliche Emanzipation, waren ebenfalls kein Thema. Sie ließ ein Gesetz zur Unterstützung der Kindergärten in Ostdeutschland vorbereiten, vermochte dafür aber nur so wenig Geld herauszuverhandeln, dass Brandenburgs Sozialministerin Regine Hildebrandt von der SPD lange überhaupt nicht unterschreiben wollte. Bis heute wird Angela Merkel im Osten sehr übelgenommen, dass das Recht auf einen Kindergartenplatz ihrer Parteifreundin Ursula von der Leyen als Erfolg zugeschrieben wird. Und das Bild moderner Frauen. Das kann man nur so sehen, wenn man die Tradition der Kindergärten in der DDR ausblendet. Und die Frauen aus dem Osten, von denen sie selbst eine war. Manchmal habe ich mich gefragt, ob sie sich in solchen Momenten nicht selbst verleugnet hat.

Viele fragen sich bis heute, warum Angela Merkel nicht mehr für bundesweite Kindergärten getan und dies auch als positiven Beitrag der Wendezeit gewürdigt hat? Die Antwort darauf führt über ein demokratisches Grundprinzip, das Merkel schneller als andere Ostdeutsche verinnerlicht hatte: Man braucht Mehrheiten, um etwas durchzusetzen. Und Verbündete. Ich treffe mich mit Annette Schavan, sie ist seit vielen Jahren eine enge Freundin der Kanzlerin. Annette Schavan war lange Ministerin in Merkels Regierung, bis sie über eine Plagiatsaffäre stolperte – ausgerechnet als Forschungsministerin. Eine Freundschaft zwischen Ost und West. Das Besondere ist, dass man biografisch bedingt ganz verschiedene Sichtweisen haben kann – und sich meistens trotzdem einig ist. Schavan ist rheinische Katholikin und Theologin. Merkel ostdeutsche Protestantin und Physikerin. Sie haben sich wohl auf einer Meta-Ebene getroffen. »Wir haben viel diskutiert.« Schavan gehört ja zur alten CDU, aber auch zur rheinischen CDU, »die es nicht mag, mit erhobenem Zeigefinger auf andere zuzugehen«. Was sie verbindet, ist die Einsicht, »dass eine vielgestaltige Gesellschaft auch verstanden werden will in ihrer Vielgestaltigkeit und nicht sofort gesagt bekommen will, was geht und was nicht«. Die Stärke von

Angela Merkel war immer, sagt Schavan, sich nicht an die Spitze einer Bewegung zu setzen, sondern eine Bewegung zu ermöglichen, um »den Kairos« zu packen, also den günstigen Moment für eine Entscheidung. »Ihre Hauptbegabung besteht darin, blitzschnell den richtigen Moment zu erkennen. Und dann schnappt sie zu.« In der chinesischen Sprache gibt es das gleiche Schriftzeichen für Krise und Chance, ergänzt Schavan. Sie schiebt das Handy rüber, auf dem Bildschirm ist die Übersetzung von Kairos aus dem Altgriechischen zu sehen. »Ich muss exakt den Moment erwischen, in dem klar wird, wie ich aus einer Krise eine Chance machen kann. Bisschen zu früh oder bisschen zu spät, kommt nix bei rum.«

Für Merkel sind 16 Jahre Kanzlerschaft rumgekommen. Sie hat den Kairos gepackt, als sie am 22. Dezember 1999 einen offenen Brief in der FAZ veröffentlichen ließ, in dem sie ihre Partei aufforderte, sich vom Übervater Helmut Kohl zu emanzipieren. »Die Partei muss laufen lernen.« Es war der Höhepunkt des CDU-Spendenskandals und der Wendepunkt für ihre politische Karriere.

Und auch bei den Kindergärten hat sie – mit Blick auf die Mehrheitsverhältnisse – den richtigen Moment erwischen müssen. Sie hat erst eine Chance gesehen, die gesamtdeutsche Familienpolitik zu modernisieren und die im Osten lange schon vorhandene umfassende frühkindliche Betreuung bundesweit einzuführen, als die männlichen Politikstrategen in den Chefetagen der CDU Töchter im Erwachsenenalter hatten und Großväter wurden.

Man stelle sich den Bayern Edmund Stoiber vor, wie er in einer Präsidiumssitzung der Union ein flammendes Plädoyer auf die Vereinbarkeit von Beruf und Familie gehalten und mit einer Unterhaltung zwischen ihm und seiner Tochter begonnen hat. Sie hatte Jura studiert, das erste Kind war angekommen und sie wollte weiter arbeiten. Und nun? Der Opa war unter Druck. Es war der Moment, in dem klar wurde: Jetzt bringen persönliche Erfahrungen die Großväter im Präsidium weg von ihren ideologischen Befangenheiten.[116] Es war die Chance da für die erforderlichen Mehrheiten. Und Merkel schob mithilfe von Ursula von der Leyen – selbst siebenfache Mutter – die erste große Reform in der Familienpolitik an, im Schulterschluss mit der SPD startete sie eine Krippenoffensive und führte das einkommensabhängige Elterngeld nebst Erziehungsmonaten für den Partner ein. In einer Legislaturperiode krempelte die ostdeutsche Konservative das Frauen- und Familienbild der CDU einmal komplett um. Hätte sie es als junge Familienministerin probiert, wäre sie mit Sicherheit gescheitert. Matthias Platzeck erinnert sich noch heute, wie er Anfang der Neunzigerjahre als junger Umweltminister Brandenburgs nach einer Diskussionsrunde in Stuttgart mit echter Empörung gefragt wurde, wie man Kinder in den Kindergarten geben könne. Und wie er sich rechtfertigen musste, dass Frauen ganztags arbeiten gehen. Heute ist das Frauenbild moderner, sind weibliche Selbstbestimmung und Unabhängigkeit an der Tagesordnung. Der Westen ist östlicher geworden, ohne dass es an die große Glocke gehängt worden wäre. Warum? »Da haben wir ein ideologisches Problem: Kann der Westen sagen, wir machen jetzt das, was sie im Osten angestoßen haben?«, erklärt Platzeck. In dieser Frage steckt ein Kernfehler, als wäre der Einigungsprozess irgendwie falsch abgebogen. Wie konnte es passieren, dass die friedlichen Revolutionäre plötzlich zu mentalen wie strukturellen Verlierern stilisiert wurden? Diese Frage wurde bis heute nicht in Ost und West gestellt, geschweige denn debattiert, und auch Merkel hat sie in 16 Jahren Regierungszeit kaum anstoßen können – oder wollen? Politologen wie Ivan Krastev weisen auf gesellschaftspsychologische Prozesse bei Vereinigungen hin: Wenn man eine schwächere, kleinere Gruppe in eine andere, große Gruppe aufnehmen und in eine gemeinsame gute Zukunft führen will, dann muss man dieser kleineren Gruppe gestatten, etwas einzubringen aus ihrer Vergangenheit. Wenn man aber die

116 Gespräch mit Annette Schavan, März 2020.

kleine Gruppe – die DDR – nackt und bloß in die große Gruppe – die BRD – integriere und zwinge, ein Imitat zu sein (»Ihr müsst alles so machen wie wir«), sei das Unglück vorprogrammiert.«Wer als Nachahmer leben muss, wird ein unglückliches Leben haben«.[117] Demnach hätte Angela Merkel es nach dem Einzug ins Kanzleramt für staatspolitisch klug ansehen müssen, sich vier, fünf Dinge aus der Ex-DDR wie etwa flächendeckende Kindergärten und Parität in Ämtern herauszusuchen, jeden ideologischen Anstrich zu entfernen und als große Reformen in die vereinigte Republik zu übernehmen. Sie hätte so mit der Erzählung der Verlierer aus dem Osten sowie dem dort verspürten Frust und der Politikverdrossenheit früher brechen können. Offenbar aber schätzte Merkel die ideologischen Beharrungskräfte als zu groß ein, um diese Reformen und dann auch noch mit dem klaren Hinweis auf die frühere Erprobung in Ostdeutschland zu wagen. Flächendeckende und garantierte Kindergartenplätze mit Ursula von der Leyen war das Maximum, das Merkel dem Land an Veränderung glaubte zumuten zu können. Und sich selbst an Ostgeruch.

Macht und Pragmatismus

Zum Ende ihrer Kanzlerschaft ist wieder der Streit darüber entbrannt, ob Angela Merkel die Kultur der politischen Profilierung zu wenig gepflegt und die CDU zu einer beliebigen Mitte-Partei gemacht hat. Sie wird als SPD-Kanzlerin mit CDU-Parteibuch beschrieben, politische Wegbegleiter und Widersacher wie Wolfgang Schäuble haben gelegentlich die Nase gerümpft, ihr fehle der Stallgeruch der alten CDU. Sie habe die Mitte bedient und die Ränder vernachlässigt, das habe die Parteien links der Union geschwächt und rechts die Flügel geöffnet. Dadurch hat sie diese alte Regel von

---

117 Ivan Krastev/Stephen Holmes, Das Licht, das erlosch, Ullstein 2019.

Franz Josef Strauß außer Kraft gesetzt, wonach rechts neben der Union nur noch die Wand sein dürfe, weil es immer was Waberndes gebe, was sonst hochkomme und gedeckelt werden müsse. Diese Vorwürfe kommen gerade in der Debatte um das Für und Wider von Identitäten etwas wohlfeil daher. Man kann ja schlecht Merkel vorwerfen, gewissermaßen parteiübergreifend regiert zu haben und gleichzeitig sagen, man lehne jede Einteilung in Kleingruppen ab – wie Wolfgang Schäuble das tut. »Ich bin grundsätzlich gegen Identitätspolitik. Wir bestehen alle aus unendlich vielen Minderheiten. Ich bin Schwarzwälder, evangelisch, schwerbehindert, über 50 Jahre verheiratet, aus all diesen Individuen formt sich eine freiheitliche Gesellschaft. Wir müssen beweisen, dass wir Probleme besser lösen können. Und das schaffen wir nicht, wenn wir uns in Teilgruppen aufteilen.«[118] Man kann Schäubles Einschätzung lesen als einen Ritterschlag für Merkels Regierungsstil. Ob sie das freut? Man weiß es nicht. Man würde auch gerne wissen, wie sie es findet, dass Wolfgang Schäuble noch einmal antritt zur Bundestagswahl. Er war da, als sie kam. Und will bleiben, wenn sie geht.

Angela Merkel hat beim Regieren erst darauf geschaut, was das Volk will und sich danach ausgerichtet. Sie hat selten eine Bewegung ausgelöst, aber zugelassen, dass die Fakten auf den Tisch gekommen sind. Sie hat erlaubt, dass andere neue thematische Versuchsreihen aufgebaut haben wie beispielsweise die Modernisierung des Frauen- und Familienbildes, und geschaut, ob CDU/CSU und die Bürger im Land das Ergebnis gut finden. Wenn ja, hat sie sich an die Spitze der Bewegung gesetzt. Sie hat dabei auch Dinge durchgesetzt, die sie selbst anders eingeschätzt hat. Manche sagen, sie hat sich verbogen bis zur Unkenntlichkeit. Andere aber schätzen, dass sie sich selbst nicht für das Wichtigste genommen hat. Und auch das hat mit ihren Erfahrungen aus der Jugend zu tun.

---

118 Gespräch mit Wolfgang Schäuble, 29. März 2021.

Der Atomausstieg ist ein Beispiel für etwas, was sie so nicht wollte, wo sie aber keine andere Möglichkeit sah, als auf den fahrenden Zug aufzuspringen und in die Lok zu klettern. Sie passte sich an die vorherrschende Meinung an, um nicht in Gefahr zu laufen, als Parteivorsitzende eine herbe Niederlage innerhalb der Union einstecken zu müssen. Das Ergebnis ist bekannt: Angela Merkel setzte den Ausstieg aus der Atomkraft 2011 durch. Weniger bekannt ist, dass sie gar keine Wahl hatte. Die CDU hatte kurz zuvor auf Merkels Druck hin die Laufzeiten der Kernkraftwerke verlängert, per Parteitagsbeschluss. Dann kommt am Freitag, dem 11. März 2011, die Reaktorkatastrophe von Fukushima. In Deutschland wird hoch emotional diskutiert, wie sicher eigentlich deutsche Reaktoren seien? Es folgte ein hektisches Wochenende mit Telefonschaltkonferenzen zwischen den Ministerpräsidenten der Bundesländer, in denen Atomkraftwerke stehen. Und den Spitzen der Bundesregierung. Es ist nicht Angela Merkel, die vehement den sofortigen Ausstieg ins Spiel bringt, auch nicht ostdeutsche Länderchefs, die ja sowieso keine Kernkraftwerke haben. Nein, es sind die Ministerpräsidenten von Baden-Württemberg, Stefan Mappus, und Bayern, Horst Seehofer, beide ausgestattet mit einem Netz an Kernkraftwerken. Der eine hatte eine Landtagswahl vor sich, der andere fürchtete sich vor dem ungeklärten Restrisiko. Dass Merkel Physikerin war und besser als andere chemische und physikalische Prozesse erklären konnte? Dass ein Tsunami im Binnenland Deutschland ausgeschlossen werden kann? Und heftige Erdbeben unwahrscheinlich sind? Interessierte niemanden. Angela Merkel organisierte über das Wochenende ein Memorandum, das aber nicht hielt und schon am Montag vergessen war. Der Süden und der Südwesten wollten aus dem Parteitagsbeschluss aussteigen, die öffentliche Stimmung war wichtiger als der Parteibeschluss. Merkel konnte nicht anders, als das Vorpreschen der Ministerpräsidenten zu einem Ausstieg für das ganze Land zu machen. Die Lage damals erinnert in der Pandemie an das andauernde Ringen der Kanzlerin mit den Länderchefs bei den Ministerpräsidentenkonferenzen um die wegen des Coronavirus verschärften Restriktionen. Einige preschen vor, andere zögern. Anders als damals aber sieht Merkel sich das Spielchen eine Zeitlang an, um dann selbst Fakten zu schaffen und die Länderchefs in die zweite Reihe zu stellen.

Was bleibt, wenn man sich so umfänglich in ein neues System adaptiert, von einstigen engen Freundschaften? Man weiß aus eigener Erfahrung, wie stark die Distanz zu Freundeskreisen wird, wenn man nur wegzieht. Wenn man aber weggeht aus einem zusammengebrochenen System und dann noch scheinbar eine Politik macht, die vermeintlich nicht hilft, die Schäden zu beseitigen, grenzt das in den Augen vieler an Verrat.

Unbeirrt

Die Physikerin aus den neuen Ländern kam den Unionsparteien später gerade recht, um im Spendenskandal eine glaubwürdige Person aufbieten zu können. Angela Merkel erschien den Parteistrategen wie die »perfekte Übergangslösung«, erinnert sich Annette Schavan. Dennoch spricht nicht nur Schavan bis heute von Merkels Wahl zur Kanzlerin als einer »wirkliche(n) Revolution«, die nur gelang, weil die Union ganz tief im Sumpf steckte, weil sich die alten Netzwerke verkalkuliert hatten – und weil sie Angela Merkel immer noch unterschätzten.

Die Jahrtausendwende war die Zeit der klaren Formationen der Männer in der Union. Eine davon, der Andenpakt, dem etwa Friedrich Merz angehörte, Christian Wulff und Roland Koch, versuchte sich an einer Renaissance. Der Andenpakt hatte sich 2000 eine Strategie zurechtgelegt, wie die Spitzenpositionen in Deutschland verteilt würden. Seine durchweg männlichen Mitglieder waren selbstbewusst, im Westen Deutschlands verteilt und überzeugt, dass einer der ihren Kanzler werden würde. Dafür standen auch Koch,

Wulff und Merz bereit. Die Pläne gingen bekanntlich nicht auf. Der einstige hessische Landesvater Koch wechselte 2011 in die Wirtschaft, und Friedrich Merz verließ bereits 2009 den Bundestag. Er scheiterte 2018 und 2021 beim Versuch, Parteichef der CDU zu werden. In den letzten Monaten der Kanzlerschaft von Angela Merkel versucht er die Rückkehr in den Bundestag für die nächste Legislaturperiode. Die andere Formation war die der Senioren; sie waren eine Generation älter als der Andenpakt: Bernhard Vogel, Ministerpräsident in Thüringen, Kurt Biedenkopf in Sachsen und Erwin Teufel in Baden-Württemberg.

Der 10. April 2000 ist der Tag, an dem die CDU einen neuen Vorsitzenden wählt und sich herausstellt, dass die älteren Herren sich in falscher Sicherheit gewähnt hatten. »Sensationell« habe Merkel sich den Bundesvorsitz »gekapert«, findet Christine Lieberknecht noch zwanzig Jahre danach. Sie erinnert sich daran, dass sie – anders als die alten Netzwerker – geahnt habe, wie durchsetzungsstark Merkel sein könnte. Warum? Lieberknecht verweist auf die DDR-Olympiaden, die die junge Pfarrerstochter in Mathematik und Russisch gewonnen habe. »Pure Leistungswettbewerbe«. Die Besten einer Schulklasse im Fach Russisch ermittelten ihren Schulbesten. Alle Sieger der Schulen einer Stadt ermittelten ihre Besten; dann alle Städte eines Landkreises, dann gab es die Bezirksmeisterschaften und schließlich die DDR-Meisterschaft und am Ende die internationale Russischmeisterschaft in Moskau. Angela Merkel hat es bis nach Moskau geschafft. Und später ist es ihr gelungen, ihre politischen Konkurrenten einen nach dem anderen kaltzustellen. Roland Koch. Friedrich Merz. Wolfgang Schäuble. Bei genauerem Hinschauen hätten die Herren ahnen können, wie durchsetzungsstark diese Frau sein kann – wenn es sie denn interessiert hätte. Sie stolperten über die eigene Ignoranz, ihr traditionelles Frauenbild und ideologische Vorurteile. Russischolympiaden? Hatte sie niemals interessiert. Ob sie je eine gewonnen hätten?

Angela Merkel hat es nach ganz oben geschafft, weil sie eine besondere Fähigkeit trainiert hat. »Mund halten und den anderen zuschauen, einen Plan entwerfen und geduldig warten, um im richtigen Moment doch was zu sagen«, meint Lieberknecht. Vielleicht hat diese in der DDR trainierte Eigenschaft, in der Deckung zunächst zu beobachten, zu analysieren und abzuwarten, bis man sich raustraut, den Ostdeutschen im Westen den Verdacht eingebracht, keine Ahnung zu haben? Tatsächlich wollte man erst sicheren Boden unter den Füßen haben, ehe man sich auf Neuland traute. In der DDR hätte vorschnelles Handeln ernste Folgen haben können. Dass man im Westen vorpreschte, um der Erste zu sein und zu gewinnen, war das genaue Gegenteil dieser in der DDR trainierten Verhaltensweise. In der DDR lernte man, sich zunächst im Hintergrund zu halten und die Lage abzuschätzen.

Bis wenige Monate vor dem Ende ihrer Kanzlerschaft dachte ich, dass Merkel den alten bundesdeutschen Filz und seine Männernetzwerke zwar nicht hat austrocknen, aber zumindest hat eindämmen können. Doch sechs Monate vor der Bundestagswahl kommt im Pandemiefrühling die Maskenaffäre auf. Unionsabgeordnete haben sechsstellige Provisionssummen für die Vermittlung von Maskenlieferungen kassiert. Es kommt zudem heraus, dass der Anwalt und für die CSU einst im Bundestag sitzende Peter Gauweiler sich offenbar Gutachten von Industriellen bezahlen ließ, mit denen er Klagen gegen den Euro und Griechenland vor dem Bundesverfassungsgericht vorbereitete – insgesamt 11 Millionen Euro Beraterhonorar kassierte er – mutmaßlich.[119] Sein Kanzleikollege Alfred Sauter (CSU) kassierte zusammen mit dem früheren CSU-Bundestagsabgeordneten Georg Nüßlein mutmaßlich ähnliche Beträge für die Vermittlung von Masken- und Schnelltestgeschäften.[120] Die

---

119 https://www.sueddeutsche.de/politik/gauweiler-nebeneinkuenfte-csu-finck-15247091
120 https://www.sueddeutsche.de/bayern/masken-deal-sauter-nuesslein-elfeinhalb-millionen-euro-15269605

Netzwerke haben die Zeit überdauert. Aber es gibt einen gravierenden Unterschied zu früher. Der Kanzler Helmut Kohl war in die damalige Parteispendenaffäre verwickelt. Die Kanzlerin Angela Merkel ist es nicht.

Verwandlung

Merkel hat schneller als andere erkannt, dass sie diesen Ostgeruch ablegen musste, um bundesweit Anerkennung zu finden. Das zeigt sich exemplarisch an ihrem Verhältnis zu den USA und Russland. Angela Merkel war mit der russischen Sprache und Kultur aufgewachsen, dass sie die Russisch-Olympiaden gewonnen hat, zeugt nicht nur von Sprachtalent, sondern auch davon, dass sie die russische Sprache verinnerlicht hatte und das weite Land dazu. Angela Merkel ist durch die ehemalige Sowjetunion gereist. Auf die Frage, ob sie schon von einem fahrenden Zug gesprungen sei, antwortete sie, von einem, der anrollte. Auf der russischen Seite des Kaukasus.[121] Sie erzählt vom Kaufhaus GUM in Moskau und bezeichnet Batumi als schönsten Badeort am Schwarzen Meer. Angela Merkel ist durch das Land gereist.

Ihre exzellenten Russisch-Kenntnisse, das erkennt sie schnell, würden ihr im wiedervereinigten Land nicht viel bringen. Wichtig war jetzt die andere Seite, Amerika. Merkel bemüht sich früh, ihre Verbindung zu den USA herauszuarbeiten. In einem Interview mit dem SZ-Magazin im Jahr 2000 sagt sie, inzwischen sei ihr Englisch besser als ihr Russisch, »mehr Praxis«. Sie erzählt, dass mit der ersten Reise in die USA ein langer Traum in Erfüllung gegangen sei – und das klingt auch überzeugend. Wer den Osten bereist hat, will auch mal die andere Seite kennenlernen. Als Kohl sie einmal mit großer Geste in die USA einladen wollte, soll er leicht verschnupft reagiert haben auf ihren schüchternen Hinweis: Da war

---

121 SZ-Magazin, 8. Dezember 2000.

ich schon. Zu ihrer Neuorientierung gen Westen gehört auch, wie demonstrativ sie US-Präsident Goerge W. Bush Jahre in einem Zeitungsbeitrag 2003 ihre Unterstützung im Krieg gegen den Irak zusicherte. Merkels Bückling vor Bush, schrieb der *Spiegel*.[122]

Der Beitrag in der *Washington Post* war auch Ausdruck einer Entfremdung vom vorherigen Leben. Der demonstrative Schwenk brachte ihr Misstrauen bei damaligen Weggefährten ein. Sie habe wohl ständig beweisen müssen, dass sie trotz der Ost-Sozialisation und ihrer Russisch-Kenntnisse Transatlantikerin sei, erzählt ein früherer Weggefährte vertraulich. Nicht, dass er kein Verständnis dafür gehabt habe. Sie sei in den ersten Jahren schon sehr beäugt worden von den Männern der CDU, ob dieses »Ost-Mädchen« das überhaupt gebacken bekomme, gesamtdeutsch. Ob die »überhaupt amerikanisch genug sei, westlich genug«. In der DDR hatte die Sowjetunion als Schutzmacht gegolten, in der BRD die USA. Im weichen Licht der Erinnerung mag man heute zweifeln, ob man damals die Russen wirklich als Schutzmacht begriffen hatte. Ich erinnere mich, wie wir uns vor den Pershing-Raketen fürchteten, aber auch keine sowjetischen SS 20 wollten. Auch Angela Merkel hat diese Zeit der Aufrüstung erlebt, und zwar schon als erwachsene junge Frau. Mit dieser Sozialisation traf sie auf das etablierte westdeutsche Politikgeschehen. Dort waren die Russen einfach die Besatzer der Zone gewesen. Es sei »merkwürdig«, sagt Schäuble heute noch, »dass die Ostdeutschen eine bessere Einstellung zu Russland hatten als die Westdeutschen«. Er habe das »mühsam lernen« müssen. Aus diesem Bekenntnis spricht das Selbstverständnis eines westdeutsch sozialisierten Politikers, der sich auf der Seite der Sieger glaubte, weshalb die anderen ja nur Verlierer sein konnten. Manchmal habe ich mich gefragt, wie sie sich gefühlt haben mag, wenn diese Attitüde durchschimmerte.

---

122 https://www.spiegel.de/politik/ausland/beitrag-in-us-zeitung-merkels-bueckling-vor-bush-a-237 040.html

Trotz der Entscheidung, von der Russisch-Olympiaden-Gewinnerin zur Atlantikerin zu konvertieren, blieb der Unterschied zwischen ihr und den westdeutsch sozialisierten Politkern bestehen. Der SPD-Wahlkämpfer Gerhard Schröder konnte sich 2002 leidenschaftlich gegen eine deutsche Beteiligung am Irak-Krieg aussprechen und niemand wäre auf die Idee gekommen, ihn sozialistisch zu nennen. Schröder war Wessi durch und durch, er wirkte authentisch. Wegbegleiter glauben, dass Angela Merkel dagegen den Schulterschluss mit den USA suchen musste, um sich als Atlantikerin zu profilieren. In den neuen Ländern, erinnert sich ein Weggefährte, sei das nicht besonders gut angekommen. Man mutmaßte, sie habe ihre Überzeugung dem Zweck angepasst. Immerhin gestattete sie sich später als Kanzlerin, US-Präsident George Bush und den russischen Präsidenten Wladimir Putin bei einem G8-Treffen dahin einzuladen, wo sie sich auskannte – an die ostdeutsche Ostseeküste, nach Heiligendamm.

Wer 35 Jahre in einem System gelebt hat, das von einem Tag auf den anderen verschwindet, muss sich, selbst wenn man darüber sehr glücklich ist, anpassen an das Neue. Angela Merkel hat eine so enorme Adaptionsleistung hingelegt, die man kaum ermessen kann. Sie war umgeben von Menschen, die im Westen aufgewachsen waren. Die andere Kindersendungen gesehen, andere Bücher gelesen und andere Filme geschaut hatten. Wer kannte Tschingis Aitmatow oder Michail Sostschenko, die Schriftsteller? Wer Manfred Krug als politischen Vorleser der Ballade »Die Kuh im Propeller«, die vom sowjetischen Flugwesen handelt und mit dem geflügelten Wort endet: »Es entwickelt sich.«[123] Wem hat sie mal lässig zurufen können, du weißt doch, es entwickelt sich? Mit wem

---

123 In der satirischen Geschichte werden Bauern von einem Funktionär indoktriniert, für das Flugwesen der Sowjetunion zu spenden. Das Hauptargument: Es entwickelt sich, das Flugwesen. Die Turbinen seien so stark, dass sie auch eine Kuh zerhäckseln könnten. Daraufhin ziehen die Bauern ab und der Funktionär bekommt keine Spenden.

hat sie Witze darüber machen können? Wie oft ist sie nach Debatten in ihr Büro gegangen und hat mit der Faust auf den Tisch gehauen und gedacht, Mann, diese Wessis aber auch? Man weiß es nicht, und als ich mal die Gelegenheit hatte, sie danach zu fragen, sagte sie lächelnd, das habe sie nie gemacht. Was sollte sie auch sagen?

Mich beeindruckt bis heute, dass sie ihr Amt mit eiserner Disziplin durchgehalten hat. Fünf Stunden Schlaf an Wochentagen, sieben am Wochenende. Eng getaktete Termine, europäische Krisen am Fließband, die widerspenstige Schwesterpartei, die Autoindustrie im Nacken genauso wie die Klimaschützer. Oft habe ich mich gefragt, was ihr die Energie dafür gegeben hat. Sicher, Deutschland zu regieren sollte Motivation genug sein. Sie sei gerne Deutsche, hat sie mal gesagt. Die Freude an der Macht, das ständige Lernen, immer neue Experimente, die man sich aufbauen und durchdenken kann. Aber hätten nicht zwei Legislaturperioden gereicht? Um noch Zeit zu haben fürs Private oder für Wissenschaft, die Eltern und die Familie oder einfach mal zum Loslassen? Vier mal vier Jahre in Deutschland zu regieren hat ja auch bedeutet, einen sehr hohen persönlichen Preis zu zahlen. Als ich im April 2021 zu einem Termin ins Kanzleramt muss, laufe ich an den großen Porträts der früheren Kanzler vorbei, und die Männer darauf erscheinen mir tatsächlich wie aus einem längst vergangenen, dusteren Jahrhundert. Einzig der leicht prollig im Pop-Art-Style dargestellte Gerhard Schröder entlockt mir ein Lächeln, er passt noch irgendwie in die Zeit. Bald wird dort Angela Merkels Porträt hängen und ich frage mich, ob sie sich nicht ein bisschen einsam fühlen wird und wer sie proträtieren dürfen wird. Wird sie sich eine versteckte Referenz gestatten an das Land, das sie zusammenzuhalten geschafft hat?

Über Milieus hinweg

Weil Angela Merkel den Mauerfall und das Implodieren einer Ideologie erlebt hatte, zeigte sie weniger Berührungsängste im Umgang mit anderen politischen wie sozialen Milieus. Welchen Unterschied diese Erfahrung machen kann, war in der späten Griechenland-Krise an dem Duo Wolfgang Schäuble und Angela Merkel auf den europäischen Treffen in Brüssel zu beobachten.

Im Januar 2015 hatte die linke Syriza-Bewegung in Griechenland die Parlamentswahlen mit einem Anti-Merkel-Wahlkampf gewonnen, der junge und so temperamentvolle wie politisch unerfahrene Parteichef Alexis Tsipras wurde Premierminister. Er musste nach Brüssel, um über die damals schon heftig umstrittenen Kreditprogramme für sein Land zu verhandeln. Das bilaterale Klima zwischen Berlin und Athen war eisig, Deutschland hatte sich in den Wahlkampf eingemischt und vor der Wahl von Syriza gewarnt. Wolfgang Schäuble, damals Bundesfinanzminister und Wortführer der einflussreichen europäischen Finanzminister in Brüssel, sah man fast schon körperliches Unbehagen an bei dem Gedanken, den Linken (!) in dem völlig überverschuldeten Land die gefühlt stabilen deutschen Euros überweisen zu müssen. Er sollte einer Partei, die »radikale Linke« als Namen trug, also mithin dem politischen Erzfeind, zu einem Erfolg verhelfen? Es überraschte mich, wie vehement sich Schäuble sträubte, wie ideologisch plötzlich die ganze Euro-Politik aussah. Schnell machte eine Episode die Runde: Schäuble habe dem griechischen Finanzminister Yanis Varoufakis den Handschlag bei einem Besuch in Berlin verweigert. Schäuble weigerte sich, Syriza, die auch noch mit einer rechtsradikalen Partei koalierten, als gleichwertige Partner zu behandeln, mit denen auf Augenhöhe zu verhandeln war. Es passte nicht in seine politische Welt. Er wollte die Gelegenheit nutzen, um die Euro-Zone von diesem wenig berechenbaren Mitgliedsland zu befreien und plante, die Griechen aus der Währungsunion zu befördern, indem er Athen Bedingungen stellte, die kaum zu erfüllen waren.[124]

Und Angela Merkel? Sie schaute dem Treiben des Finanzministers lange zu. Und legte erst im letzten Augenblick ihr Veto gegen seine Pläne ein – auch, weil sie ansonsten gegen Frankreich hätte stimmen müssen. Paris wollte Athen im Euro halten, Merkel wollte den Partner nicht brüskieren, drehte bei und stimmte gegen den Plan ihres eigenen Finanzministers. Man müsse eben mit den Staaten arbeiten, die da wären, sagte sie, man könne sich das nicht aussuchen. Es hörte sich nach diesem typisch ostdeutschen Pragmatismus an. Später habe ich bei gelegentlichen bilateralen Treffen von Merkel und Tsipras sehen können, dass so etwas wie Vertrauen zwischen beiden wuchs. Bei der Flüchtlingskrise standen sie gemeinsam auf der gleichen Seite – gegen die Regierungschefs in Wien und Budapest, Österreich wollte die Grenze schließen, Ungarn gar keine Flüchtlinge aufnehmen. Zum Vertrauen zwischen Merkel und Tsipras trug wohl bei, dass der griechische Premierminister sein Land ruhig halten und die Namensfrage mit Mazedonien lösen konnte. Als er Merkel bei einem Staatsbesuch im Januar 2019 in Athen begrüßt, sagt er stolz: »Sie kommen in ein völlig anderes Griechenland.« Manchmal hatte ich den Eindruck, dass sie den griechischen Premier fast wie einen Sohn behandelte. Merkel freute sich mit, lobte ihn und bemühte sich sichtlich, den Griechen in Europa einzubinden und zu unterstützen. Es schien ihr ein Anliegen zu sein, dem Linken in der Welt der anderen einen Platz zu verschaffen. Sie wusste ja, wie schnell eine Ideologie durch eine andere ersetzt werden kann. Besser also pragmatisch vorgehen.

Andersherum hat ihre Neigung zum Pragmatismus ohne viel Worte es auch erschwert, ihre Politik zu verstehen. Angela Merkel

124 https://www.spiegel.de/wirtschaft/soziales/griechenland-schaeuble-schlaegt-grexit-auf-zeit-vor-a-1043241.html

hat Entscheidungen oft wenig begründet oder als alternativlos dargestellt, man denke an die Krise des Euro 2012 bis 2014 oder die Aufnahme der Flüchtlinge 2015. Nicht nur gegenüber den Bürgern, sondern auch gegenüber Mitarbeitern. Langjährige Ministerialbeamte, die schon Gerhard Schröder als Kanzler zugearbeitet haben, beschreiben Merkels Stil als vollkommen anders als den Schröders. Gerhard Schröder sei zu Beginn von Besprechungen oft persönlich geworden. Na, Sie sehen mir ja nicht wie einer aus, der SPD wählt. Doch, ich habe schon mal SPD gewählt. Ein prüfender Blick: Sie sind Schmidt-Fan, geben Sie es zu. Nicken. Schröder habe sich alles erklären lassen, gelegentlich nachgefragt und sich zum Abschluss eines Briefings einen Fließtext liefern lassen mit den wichtigsten Zahlen, die herausgehoben wurden, sogenannte *Signalzahlen*. Angela Merkel handhabe solche Briefings ganz anders, erzählte einer der Beamten. Sie begrüße die Versammelten stets sehr zugewandt, »sie ist sehr einnehmend in kleinen Runden« – aber mache keine persönlichen Anmerkungen. Sie lasse sich niemals Signalzahlen geben, also interpretierte Zahlen, sondern stets die Rohdaten der Erhebungen, aus denen sie selbst ihre Schlüsse ziehe. Dem Beamten ist die Enttäuschung anzumerken, dabei ist sie sich doch nur treu geblieben. Sie wolle auch keinen durchgeschriebenen Text, sondern nur Stichworte. Politische Beratung habe sie nie abgefragt. Die Berater würden freundlich aus dem Kanzleramt entlassen und hätten keine Ahnung, was die Kanzlerin denke oder vorhabe. »Sie hat das nie durchblicken lassen. Immer Pokerface«, berichtet ein Ministerialbeamter. Diese Schilderung erinnert an die Sozialisation der Kanzlerin. Angela Merkel hat sich ihre Meinung anhand von Beobachtungen und Fakten immer selbst gebildet und nur mit wirklich engen Vertrauenspersonen geteilt. Sie hat ja 35 Jahre damit leben müssen, dass man besser nicht sagte, was man dachte, um anderen keine Angriffsfläche zu bieten. Umso mehr, da die öffentliche Meinung eine andere gewesen war als ihre eigene. »Mit meiner Meinung war ich alleine oder mit ganz wenigen zusammen. Und deshalb erschüttert mich das nicht, wenn andere das anders sehen«[125], hat Merkel einmal erklärt.

Zusammenhalten

Zu den Dingen, die Bürger in den neuen Ländern bis heute nicht ganz verstehen können, gehört, dass aus ihrer Sicht die Errungenschaften der Demokratie von allen Bürgern und den Parteien zu wenig verteidigt werden. Dieses Staunen kann man in der alten BRD, wo seit 1949 mühsam demokratische Prozesse eingeübt wurden und zur Wendezeit seit 40 Jahren etabliert waren, gelegentlich schwer nachvollziehen. Viele Bürger der DDR, die lange sehnsuchtsvoll über die Mauer geschaut hatten, verstanden später nicht, wieso man die demokratisch-freiheitlichen Debatte einerseits preist, andererseits insgesamt nicht so richtig verteidigt, beispielsweise gegen Lügen und andere verbale Angriffe. Die Methode des politischen Schlagabtauschs wird bis heute von Ostsozialisierten zu oft als Beschimpfung verstanden, als nutzlose, endlose Debatte. In den Regionen der Selbstmacher, wo man lange darauf geeicht war, lieber alles mit den eigenen Händen aufzubauen und bis heute derjenige als besonders erfolgreich und fleißig gilt, der keine Dienstleistungen in Anspruch nimmt und am besten seine Garage noch selbst errichtet, treffen die Rededuelle auf wenig Verständnis. Verwandte aus Thüringen riefen mich im November im Lockdown an, sie hatten sich im Bundestag eine Corona-Debatte angeschaut. Also, ja, der Gesundheitsminister Jens Spahn habe eine verständliche, ganz gute Rede gehalten. Aber warum werde zugelassen, dass die AfD hernach einfach so lügen dürfe? Hinzu kommt, dass der Westen mit einer gewissen Arroganz davon ausging, dass Bürger anderer Staaten gar nicht anders könnten, als sich zu wünschen, in

---

125 *Süddeutsche Zeitung*, 9. November 2019.

einer Demokratie zu leben. Die Demokratie als zwangsläufig bessere Gesellschaftsform? Das klang seltsam in den Ohren der Menschen, die das schon mal gehört hatten im Zusammenhang mit Sozialismus, der ja sogar gesetzmäßig hätte siegen sollen. Angela Merkel hat diese Erfahrung zu einer Mahnung veranlasst. »Es ist weder bewiesen noch ausgemacht, dass auf der Zeitschiene alles besser wird. Auch im heutigen Deutschland und Europa ist übrigens der Gedanke, dass wir mal zurückfallen könnten, nicht sehr ausgeprägt. Was ich für ein Manko halte.«[126]

Das Wissen um dieses Manko wiederum verbindet Merkel mit den Landsleuten im Osten, die vorsichtig bis misstrauisch sind, wenn jemand behauptet, ein System sei überlegen. Das gilt auch für die Demokratie, in der wir jetzt leben. In der DDR Aufgewachsene sind wie Angela Merkel einst viele Stunden in der Woche indoktriniert worden, um sich mit den Gesetzmäßigkeiten der Geschichte zu beschäftigen, von der Textaufgabe in Mathematik bis zu Geschichtsstunden. Es kam immer das Ergebnis raus, dass der Sozialismus den Kapitalismus besiegen würde und jede Aufgabe wurde mit dem Kürzel »wzbw« beendet, »was zu beweisen war«. Die aus dem Osten kennen die angeblichen Beweise aus der Zeit von vor 1989 – und haben selbst dazu beigetragen, dass das angeblich überlegene System am Ende zusammengebrochen ist. Diese Erfahrung der eigenen Kraft und Macht ist in den neuen Ländern nicht vergessen. Gerade in Zeiten fragiler werdender Parteienbindung und zunehmender Corona-Aggressionen wird es deshalb umso wichtiger, den Bürgern in den neuen Ländern mehr politische Teilhabe zu ermöglichen und in die Verantwortung für die Demokratie einzubinden.

Osteuropas Verhältnis zur Demokratie ähnelt einer Liebesbeziehung. Die neuen Bundesländer sind keine Ausnahme. Wie in jeder Beziehung, die funktionieren soll, muss man daran arbeiten. Dass

---

126 Gespräch mit Angela Merkel in der *Süddeutschen Zeitung*, 9. November 2019

Demokratie kein Selbstläufer ist, hat der arabische Frühling gezeigt. Wenn Bürger ihre Diktatoren und Despoten stürzen, entscheiden sich danach nicht alle automatisch für den demokratischen Weg.

Auch in der Pandemie tobt der Wettbewerb der Systeme zwischen dem liberalen Westen und der chinesischen Volksdiktatur. Man könnte viel hineininterpretieren in den Umstand, dass Angela Merkel bei ihrer letzten Dienstreise vor Corona das Land zusammenhalten musste wie nie zuvor in ihrer Kanzlerinnenzeit. Sie war an diesem Tag im Februar 2020 schon mit einem unguten Gefühl ins Flugzeug gestiegen für den zehn Stunden dauernden Flug nach Pretoria, in die Hauptstadt Südafrikas. Ich fliege als Korrespondentin mit, und als das Flugzeug vom militärischen Teil des Flughafens in Berlin-Tegel abhebt, ahne ich noch nicht, dass ich 24 Stunden später der Kanzlerin großen Respekt für einen fast kriegerischen Auftritt zollen werde.

Dass die Reise nach Afrika nicht ganz ohne deutsche Innenpolitik auskommen würde, ist absehbar. Beim Start des Flugzeugs beginnt im 300 Kilometer entfernten Erfurter Landtag die Wahl des neuen Ministerpräsidenten. Sie wird als Desaster für die Demokratie in Deutschland enden. Als der Regierungsflieger über dem Mittelmeer ist, muss die frühere CDU-Chefin aus der Instanz miterleben, wie die CDU-Abgeordneten im Thüringer Landtag zusammen mit der AfD den FDP-Politiker Thomas Kemmerich zum Ministerpräsidenten wählen. Es passiert genau das, wovor Merkel die letzten Tage mehr Leute gewarnt hatte, als sie eigentlich qua Amt gedurft hätte. Sie war ja nicht mehr CDU-Chefin. Das war Annegret Kramp-Karrenbauer, die frühere Ministerpräsidentin des Saarlandes, die offensichtlich kein Händchen hat für die besondere ostdeutsche Gemengelage in Thüringen. AKK weist die Parteigenossen in Erfurt an, nicht für den FDP-Kandidaten Thomas Kemmerich zu stimmen. Die CDU in Erfurt aber sieht das anders als ihre westdeutsche Chefin. Es ist das erste Mal, dass die Union mit den Stimmen der Rechts-außen-Partei votiert. Ein Tabubruch, der international durch die Nachrichten rauscht. In Deutschland habe es den »politischen Nachkriegskonsens über die Ächtung rechtsextremer Parteien« zerrissen, wird die *Financial Times* schreiben. Merkel gerät nicht in Panik, sondern fliegt weiter nach Pretoria. Die Reise war lange geplant, sie will dem Vorgang durch den Abbruch des Besuchs nicht noch größere Bedeutung einräumen. Sie sagt nichts. Auch nicht nach der Landung in Pretoria. Die mitgereisten Journalisten drängeln, in der Heimat ist die Aufregung groß, Bürger organisieren spontane Demonstrationen, stellen Kerzen auf vor der Staatskanzlei in Erfurt, Rücktrittsforderungen. Angela Merkel schweigt.

Der nächste Morgen, es ist der 6. Februar, kurz nach 9 Uhr in Südafrika. Drei schnelle Schritte, schon steht sie hinter dem hölzernen Pult mit dem Wappen. Sie trägt eine rote Jacke, die Kampfeslust signalisieren könnte. Jetzt das Tablet und die Papiere ordnen. Sie schaut konzentriert auf den obersten Zettel, die Lippen sind so fest zusammengepresst, dass sie unsichtbar sind. Geht es jetzt los? Ach ja, Präsident Cyril Ramaphosa neben ihr muss noch wissen, dass sie gleich die Regel brechen muss, wonach Innenpolitik nichts bei Staatsbesuchen verloren hat. »Verzeihung«, flüstert sie, am Anfang müsse sie was Innenpolitisches sagen, es gehe um so eine rechte Partei, und um ihre Partei. Exzellent, sagt Ramaphosa und erteilt dennoch erst mal einem Minister das Wort. Noch mal elf Minuten warten. Gut, dass es nicht noch eine große Zeitverschiebung nach Berlin gibt, mag Angela Merkel da gedacht haben.

Das lange Warten passt in diesen Morgen in Pretoria. Als sie am Präsidentenpalast angekommen war, wird sie die Kanonen gesehen haben. Ja, so ein klarer Schuss vor den Bug, das wäre was, kann man da denken. Tatsächlich soll sie an diesem Morgen mit militärischen Ehren begrüßt werden. Total normal. Aber an diesem Morgen wirkt alles so unwirklich, als sähe man einen Film mit einem schlechten Drehbuch. Als Angela Merkel den roten Teppich abschreitet, muss die deutsche Nationalhymne gespielt werden. Ein Soldat des Orchesters haut ungerührt den Takt der deutschen Nationalhymne auf die Pauke, die anderen Instrumente stimmen ein. Gleichzeitig arbeiten die Kanoniere stoisch das Protokoll der Salutschüsse ab, und so vermischen sich Kanonendonner und Nationalhymne zu einem apokalyptischen Lärm. Einigkeit und Recht, Rumms. Freiheit für das deu-, Rumms, sogar nach dem letzten Takt, auf Vaterland: Rumms. Pretoria liegt an diesem Morgen auch in Deutschland. Nach gefühlten Ewigkeiten wird es wieder ruhig, und dann kommt sie mit dem Präsidenten in den Presseraum, und ich denke daran, wie cool es wäre, wenn sie endlich was sagen würde. Die Welt beruhigen, mich beruhigen. Wird das Land, in das wir übermorgen zurückkehren sollen, ein anderes sein?

Dann sagt sie Worte wie: »unverzeihlich«, »rückgängig machen«. Die Wahl sei ein einzigartiger Vorgang, der mit ihrer und der Grundüberzeugung der CDU gebrochen habe, dass Wahlen nicht mit den Stimmen der AfD gewonnen werden sollen. Da der Ausgang des dritten Wahlgangs absehbar gewesen sei, »muss man sagen, dass der Vorgang unverzeihlich ist und deshalb auch das Ergebnis wieder rückgängig gemacht werden muss«. Ein schlechter Tag für die Demokratie sei das gewesen. Die Kanzlerin muss mit ihrer Autorität geraderücken, was die CDU Thüringen und die Bundesvorsitzende Annegret Kramp-Karrenbauer eingerissen haben. Nie zuvor habe ich einen ähnlichen Auftritt von Angela Merkel erlebt, dass sie die gesamte Autorität ihrer Person und ihres Amtes in die Waagschale wirft, um die Entscheidung rückgängig machen zu lassen. Ihre Worte werden in Deutschland gehört. Kemmerich wird zwei Tage später zurücktreten, der CDU-Chef von Thüringen, Mike Mohring, und die CDU-Parteichefin Annegret Kramp-Karrenbauer werden ihre Ämter verlieren, der Ostbeauftragte der Bundesregierung muss umgehend zurücktreten. Das kann man in Pretoria alles noch nicht wissen. An diesem Tag aber bin ich erleichtert, weil ich in das Land zurückkehren kann, aus dem ich 24 Stunden zuvor abgeflogen bin.

Der Zufall will es, dass die nächste Landtagswahl in Thüringen zusammenfällt mit der Bundestagswahl – bei der Angela Merkel, die die fragile Stimmung im Osten spüren kann, nicht wieder antritt. Noch einmal wird sie also nicht eingreifen können, wenn es in den neuen Ländern darum geht, zu verhindern, dass die CDU mit der AfD auf Landesebene zusammenarbeitet.

Das Selbstbewusstsein in den neuen Ländern ist gewachsen, auch in den Parteien, im demokratischen Sinne – aber auch in dem, dass man einen eigenen Weg suchen will und nicht jeder CDUler schließt eine Kooperation mit der AfD aus. Wird die Nachfolge, die absehbar aus dem Westen kommt, damit so gut wie Angela Merkel umgehen können? Wird sie die Autorität haben wie die ostdeutsche Kanzlerin? Diese Herausforderung stellt sich nicht nur national, sondern auch europäisch. Wie gut Angela Merkel in den osteuropäischen Ländern vernetzt und anerkannt ist, hat sich im Herbst 2020 gezeigt. Ungarn und Polen haben bis zuletzt eine Einigung für den 750 Milliarden Euro umfassenden EU-Wiederaufbaufonds blockiert, mit dessen Geld die Volkswirtschaften nach Corona wieder aufgebaut werden sollen. Geräuschlos hat sich die Kanzlerin – damals EU-Ratspräsidentin – mit den Osteuropäern doch noch einigen können. Wie wird das in Europa, das ebenso mit Vereinigungsschmerzen zu kämpfen hat wie Deutschland, wenn sie weg ist?

Frage zum Abschied

Angela Merkel ist die erste Kanzlerin der Bundesrepublik, die einen selbstbestimmten Abschied aus dem Amt vorbereitet hat. Das ist keinem Kanzler vor ihr gelungen, alle stellten sich wieder zur Wahl und verloren irgendwann. Lange haben viele (Männer) nicht glauben wollen, dass Angela Merkel freiwillig ihre Macht abgeben könnte – immer wieder wurde sie für andere Spitzenposten gehandelt, in Europa und bei den Vereinten Nationen. Wobei, wenn man sich das aus Ostdeutschland stammende politische Spitzenpersonal anschaut, erscheint der selbstgewählte politische Abschied nicht mehr so speziell. »Ostdeutsche verbindet die Erfahrung, dass nichts von Dauer ist«, hat Matthias Platzeck gesagt, als er 2005 gerade zum Parteivorsitzenden der SPD gewählt worden war. Und CDU-Chefin Angela Merkel zur Bundeskanzlerin. Zwei Ostdeutsche, beide Wissenschaftler, an der Spitze der großen Volksparteien. »Das Experiment«, überschrieb der *Spiegel* recht ungläubig seine Titelgeschichte zur Ausgabe »Aufbruch Ost«[127]. Sollten die beiden Ostdeutschen die verkrustete Bundesrepublik modernisieren können?

Matthias Platzeck blieb fünf Monate der politische Counterpart zu Merkel. Nach einem Hörsturz und gesundheitlichen Problemen trat er zurück – auf Anraten der Ärzte, aber selbstbestimmt. »Ich musste in den letzten Tagen die mit Sicherheit schwierigste Entscheidung meines bisherigen Lebens treffen – nämlich die, auf dringenden ärztlichen Rat den Vorsitz der Sozialdemokratischen Partei Deutschlands niederzulegen.«[128] Die Bürgerrechtlerin Marianne Birthler, die 1993 und 1994 als Co-Vorsitzende von Bündnis90/ Die Grünen arbeitete, verzichtete auf eine weitere Kandidatur. Auch Bundespräsident Joachim Gauck wählte einen Abgang mit Ansage. Er habe sich entschieden: »Eine Amtszeit reicht.«[129] Wegen des Alters und der Gesundheit verzichtete der damals 76 Jahre alte Gauck. Der Sozialdemokrat Wolfgang Thierse trat 2013 nicht mehr als Kandidat zur Bundestagswahl an. 1998 bis 2005 war er Präsident und danach Vizepräsident des Deutschen Bundestags. Auch wenn den Rücktritten und dem Verzicht unterschiedliche Motivationen zugrunde liegen, ist allen gemein, dass sie nie in einer Wahl ge

---

127 *Spiegel*, 45/2005.
128 https://www.tagesspiegel.de/politik/nach-hoersturz-spd-chef-platzeck-tritt-
     zurueck/701654.html
129 Joachim Gauck am 6. Juni 2016, Schloss Bellevue.

scheitert, sondern selbstbestimmt gegangen sind. Es scheint, dass es einfacher ist, solche Abschiede zu planen, wenn man erlebt hat, dass alles ein Ende hat.

Selbst wenn es andere (auch westdeutsche) Politiker vorgemacht haben, ist so ein selbstbestimmter Abschied aus dem Kanzleramt noch einmal eine andere Nummer als etwa ein Abschied aus einer Parteispitze. Die Verantwortung als Bundeskanzlerin ist die größtmögliche Verantwortung, die ein Amt in Deutschland mit sich bringt. Bis zuletzt haben viele geglaubt, dass sie es angesichts einer Krise wie der Corona-Pandemie nicht schaffen werde, zu gehen. Persönliche Wegbegleiter(innen) haben allerdings auch auf ihre privaten Umstände hingewiesen. Merkel hat gelegentlich gesagt, dass sie noch Zeit für ein Leben nach dem Kanzleramt haben wolle.

Zu den wenigen unbeantworteten Fragen der Kanzlerschaft von Angela Merkel gehört bis zu ihrem Abschied die nach ihrer Motivation. Weil sie's konnte, sagen manche. Weil sie Lust an der Macht verspürte und am Regieren, sagen andere. Vielleicht auch, weil die Physikerin im Kanzleramt die größtmögliche Experimentalanordnung hat aufbauen können: die Vereinigung zweier Staaten ein demokratischer Feldversuch in Echtzeit. Frech könnte man behaupten, wenn es schon nicht den dritten Weg[130] nach der Wende geben konnte, weil viele Leute nach der D-Mark riefen und sich verführen ließen von den Verlockungen aus dem Westfernsehen, dann musste es eben ein gesamtdeutscher dritter Weg sein. Angela Merkel hat ihn ausgeleuchtet.

Jede dieser Antworten ist ein Puzzleteil, aber das Bild ist noch nicht fertig, weil man nicht genau weiß, warum sie so lange geblieben ist. Die Antwort darauf muss über persönliche Beweg-

---

130 Bezeichnung für die Idee von Bürgerrechtlern und Intellektuellen, nach dem Fall der Berliner Mauer auf dem Gebiet der DDR einen reformierten neuen Staat aufzubauen.

gründe führen. Langjährige Wegbegleiter verweisen auf ihr Elternhaus und ihren Vater, der als Pfarrer aus innerer Überzeugung von Hamburg in die Uckermark ging, weil er das für seine christliche Pflicht gehalten hatte. Die älteste Tochter lernte früh, was es heißt, Verantwortung zu tragen und sich verpflichtet zu fühlen. »Der Vater galt als streng und unbedingt. Ich habe mit ihm Gottesdienste erlebt, da stand er in der kleinen Kirche bei Templin oben auf der Kanzel und hat auf Leute gezeigt und gesagt, das geht so nicht. Er hat gepredigt wie Martin Luther«, sagt eine kundige Quelle.

Manche stellen die Frage, ob Angela Merkel ihrem Vater beweisen wollte, dass sie durchhalten konnte wie er. Der Vater starb 2011. Das Verhältnis von Angela Merkel zu ihrer Mutter wird als sehr eng beschrieben, bei der Trauerfeier anlässlich ihrer Beerdigung im April 2019 erinnerte ihr Bruder daran, dass die Mutter immer gewollt habe, »dass Lernen nicht als Anstrengung und Mühe gesehen wird, sondern als etwas, das Spaß macht.«[131] Durch den Tod der Mutter war der Schutz der Eltern, der einfach durch ihr Dasein gegeben ist, für die Tochter dahin. Der Abschied von ihrer Mutter wird für die Kanzlerin als sehr bewegend beschrieben. Erst als sie allein ohne Eltern war, begannen im Juni 2019 ihre Zitteranfälle. Der ukrainische Präsident war zu einem Staatsbesuch angereist, beim Abspielen der Nationalhymnen, als beide freistehend unbeweglich zuhören, beginnt die Kanzlerin zu zittern. Der Anfall wiederholt sich bei ähnlicher Gelegenheit noch zweimal, danach lässt Angela Merkel das Prozedere ändern. Die Nationalhymnen werden im Sitzen abgenommen. Dann kommt Corona, und Staatsbesuche finden, wenn überhaupt, virtuell statt. Die Republik vergisst, dass ihre Kanzlerin gezittert hat.

Angela Merkel hat das Ende ihrer Kanzlerschaft selbst gewählt. Die Superlative sind bekannt, sie hat so lange regiert wie keiner vor

---

131 https://www.merkur.de/politik/merkels-mutter-tot-bewegende-trauer-feier-in-uckermark-mit-kanzlerin-zr-12181467.html

ihr, so viele Krisen gemeistert wie keiner vor ihr, einen selbstbestimmten Abgang organisiert – wie keiner vor ihr. Noch nicht richtig durchgedrungen ist dagegen, dass sie mit ihrem Auszug aus dem Kanzleramt auch ein Kapitel der deutschen Wiedervereinigung beendet, das mit einer Ostdeutschen an der Spitze der Regierung des wiedervereinigten Landes. Viele hat sie enttäuscht, viele auch erfreut, sie hat Sicherheit gegeben und zum Widerspruch herausgefordert. Neben den Umbruchserfahrungen verbindet sie noch etwas anderes mit den Landsleuten. Auch sie war eine Unterschätzte.

Im Oktober 2021 wird der Tag kommen, an dem Angela Merkel länger im Amt gewesen sein wird als Helmut Kohl. Angela Merkel hat diese von Wolfgang Schäuble und Helmut Kohl geprägte westdeutsche Welt geweitet und den Ostdeutschen eine Perspektive ausgeleuchtet. Sie hat die Belange der neuen Länder im Kanzleramt mitgedacht und erlaubt, dass Deutschland etwas durchlässiger geworden ist und etwas moderner. Sie war, wie man jetzt weiß, die am meisten Unterschätzte. Sie wird fehlen.

Die Frage des Eigentums

Die zu Beginn der 1990er festgelegten Vermögensverhältnisse vertiefen die Ungleichheit. Wer will, dass der Osten bürgerlicher wird, muss den Menschen die Möglichkeit bieten, selbst Eigentum zu schaffen. Genossenschaften, Mietkauf oder Vorkaufsrecht: Es gibt gute Ideen dazu. Die neuen Länder könnten sogar zum nationalen Vorreiter des *Purpose*-Trends werden

Die Partys der Anderen

Wer aufwächst mit der Ansage, dass alles allen gehört, unterschätzt, wie entscheidend Eigentum in einem System sein kann, das dessen Unverletzlichkeit im Grundgesetz garantiert. Mein Aha-Erlebnis hatte ich 1994, als ich wieder einmal aus dem Norden kommend über Pankow nach Berlin hineinfuhr. Am Steuer saß ein Architekt aus Heidelberg, und als wir in die heutige Danziger Straße abbogen im Prenzlauer Berg, zeigte er auf die Mietshäuser rechts und links der Straße. »Da sollte man eins kaufen.« Ich sah bröckelnde graue Fassaden und dachte: »Komische Ideen haben die manchmal, wer will denn hier wohnen?« »Du wirst sehen, das ändert sich«, lachte mich der Architekt aus.

Der Architekt aus Heidelberg hat doch kein Mietshaus im Prenzlauer Berg gekauft. Viele aus dem Westen haben aber Geld in die

Hand genommen und Häuser in Berlin-Ost, in Leipzig, in Dresden nach und nach aufgekauft, saniert und teuer wiederverkauft oder vermietet. Im Saarland wohnen zwei von drei Haushalten in den eigenen vier Wänden. In den alten Bundesländern ist es fast jeder zweite. In den neuen Ländern sind es nur knapp 30 Prozent. Aber in Berlin hat nicht mal ein Haushalt von fünf eine eigene Wohnung.[132] In den begehrten Lagen fast keiner.

Eine Verabredung mit Marianne Birthler, digital im Lockdown. Sie stammt aus Berlin-Friedrichshain, einem Stadtbezirk, der zu den hippen Gegenden der Hauptstadt zählt. Und ähnlich wie Mitte oder der Prenzlauer Berg fast komplett gentrifiziert ist. Die 73 Jahre alte Bündnisgrüne hat viel Auf- und Umbruch erlebt im Herbst 1989 und später in ihren Ämtern, als Bildungsministerin in Brandenburg, Co-Chefin von Bündnis90/Die Grünen oder als Stasi-Unterlagen-Beauftragte. Sie kann reflektiert und nüchtern über den Osten und den Westen und das vereinte Deutschland reden, aber irgendwann rutscht ihr so ein Satz raus, der zeigt, dass rationale Erklärungen nicht immer die gefühlte Traurigkeit bezwingen können. Selbst wenn man es gar nicht will und es auch ungerecht findet, sagt Birthler, machen die Besitzverhältnisse einen irgendwann grimmig.

»Ich wohne hier im Osten nahe an der früheren Grenze, mit Vorderhaus und Hinterhaus, und soweit ich das überblicke, bin ich die Einzige aus dem Osten, die noch hier wohnt. Die meisten Wohnungen sind von Leuten gekauft worden, die sie dann vermietet haben, also die wenigsten Eigentümer wohnen in ihrer Wohnung. Ich lerne sie ja kennen bei den Eigentümerversammlungen, das sind nette Leute, die das halt als Anlageobjekt gekauft haben. Hinzu kommt ja noch, dass es steuervergünstigt ist, wenn man

---

132 https://de.statista.com/statistik/daten/studie/37010/umfrage/wohneigentuemer-
      in-ost-und-west-1993-1998-2003-2008/

vermietet. Ich hätte das vielleicht auch so gemacht, hätte ich gekonnt.

Und dann gibt es noch die anderen. Ich bin mal eingeladen worden zu einem Hausfest in Prenzlauer Berg. Ich gehe da hin und es war total nett, die Besitzer haben schön gefeiert, viele Gäste eingeladen und das Haus ist nicht luxuriös saniert, sondern normale Standards. Und dann habe ich festgestellt, in dieser Eigentümergemeinschaft ist wirklich nicht einer aus dem Osten dabei. Dann werde ich bisschen grimmig und es ist so doof, grimmig zu sein, weil ich den Leuten ja nichts vorwerfen möchte.

Die meisten hatten Anfang der Neunziger mit dem Überleben zu tun. Natürlich war das damals so, dass die Mieter eines Hauses theoretisch Kredite hätten aufnehmen können, um eine Wohnung zu kaufen. Aber damals wusste niemand, was selber mit einem wird. Die erste Frage war, ob man überhaupt einen Kredit bekommen hätte, und die zweite, ob man den Mut gehabt hätte, einen aufzunehmen. Wir kannten das nicht, sich mit Hunderttausend Mark und dann Euro zu verschulden.

Als ich meine Wohnung gekauft habe, hatte ich, obwohl ich da schon in stabilen Verhältnissen lebte, schlaflose Nächte. Ich kann mich doch nicht mit so viel Geld verschulden! Da haben viele Leute aus dem Osten gezögert, zum Teil aus nachvollziehbaren Gründen. Im Westen war es ja so, dass sich Freundeskreise zusammengetan und gesagt haben, guck mal, da ist ein Haus, das ist zwar runtergekommen, aber das schaffen wir. Das kaufen wir jetzt zusammen. Manche haben die Vorbewohner rausgeschafft. Und dann sind manche unglaublich sensibel mit den Vorbewohnern umgegangen, haben zusammen neue Wohnungen gesucht, es waren keineswegs alle Eigentümer räuberisch. Aber ein ostdeutsches Herz kriegt so einen kleinen Stich.«

In den Freundeskreisen der Kinder setzt sich der Unterschied fort. Das hat zwar auch mit der Berufswahl zu tun und damit, was sie selber verdienen. Aber die Frage, wie sie wohnen und leben, hängt noch 2021 oft davon ab, ob sie eine Familie aus dem Osten oder aus dem Westen im Hintergrund haben. Das macht einen gewaltigen Unterschied, den man in einem ehrlichen Essay in der *Süddeutschen Zeitung* nachlesen kann.[133] Dieses Umstände haben manche Ost-West-Freundschaften in den ersten Jahrzehnten, obwohl sie sich sehr mochten, am Ende doch noch zerstört. Die Kinder der Ost-Eltern bekommen zu hören, eure Eltern können euch doch was zuschießen. Konnten sie aber nicht.

Re-Start ohne Kapital

Als der Einigungsvertrag 1990 geschrieben wurde, war der Wert des Eigentums all jenen Bürgern klar, die mit dem Grundgesetz aufgewachsen waren. Eine eigene Immobilie zu besitzen bedeutete mindestens den Einstieg in nachhaltigen Wohlstand. Man denkt an die schwäbische Hausfrau, die ihr Haus in Ordnung hält und damit ihre Familie beisammen. Eigentum verpflichtet, steht in Artikel 14 des Grundgesetzes.

In der DDR war alles Volkseigentum, was auch zu kollektiver Verantwortungslosigkeit verführte. Wenn alles allen ein bisschen und niemandem ganz gehört, wird es weniger geachtet, gepflegt und geschützt. Es stimmt ja auch, dass mancher den Begriff Volkseigentum ganz individuell ausgelegt und Dinge einfach mitgenommen hat. Dennoch hatten DDR-Bürger die berechtigte Erwartung, dass sie an den Erlösen der Privatisierung der volkseigenen Unternehmen und ganzer Ländereien ab 1990 beteiligt würden. Sie habe »Vouchers für das Volksvermögen« erwartet, sagt die frühere Ministerpräsidentin Thüringens, Christine Lieberknecht.[134] Tat-

---

133 https://www.sueddeutsche.de/leben/erbe-gerechtigkeit-steuer-konsum-15257448?reduced =true
134 Christine Lieberknecht, Gespräch im September 2020.

sächlich wurde zu genau diesem Zweck am Runden Tisch die Einrichtung einer Gesellschaft beschlossen, die das DDR-Vermögen treuhänderisch bewerten und aufteilen sollte. In einigen vormals sozialistischen Ostblockstaaten wurde damals das Volkseigentum über eine sogenannte Coupon-Privatisierung in private Unternehmen überführt. Der erste Chef der Treuhand wollte dieses Konzept ebenfalls realisieren. Er wurde wenige Tage später entlassen. Doch im Einigungsvertrag wurde festgeschrieben, dass die Erlöse aus der Privatisierung zuerst für Strukturanpassungen verwendet werden sollten. Für den Fall, dass die Treuhandbilanz Erlöse ausgewiesen hätte, sollten Coupons an alle ehemaligen DDR-Bürger verteilt werden.

Die Sache mit der Treuhand ging bekanntlich anders aus. Sie übernahm das Eigentum, verkaufte es als Schnäppchen an (mitunter windige) private Investoren und Eigentümer, die ganz überwiegend nicht vor Ort wohnten und wirtschafteten und es bis heute nicht tun. Die Ostdeutschen gingen leer aus. Studien belegen, dass der Einigungsvertrag den größten Vermögenstransfer in der Nachkriegsgeschichte, und zwar von Ost nach West, ausgelöst hat. Mit der Eigentumsübertragung von Land, Wohnungen, Gebäuden und Betrieben ging auch die Macht an die neuen Eigentümer – im Westen. Die wirtschaftlichen und politischen Machtverhältnisse wurden auf unbestimmte Zeit festgeschrieben. Eigentum ist Vermögen, Vermögen ist Macht. Wo Macht ist, ist Bildung, Bürgertum, nachhaltiger Wohlstand. »Der Osten musste sich ohne Kapital neu erfinden«, sagt Mario Voigt, CDUler in Thüringen.[135] Das dauert. Und es stellt sich die Frage, wie die Fehler von damals noch korrigiert werden können.

---

135 Schalte mit Mario Voigt am 14. März 2021.

Ost – West – Schulden

Bis heute hält sich die Erzählung, dass die Privatisierung des DDR-Volkseigentums ein Minusgeschäft gewesen sei. Die 1992 veröffentlichte Eröffnungsbilanz der Treuhand zum 1. Juli 1990 weist ein Minus von 209 Milliarden D-Mark aus. Achtzehn Jahre später, im Juni 2020, wird ein Schriftstück in den Unterlagen der Treuhand entdeckt, aus dem hervorgeht, dass das Vermögen der volkseigenen DDR-Betriebe deutlich im Plus gelegen hat. Das Schriftstück stammt vom 25. Juni 1990 und beziffert das Vermögen auf 924 Milliarden DDR-Mark.[136] Das Dokument wurde entdeckt, weil die Geheimhaltungsfrist für die Akten der Treuhand nach 30 Jahren endete. Man darf davon ausgehen, dass dazu noch mehr Dokumente gesichtet werden.

Der Wirtschaftshistoriker Matthias Judt erklärt den Unterschied zwischen den Bilanzen mit den verschiedenen Abschreibungssystemen in Ost und West. In der DDR wurden Maschinen und Anlagen mit einem anderen Vermögenswert als in der Bundesrepublik geführt. Das konnte zum Zeitpunkt der Währungsunion bedeuten, dass sie laut Bilanz in DDR-Mark am 30. Juni 1990 immer noch einen Wert in Ost-Mark hatten, am nächsten Tag, am 1. Juli 1990, in D-Mark nominell aber einen weit geringeren oder sogar gar keinen mehr. Das liegt daran, dass sie nach den betriebswirtschaftlichen Grundsätzen der BRD abgeschrieben waren und damit ohne Wert. Judt weist darauf hin, dass Bodenschätze sowie Grund und Boden in der DDR-Mark-Schlussbilanz mit Null bewertet worden seien. In der Lehre von Karl Marx sei Boden nichts wert gewesen, weil keine Arbeit hineingesteckt wurde. Doch nach der Einführung der D-Mark am 1. Juli 1990 wurden Grund und Boden zu (den teilweise wichtigsten) Positionen auf der »Guthabenseite«. Es kann sein, dass die Verantwortlichen in der letzten DDR-Regierung und

---

136 MDR, 3. Juli 2020.

der damals aktiven Bundesregierung gehofft hatten, dass die »Verluste« bei der Neubewertung von Maschinen und Anlagen durch die »Gewinne« bei den Immobilien und ihren Grundstücken ausgeglichen würden. Doch diese Hoffnung war, so zeigt es Judt[137], trügerisch, denn mehr als 7.000 der ehemaligen Volkseigenen Betriebe (VEB) hätten zum 1. Juli 1990 nach dem geltenden Insolvenzrecht in die Konkursanmeldung geschickt werden müssen.

Das lag an einem weiteren fundamentalen Unterschied der beiden Wirtschaftssysteme. In der DDR mussten die VEB bis zu 94 Prozent ihrer Gewinne an den Staatshaushalt abführen, in der Bundesrepublik waren die Unternehmenssteuern demgegenüber weit niedriger. Normal war dort, dass die Firmen ihre erwirtschafteten Gewinne reinvestieren konnten und daher unabhängiger waren von Krediten. In der DDR bekam der Staat fast alles, zugleich ließ der Staat den Unternehmen dann bei notwendigen Investitionen Kredite über staatliche Banken ausreichen.

Judt argumentiert, dass mit der Währungsunion und der Anpassung an das bundesdeutsche System auch eine Zuordnung von einmal gewährten staatlichen Krediten hätte erfolgen müssen – quasi eine Rückzahlung von zu viel entrichteten Gewinnabführungen durch Übernahme von Krediten, die die Unternehmen belasteten, durch die Haushalte der ostdeutschen Länder und des Bundes. Die bundesdeutschen Haushalte hätten diese Kredite als Schulden verbuchen müssen. Das wäre logisch gewesen, sagt Judt, hätte aber die öffentlichen Haushalte belastet. Sowohl die letzte DDR-Regierung (die keine Erfahrung hatte und auf die Expertise aus dem Westen angewiesen war) als auch vor allem die Bundesregierung unter Helmut Kohl lehnten diese Schuldenrückführung ab – Kohl wollte ja wiedergewählt werden. Stattdessen setzten beide auf sogenannte Liquiditätshilfen und -kredite. Sie lösten die

---

137 https://www.mitteldeutscherverlag.de/geschichte/ddr/jacobs,-olaf-hg-die-treuhand-ein-deutsches-drama-detail?tmpl=component&format=pdf

Probleme bei der Aufstellung der D-Mark-Eröffnungsbilanzen der Unternehmen dadurch, dass die ostdeutsche Wirtschaft in der Treuhand von Beginn an mit einer Schuldsumme von über 209 Milliarden DM belastet wurde – eine Summe, die eigentlich dem Bundeshaushalt und den Haushalten der ostdeutschen Länder hätte zugeordnet werden müssen. Das wären allerdings keine guten Nachrichten fürs Wahlvolk zu den Landtagswahlen in den neuen Bundesländern im Oktober 1990 und zur Bundestagswahl im Dezember 1990 gewesen.

Mehr noch: Das Vermögen der DDR wurde durch die Treuhand unter einem selbst gesetzten zeitlichen Druck von nur vier Jahren an Private veräußert, die damit in eine extrem günstige Verhandlungsposition gebracht wurden. Weil verkauft werden musste, sanken die Preise in den Keller. Man weiß, dass solche »Alles muss raus«-Verkäufe Schnäppchenpreise erzeugen. Sie haben auch exakt jene weitgehende Entschuldung im Privatisierungsprozess der Unternehmen beschleunigt, die – besser – durch die gerade beschriebene nachträgliche Umsetzung des westdeutschen Unternehmenssteuerrechts bei den ehemaligen volkseigenen Betrieben hätte umgesetzt werden müssen. Nunmehr konnten Kaufwillige sagen: kein Kauf ohne Entschuldung.

Die Bundesregierung – insbesondere in Person des Bundesfinanzministers Theo Waigel von der CSU – nahm es in Kauf, die Verhandlungsposition der Treuhand bei Verkäufen ehemaliger VEB zu schwächen – durch Zeitdruck mittels Fristsetzung für den Abverkauf des »Volkseigentums« und durch die ausbleibende Entschuldung der Ex-Staatsbetriebe. Die Bundesregierung wusste, was sie tat, denn die Privatisierung westdeutscher Betriebe nach der Gründung der BRD war über Jahrzehnte gestreckt worden – bis man jeweils einen guten Preis erzielen konnte, siehe etwa Volkswagen. Kleiner Schlenker: Auch bei den Griechenlandkrediten drang die Bundesregierung – dann schon unter Angela Merkel – auf eine Privatisierung binnen ein, zwei Jahren, unter anderem der Häfen.

Athen konnte sich dem am Ende noch widersetzen. Trotzdem mussten wichtige Häfen wie der von Piräus verkauft werden – jetzt kontrolliert ihn ein chinesisches Unternehmen.

Zurück in das Deutschland der frühen Neunzigerjahre: Zusätzlich zu dieser für den Osten nachteiligen Bilanzierungsmethode und verramschenden Veräußerungspolitik wurden auf diese Weise Betriebe im Westen gerettet, die selbst unrentabel waren wie damals die BASF-Tochter Kali und Salz, für deren Überleben die Konkurrenz im Osten aus dem Weg geräumt wurde.

Es zeigt sich: Die Kosten des Aufbaus Ost waren von Beginn an zugleich Kosten einer gesamtdeutschen Umstrukturierung der Wirtschaft, die von den Steuerzahlern zu finanzieren war, und zwar vor allem denen in den alten Ländern. Zwar zahlten auch die in den neuen Ländern mit, aber letzten Endes wurde allen Bundesbürgern, alten wie neuen, kein reiner Wein eingeschenkt. Um den politischen Hinterzimmer-Deal ranken sich unzählige Vermutungen und Behauptungen, wer wen übervorteilt haben könnte. Das vergiftet bis heute die Atmosphäre.

Mit weitreichenden Folgen. Eigentum beeinflusst das Wahlverhalten. Wer etwas zu verlieren hat, geht wählen, um die bestehenden Verhältnisse stabil zu halten. Wer nichts zu verlieren hat, hat einen Grund weniger, an der Wahlurne abzustimmen. Oder einen Grund mehr, gegen die bestehenden Machtverhältnisse zu stimmen. Die Protestwähler im Osten liegen bei stabil rund 20 Prozent der Wahlstimmen, wenn man die Ränder rechts und links addiert und den Teil abzieht, der die Linkspartei oder die AfD tatsächlich inhaltlich unterstützt. Das Ost-West-Gefälle in der Wahlbeteiligung ist bekannt, der Anteil der Nichtwähler ist in den neuen Ländern signifikant höher.[138] Menschen mit niedrigeren Bildungsabschlüssen oder geringer sozialer Bindung in lokalen Netzwerken

---

138 https://www.bpb.de/geschichte/deutsche-einheit/lange-wege-der-deutschen-einheit/47513/wahlverhalten-in-ost-und-westdeutschland

gehen seltener an die Wahlurne. Man weiß, dass Arme und Gering-verdiener seltener wählen gehen als Eigentümer und Gutverdiener. Manche argumentieren, auch deshalb sei die Politik in Deutschland »sehr stark an den Interessen der Privilegierten ausgerichtet«[139]. Ostdeutsche zählen auch ausweislich ihres geringen Vermögens nicht zu dieser Gruppe, was mithin eine rationale Erklärung dafür sein kann, warum oft vergessen wird, ihre Interessen mitzudenken.

Die Motive dieser Protestwähler werden unterschätzt oder überwiegend eindimensional aus westlicher Sicht betrachtet. Selbst Wahlforscher wie Matthias Jung von der Forschungsgruppe Wahlen[140] weisen darauf hin, dass es im Osten ja viele bessere Straßen gebe als etwa im Ruhrgebiet, dass die Fassaden bunter seien in mancher Stadt. Er findet, dass die neuen Länder von massiven Geldtransfers aus dem Westen profitiert hätten, etwa durch den Solidaritätszuschlag. Das ist das bekannte Narrativ. Er blendet aus, dass der Soli auch im Osten gezahlt wurde. Und auch, dass die Einnahmen daraus nicht explizit dem Aufbau in den neuen Ländern gewidmet gewesen waren, über das Geld wurde im Bundeshaushalt frei verfügt. Und ein Wort zu den bunten Fassaden. Gewiss, sie sind schön anzusehen. Aber wer sind die Besitzer dieser Häuser?

Es stimmt ja, dass im Ruhrgebiet manche Ecke so aussieht, als sei man zurück in der DDR. Das liegt auch daran, dass mit dem Niedergang der Kohleindustrie im Ruhrgebiet vergleichbare strukturelle Umbrüche stattfinden. Der Unterschied zwischen dem Ruhrgebiet und den neuen Ländern ist allerdings, dass große Energiekonzerne wie RWE und e.on in Essen ansässig sind, was auf die gesamte Region ausstrahlt. Wo Konzerne sitzen, werden die Gewinne versteuert, profitiert die Region von den Einnahmen. Außerdem ist der Blick auf den Pott auch eine Sache der Perspektive. Wer

---

139 Dierk Hirschel, Das Gift der Ungleichheit, Dietz 2020.
140 Telefonat am 18. März 2021.

die Stadt Bochum in Gegenwart des langjährigen SPD-Abgeordneten Axel Schäfer erwähnt, muss sich auf eine gerne zwanzigminütige Liebeserklärung an die Stadt einstellen, die selbstverständlich ein Loblied auf den Wirtschaftsstandort einschließt.[141] Der aus Dortmund stammende Moderator des RBB, Jörg Thadeusz, findet dagegen, dass Recklinghausen, Mülheim oder Oberhausen inzwischen Stadtteile haben, die wie Favelas zwischen Autobahnkreuzen wirken. Nichts sei nur annähernd so schön wie der Marktplatz in Cottbus. Mit dem Abstieg von Schalke in die 2. Bundesliga könnte Gelsenkirchen das machen, was viele Gelsenkirchener schon lange vorschlagen: ihre Stadt abreißen.[142]

Man kann beide Sichtweisen nachvollziehen. Da blutet dem einen das Herz beim Gedanken an die alte Heimat, der andere will seine politischen Erfolge aufzeigen. Aber von wo man auch schaut, ein Unterschied bleibt, und das ist das Eigentum an Immobilien und Betrieben. Wer bunte Fassaden im Osten gegen verfallende Ortsteile im Westen aufrechnet, bedient nur die bekannten Stereotype, die auf den undankbaren Ostdeutschen hinauslaufen. Was nützen bunte Fassaden, wenn man die Wohnung dahinter nicht zahlen kann.

Die Besitzverhältnisse beeinflussen das soziale Klima. Selbst die Bundesbank kritisiert, dass nirgendwo in Europa Besitz so ungleich verteilt ist wie in Deutschland.[143] Die Wohneigentumsquote der ärmsten 30 Prozent der Haushalte liegt bei null, da all diese Haushalte zur Miete wohnen. Hingegen liegt die Eigentümerquote bei den reichsten 30 Prozent bei über 90 Prozent. Fast alle Haushalte in den obersten drei Dezilen sind Eigentümer, und fast alle Haushalte in den untersten drei Dezilen sind Mieter. Es gibt einen engen Zu-

---

141 Telefonat mit dem Bundestagsabgeordneten Axel Schäfer im März 2021.

142 E-Mail von Jörg Thadeusz, Januar 2021.

143 https://www.bundesbank.de/de/publikationen/forschung/research-brief/2020-30-wohneigentumsquote-822090

sammenhang zwischen Wohneigentumsquote und Vermögensungleichheit: Länder mit einer niedrigen Wohneigentumsquote (wie Deutschland) weisen auch die höchste Nettovermögensungleichheit auf.[144]

Reparaturarbeiten

Sozial- und Wirtschaftswissenschaftler halten die Frage des Eigentums – sowohl private Immobilien als auch Firmenbesitz – für die Grundfrage der weiteren Entwicklung der Regionen im Osten und die Vollendung der Einheit. Wer will, dass der Osten gesellschaftlich und demokratisch stabiler wird, muss auch ein Konzept vorlegen, wie dieser fast raubartige Vermögenstransfer repariert werden kann.

»Eigentum ist entscheidend, um wirtschaftlichen wie gesellschaftlichen Wohlstand zu entwickeln«, sagt der Wirtschaftsprofessor und Chef des Deutschen Instituts für Wirtschaftsforschung, Marcel Fratzscher.[145] Er hat im Sommer 2020 erstmals Daten über die Vermögensverteilung in Deutschland erheben lassen, in denen auch die Vermögendsten erfasst wurden. »Das Privatvermögen in Deutschland sind 10,5 Billionen Euro. Es teilt sich ungefähr in 40 Prozent Immobilien und 40 Prozent Unternehmensbesitz, der Rest sind Sparvermögen, Versicherungen und Geldanlagen. Das meiste davon liegt im Westen. Es ist dabei so, dass viele der Unternehmer und Unternehmerinnen im Osten aus dem Westen kommen oder, wenn es sich um größere Unternehmen handelt, es im Osten nur Niederlassungen oder Zweigstellen sind.«

Der an der Humboldt-Universität lehrende Soziologieprofessor Steffen Mau sagt: Eigentum bildet die Grundlage dafür, dass sich

---

144 https://www.bundesbank.de/de/publikationen/forschung/research-brief/2020-30-wohneigentumsquote-822090
145 Gespräch am 13. Februar 2021.

Wohlstand nicht nur privat entwickelt, sondern auch für die Gemeinschaft. Was ja auch Artikel 14 des Grundgesetzes impliziert. Wo Menschen in der eigenen Immobilie wohnen und wo sie Unternehmen gründen und Leute beschäftigen, haben sie ein besonders großes Interesse, dass auch das Umfeld stimmt. Sie engagieren sich deshalb stärker für die Gemeinschaft. Man bezuschusst ein Klubhaus, einen Kindergarten oder heimische Vereine. Man trifft sich im Rotary-Club, spendet an das örtliche Theater, lässt die Haltestelle überdachen, einen Park anlegen, es gibt Patenschaften, Kooperationen, Bürgertreffs. »Es macht einen Unterschied, ob die Besitzer von Immobilien in Leipzig, Mannheim oder Baden-Württemberg wohnen – oder in Leipzig selbst. Im Hinblick auf die Verantwortung für die städtische Kultur, auf die Entwicklung der Stadt, auf Netzwerke und Gemeinwohl. Das darf man nicht unterschätzen«[146], sagt Mau.

In den ostdeutschen Kommunen läuft es anders. Weil die Eigentümer von Immobilien und Unternehmen oft ganz woanders leben, bilden sich kaum soziale oder wirtschaftliche Eliten aus. Am Max-Planck-Institut in Halle an der Saale hat sich ein Direktor, der aus England zugezogen war, lange gewundert, dass er zwar fast jedes Wochenende ins Theater gegangen ist, aber nie einen Kollegen aus der Führungsebene dort angetroffen hat. Bis er herausfand: Sie pendeln in die alten Bundesländer. Einer der prominenten Pendler aus Halle ist der Virologe Alexander Kekulé, der seit 1999 den Lehrstuhl für Medizinische Mikrobiologie und Virologie der Martin-Luther-Universität Halle-Wittenberg besetzt und das Institut für Medizinische Mikrobiologie leitet. Nach einer TV-Debatte über Ferien in Corona-Zeiten wird Kekulé von einem Teilnehmer gefragt, wieso er auf die Münchner Ferienzeit Bezug genommen habe, er wohne doch in Halle? Nein, nein, wehrte Kekulé sinngemäß ab, er lebe natürlich in München. Er pendle nach Halle

---

146   Steffen Mau, Gesprächsprotokoll, 6. Januar 2021.

und erwähne das mit, damit der Osten »auch mal glänzen« könne.[147]

So wie Kekulé pendeln auch 30 Jahre nach der Wende noch Zigtausende: Lediglich ein Drittel der Chefs der 100 größten Unternehmen im Osten sind Einheimische, knapp 15 Prozent der Chefs an den größten Hochschulen und Universitäten kommen aus Ostdeutschland. Das erklärt, warum es kaum gelingt, im Osten die im Westen selbstverständliche lokale bürgerliche Kultur auszubilden. Wegen der Pendler und auch, weil sie kein Wirtschaftsbürgertum in dem Sinne haben. Gehobene soziale, kulturelle und wirtschaftliche Schichten, die als Eliten ihre Stimme erheben könnten, sind unterentwickelt.[148] Wenn die Eigentümer woanders wohnen, dann ist das Eigentum vor allem ein Investment, bei dem die Rendite im Vordergrund steht. Der gesellschaftliche Raum liegt brach. Rechtsextreme und Rechtsnationale mit vermeintlichen alternativen Angeboten haben wenig Mühe, da hineinzustoßen.

Der Fehler im Einigungsvertrag

Bei Eigentum im Osten steht die Rendite im Vordergrund. Das hat strukturelle Gründe, die im Einigungsvertrag so angelegt worden sind. Wenn Bundeskanzlerin Angela Merkel 30 Jahre nach dem Mauerfall sagt, »bei manchem, von dem man gedacht hat, dass es sich zwischen Ost und West angleichen würde, sieht man heute, dass es doch eher ein halbes Jahrhundert oder länger dauert«, dann hat das auch damit zu tun, dass bei der Frage des Eigentums im Einigungsvertrag schwerwiegende Fehler gemacht worden sind. Einer der gravierendsten war, dass die Verhandler beim Verkauf von Immobilien und Fabriken nicht die Lage der Menschen

---

147 Anne Will, ARD, Frühling 2020.
148 Steffen Mau, Gesprächsprotokoll, 6. Januar 2021.

berücksichtigt haben, die gerade noch in einer sozialistischen Diktatur gelebt hatten: Fast alles war Eigentum des Volkes gewesen, privater Besitz verpönt, Geld nicht so bedeutend, Kredite nahezu unbekannt. Vom 4. Oktober 1990 an galt gewissermaßen das Gegenteil.

Zu den Fragen, die sich der damalige Verhandlungsführer Wolfgang Schäuble bis heute nicht ganz beantwortet hat, gehört die, warum den Ostdeutschen keine Übergangszeit eingeräumt wurde, um das neue System zu lernen und sich zurechtzufinden. Dabei war es damals wie heute völlig normal, großen Konzernen Übergangsfristen einzuräumen, wenn sie neue Regeln einführen müssen, man denke nur an die Abgasnormen für Kraftfahrzeuge. Oder ein weitreichendes Steuergesetz wie die Reform der Grundsteuer[149], einer den Städten und Gemeinden zufließenden Steuer auf Grundbesitz, mit fünf Jahren Vorlauf zu beschließen. Und sogar da noch den Lobbyisten zu ermöglichen, größtmögliche Freiheiten durchzusetzen. Bayern setzte bei den Verhandlungen eine Öffnungsklausel durch, die es ermöglichen könnte, dass das Bundesland gar keine Grundsteuer erheben müsste. Besitz und Vermögen werden geschont.

Aber damals, 1990, gab es für 17 Millionen Ex-DDR-Bürger überhaupt keine Übergangsfrist. Keine KfW-Sonderkredite. Keine Zuschüsse, nichts, was sie befähigt hätte, die Veränderungen aktiv anzugehen und nicht ihnen folgen zu müssen. Ich frage nach bei Wolfgang Schäuble während der Recherche zu diesem Buch, ob damals bei der Verteilung des Eigentums vielleicht Fehler gemacht wurden, die man heute vorsichtig korrigieren sollte? Der Bundestagspräsident hat dazu eine Meinung, die er nicht gedruckt lesen will. Die aber wenig überraschend wäre.

---

149 https://www.bundesfinanzministerium.de/Content/DE/FAQ/2019-06-21-faq-die-neue-grundsteuer.html

Mitte September 2020 haben Forscher der FU Berlin, des ZEW Mannheim und des ifo-Instituts München eine Bilanz[150] vorgelegt, wie viel Vermögen der Osten nach der Wiedervereinigung verloren hat. Demnach verkaufte die Treuhand bei der Privatisierung der ostdeutschen Unternehmen produktivere Firmen häufiger und rascher für mehr Geld und »mit höherer Wahrscheinlichkeit« an westdeutsche Investoren. »Gerade produktive DDR-Firmen blieben seltener in ostdeutschem Eigentum«, konstatieren die Wissenschaftler. Als die Treuhand 1995 ihre Arbeit weitgehend abgeschlossen hatte, »fanden sich rund 51 Prozent der Firmen, 64 Prozent der Umsätze und 68 Prozent der Arbeitsplätze aus den in der Stichprobe analysierten DDR-Staatsunternehmen in mehrheitlich westdeutscher Hand«.

Auch diese Forscher betonen, dass es »von großer Bedeutung für die weitere Entwicklung der wirtschaftlichen Situation in den Gebieten der ehemaligen DDR« gewesen sei, »an wen die von der Treuhand privatisierten ehemaligen Staatsunternehmen verkauft wurden«. Trotzdem ging das staatliche Eigentum der DDR vornehmlich in westdeutsche Hände über. Warum? Weil alte Netzwerke und das nötige Geld die entscheidenden Faktoren waren. »Westdeutsche Investoren verfügten zum Zeitpunkt der Wiedervereinigung über mehr und besseren Zugang zu Finanzkapital, waren erfahrener in der Führung marktwirtschaftlich orientierter Unternehmen und relativ zu möglichen Investoren aus dem Osten Deutschlands wahrscheinlich auch wirtschaftlich und politisch besser vernetzt.« Schlussendlich aber, so die Forscher, habe die Treuhand schlicht rentablen »Firmenbesitz von Ost nach West« verschoben. Und der Rest wurde von der Konkurrenz beseitigt.

Die Treuhand war 1990 gegründet worden, um die DDR-Betriebe zu privatisieren oder abzuwickeln, sprich: zu schließen. Getrieben

---

150 https://www.ifo.de/DocDL/sd-2020-09-mergele-etal-treuhandanstalt-bestandsaufnahme.pdf

vom um sich greifenden Geist des Neoliberalismus und einer Goldgräberstimmung, legte sie ein atemberaubendes Tempo vor. Von 8 500 volkseigenen Betrieben im Sommer 1990 waren binnen vier Jahren nur 601 nicht auf einen der beiden Wege gebracht worden. Zwei Drittel wurden verkauft, der Rest wurde dichtgemacht. Von einst vier Millionen Arbeitsplätzen blieb eine Million übrig. Der Historiker Marcus Böick hat über die Arbeit der Treuhand seine Dissertation geschrieben und konstatiert eine »immense Schockwirkung für die ostdeutsche Gesellschaft«[151].

Dieser beispiellose Transfer von Vermögen ist weder politisch noch gesellschaftlich aufgearbeitet worden. Er trägt dazu bei, dass Debatten wie die über wachsende Ungleichheiten und die Versprechen der Politik, etwas dagegen zu tun, vielen Menschen im Osten nicht glaubwürdig erscheinen. Er trägt dazu bei, dass sie traditionellen Volksparteien nicht besonders trauen, dass die Parteienbindung loser ist als im Westen. Das schlägt sich auch im Wahlverhalten nieder. Im thüringischen Eichsfeld, wo einst Kali-Kumpel in den Hungerstreik gingen, um ihre Grube zu retten, liegt die AfD bei 20 Prozent.

Mehr als die Hälfte der Fläche Ostdeutschlands wurde nach der Wiedervereinigung neu verteilt. Volkseigentum wurde an Alteigentümer übertragen oder verkauft, die neuen Besitzer hatten Geld, Bonität und das Wissen, um Grundstücke, Häuser, Firmen zu erwerben, das zeigt auch eine Bilanz des MDR. Der Besitzerwechsel im ganz großen Stil hat die Verhältnisse im Osten auf Jahrzehnte zementiert. Er macht die Region auf Jahrzehnte ärmer und strukturschwacher.

Was das praktisch bedeutet, zeigt sich in der Pandemie. Vor allem die großen Industriebetriebe und *Hidden Champions* im Wes-

---

151 https://www.bmwi.de/Redaktion/DE/Publikationen/Studien/wahrnehmung-bewertung-der-arbeit-der-treuhandanstalt-lang.pdf?__blob=publicationFile&v=24

ten profitieren vom Kurzarbeitergeld, von der zeitlich befristeten Senkung der Mehrwertsteuer und den Wirtschaftshilfen.[152] Wer Gewerbeimmobilien vermietet hat, bekommt die als Zuschüsse an die Mieter gezahlten Wirtschaftshilfen weitergereicht. In den nächsten Jahren wird mehr und mehr sichtbar werden, dass die Mietergesellschaft im Osten den woanders lebenden Besitzern die Zusatzrente im Alter zahlt – sofern nicht eine Bundesregierung sich des Problems annimmt. Es ist ein permanenter Vermögenstransfer aus den neuen in die alten Länder. Im Osten wird also nicht nur weniger verdient, es wird auch weiter umverteilt.

Nach der Wiedervereinigung hatten Bürger 800.000 Anträge auf die Rückgabe von Grundstücken und Häusern im Osten gestellt, fast 160.000 Widersprüche wurden eingelegt, oft gingen die Fälle durch alle Instanzen. Der politisch gewollte Grundsatz »Rückgabe vor Entschädigung« habe sich als juristisches, vor allem aber als menschliches Problem erwiesen, berichtet der MDR. Zurückgeblieben sei »ein gesellschaftliches Schlachtfeld, auf dem meist der Westen gegen den Osten, vor allem aber Groß gegen Klein siegte«.[153]

Neu erfinden ohne Kapitalbasis

Wenn man den von Wolfgang Schäuble federführend verfassten Einigungsvertrag und das Versprechen des damaligen Bundeskanzlers Helmut Kohl nach blühenden Landschaften nebeneinanderlegt, entsteht im besten Fall der Eindruck, dass der eine nicht wusste, was der andere tat. Kohl versprach blühende Landschaften und Wohlstand. Rückblickend heißt es in seinem Umfeld, er habe sich vorgestellt, dass so, wie die BRD nach 1949 aufgebaut wurde,

---

152 DIW-Chef Marcel Fratzscher, Gesprächsnotiz.
153 https://www.faz.net/aktuell/feuilleton/medien/tv-kritik/mdr-zeigt-doku-wem-gehoert-der-osten-13675380.html

der Westen es auch mit der DDR schaffen werde. Das aber sei naiv gewesen, weil die Lage 1990 eine völlig andere gewesen sei als die nach dem Krieg. Nach dem Krieg war alles zerstört. Die Wiedervereinigung sei wirtschaftlich gesehen auf weitgehend integrierte und saturierte Märkte mit hartem Wettbewerb getroffen. Schäuble ließ über die Verteilung des Eigentums von Ost nach West Strukturen festschreiben, die dem Westen langfristig Wettbewerbsvorteile gegenüber den neuen Ländern sicherten. Der Transfer des Besitzes an Immobilien, Land und Betrieben machte es den Ostdeutschen in einem Umfeld, in dem Eigentum und Vermögen die Grundlagen allen Wohlstands sind, unmöglich, aus sich heraus blühende Landschaften zu erschaffen. Schäuble hängte den Osten für viele Jahre an den Tropf des Westens. Man baute drüben verlängerte Werkbänke auf und zahlte Transferleistungen für den Aufbau Ost, für die man Dank und Schweigen erwartete.

30 Jahre nach der Wende kann man sehen, dass es nicht funktioniert hat. Man weiß heute, dass die Ursachen für die Unterschiede in Mecklenburg und Sachsen-Anhalt gegenüber Schleswig Holstein oder dem Saarland auch in der Eigentumsverteilung nach der Wende zu suchen sind. Was dieses Problem so politisch auflädt, ist die Stabilität dieser Strukturen, die sich über Generationen so erhalten werden. Und dass natürlich die damaligen Käufer und Investoren aus ihrer Sicht ganz legale Geschäfte gemacht haben. Im Vertrauen in den Rechtsstaat und ihre marktwirtschaftlichen Erfahrungen in der alten Bundesrepublik haben Westdeutsche im Osten Häuser und Unternehmen gekauft. Man hat investiert nach den geltenden Regeln, jedenfalls überwiegend. Daran ist nichts Verwerfliches, jedenfalls dann nicht, wenn man moralische Fragen wie die ausblendet, ob es wirklich Geschäfte auf Augenhöhe waren. Gäbe es heute eine Debatte darüber, könnte das bei den damaligen Käufern Ärger und Wut auslösen und neue gesamtdeutsche Wunden aufreißen. Aus ihrer Sicht entstünden neue Ungerechtigkeiten, die zwangsläufig politische und gesellschaftliche Debatten auslös-

ten. Das ist eine Erklärung dafür, weshalb es bisher keine große Eigentumsdebatte gegeben hat. Das Schweigen befördert allerdings kaum das Zusammenwachsen des Landes.

Der Ostbeauftragte Marco Wanderwitz wischt die Frage danach wie mit dem Hemdsärmel ab. Er macht eine bekannte Rechnung auf: Milliarden hätten westdeutsche Steuerzahler für die Sanierung der ostdeutschen Wirtschaft bezahlt, sagt er. Milliarden zahlten westdeutsche Beitragszahler für die ostdeutschen Renten. Es ist der bekannte eindimensionale Holzschnitt, aus dem die Ost-West-Debatte bisher gemacht ist – unvollständig und teils ideologisch. Die Rechnung mit den Rentenkosten ist unvollständig. Längst zahlt der Staat die großen Zuschüsse zur Rentenkasse, mehr als 100 Milliarden Euro jährlich. Dass aus dem Osten weniger Beiträge kommen, liegt freilich auch daran, dass die Arbeitnehmer weniger verdienen und es wenige große Betriebe gibt.

Mehr Ehrlichkeit und mehr Mut zu ungewöhnlichen Lösungen täten dem deutsch-deutschen Verhältnis gut. Es stimmt, dass westdeutsche Steuerzahler für die Sanierung mitzahlen mussten, ebenso wie die ostdeutschen. Das eigentliche Problem aber ist ein anderes. Weder der westdeutsche noch der ostdeutsche Steuerzahler haben etwas vom ostdeutschen Volksvermögen bekommen – das, wie jetzt anhand neuer Dokumente aus Treuhand-Archiven bekannt geworden ist, eben nicht im Minus gelegen hatte. Das Vermögen wurde privatisiert oder abgewickelt, die Gewinne flossen in private Hände – und die Verluste aus der Sanierung wurden sozialisiert. Der Mauerfall fiel ja in eine Zeit, zu der der Neoliberalismus seinen weltweiten Siegeszug feierte. Ronald Reagan und Margaret Thatcher privatisierten alles, was sich verkaufen ließ. Wenn man sich den Ausverkauf Ostdeutschlands durch die staatliche Treuhand vor diesem Hintergrund anschaut, erscheint die Privatisierungswut von damals in einem ganz neuen Licht. Dann haben die Menschen in den neuen Ländern zehn Jahre früher schon mal vorab durchgemacht, was bundesweit unter der rot-grünen Regierung fortgesetzt wurde: Deregulierung und Privatisierung. Auch Schröders Vorbild kam aus London, es war der britische Premierminister Tony Blair. Blair ließ nicht nur die City[154] von der Leine, sondern privatisierte auch das Gesundheits- und das Bildungswesen.

Das heißt nicht, dass die Bundespolitik gar nichts tun könnte, um es den Ostdeutschen (und im Prinzip bundesweit allen Regionen mit niedriger Eigentumsquote) zu ermöglichen, Eigentum aufzubauen und damit die gesellschaftlichen Strukturen zu festigen.

Korrekturen und Visionen

Die nach der Wende zementierten Eigentumsverhältnisse haben die Ostdeutschen strukturell benachteiligt. Diese Ungerechtigkeit könnte über zusätzliche Möglichkeiten zur Schaffung von Eigentumsverhältnissen oder der aktiven Beteiligung an genossenschaftlichem Eigentum ausgeglichen werden. Ostdeutschland könnte dabei sogar Vorreiter des internationalen *Purpose*-Trends[155] in Deutschland werden. Diese Bewegung, die parallel zur Klimabewegung *Fridays for Future* entstanden ist, will Eigentum »neu denken« und die Wirtschaft grundlegend umbauen. Neue Unternehmen sollen nicht mehr gegründet werden, um möglichst viel Profit zu machen, sondern um Mensch und Gesellschaft zu dienen. Unternehmen sollen alternativ finanziert und eigenverantwortlich betrieben werden sowie dauerhaft unabhängig einem sinnhaften Zweck dienen. Als sinnhaft wird alles bezeichnet, was hilft, dass Menschen nachhaltig zusammenleben und die Umwelt schonen. Was einem dazu einfällt? Etwa Genossenschaften in strukturschwachen Gegenden wie der Lausitz (und im Ruhrgebiet), die alternativ finanziert und betrieben werden. Zu Genossenschaften schließen

---

154 Als City wird der Finanzplatz London bezeichnet, einer der größten weltweit.
155 https://purpose-economy.org/de/who-we-are/

sich Menschen zusammen, die gemeinsam einer Erwerbstätigkeit nachgehen oder ein Geschäft betreiben wollen – beispielsweise einen Dorfgasthof, einen Bauernhof oder ein Wohnungsprojekt. Dabei geht es oft auch um den sozialen Zusammenhalt. Genossenschaften sind beliebt, wenn mehrere Leute gemeinsam ein Projekt bauen und finanzieren wollen. Die Finanzierung wird über Genossenschaftsanteile realisiert. Je nach Höhe der Anteile müssen die Mitglieder Eigenanteile einbringen. Der gesamte Eigenanteil liegt in der Regel bei einem Drittel der Gesamtkosten. Der Rest wird über Kredite aufgenommen und/oder staatliche Zuschüsse. Über die eigenen Anteile wird sichergestellt, dass alle Verantwortung für das Projekt übernehmen.

Neben den sinnhaften Unternehmen hat selbstgenutztes Wohneigentum eine enorme Bedeutung. Es bringt Verantwortung mit sich, schafft eine bessere Beständigkeit in Krisen, macht stolz auf die eigenen vier Wände und die Bürger weniger abhängig von sich plötzlich ändernden Lebensumständen wie dem Verlust des Jobs. Besitz gibt eine Perspektive.

Würden mehr Bürger in den neuen Ländern zu Eigentümern, würde das auch die Stimmung in der deutsch-deutschen Wohngemeinschaft deutlich heben. Die ungleiche Vermögensverteilung erzeugt ja bisher den dauerhaften Unterschied zwischen Ost und West. Weil die Westdeutschen mehr Immobilien und Unternehmen besitzen, sind ihre Einkommen höher. Weil sie vermögender sind, vererben sie auch mehr, was den Kreislauf wie eine Spirale weiter fortführt. Zugleich zahlt der ostdeutsche Mieter – ich pointiere hier – die private Zusatzrente an die westdeutschen Eigentümer. In der Boom-Stadt Leipzig wird nur jede achte Wohnung vom Eigentümer bewohnt.[156] Es ist im System angelegt, dass der Osten auf

---

156 https://www.immobilienmanager.de/ostdeutschland-eigentum-immobilien-preise-eigentumsquote/150/79178/

Dauer weniger wohlhabend sein wird und dass sich die Kluft noch verschärft. Man kann aber auch dagegensteuern. Wie? Es gibt mindestens drei Möglichkeiten, die im Folgenden beschrieben werden.

Vorkaufsrecht

Der Soziologe Steffen Mau sieht im Vorkaufsrecht für Mieter in Immobilien zur Selbstnutzung einen zentralen Hebel, um langsam Lebensverhältnisse anzugleichen, ohne dass über ein neues Steuersystem eine große Umverteilung mit neuen Ungerechtigkeiten geschaffen würde. »Der wichtigste Vermögensposten ist ja die selbstgenutzte Immobilie. 60 Prozent des gesamten Haushaltsvermögens macht das aus. Man könnte überlegen, wie man die Ostdeutschen dazu befähigen kann, Eigentümer zu werden. Man hat ja damals diese DDR-Wohnungsbaugenossenschaften verkauft, als das gesamte Tafelsilber veräußert wurde. Aber es ist noch nicht alles verkauft, in Rostock beispielsweise gibt es eine große Wohnungsbaugesellschaft, man könnte theoretisch diese Wohnungen an die Ossis darin verkaufen. Das hat Margaret Thatcher gemacht, indem sie *Country Houses* verkauft hat, 1,5 Millionen Wohnungen, da hat sie Leute mit kleinem Portemonnaie zu Eigentümern gemacht, natürlich, um die Wahl zu gewinnen und die Leute in Kapitalisten zu verwandeln, aber es ist natürlich ein Grundstock. Diese Wohnungen sind alle unterhalb des Marktwertes verkauft worden. Um Eigentumsbildung zu ermöglichen. Ostdeutschland ist ja nach wie vor eine Mietergesellschaft, und ich finde, das ist eigentlich die probateste Möglichkeit nach wie vor, den verbliebenen städtischen Wohnungsbesitz und die Wohnungen der Gesellschaften zu verkaufen.

Privatisierung ist kein Allheilmittel, aber es würde den Menschen helfen, Vermögen zu bilden. Dann zahlen sie nicht die Miete, sondern einen Kredit ab in derselben Höhe. Das würde schon helfen, gerade in mittleren und größeren Städten, in Ostdeutschland gibt es auch stark steigende Mieten, die Leute in Angst und Schrecken versetzten, in Jena, Magdeburg, Rostock. Und es würde den Älteren ermöglichen, ihren Kindern was zu hinterlassen, denn die Jüngeren erben ja fast gar nichts.

Steuerliche Anreize zur Finanzierung und zur Abzahlung würden indirekt eine Umverteilung in Gang setzen, sie wären weniger konfliktträchtig. Man würde die Leute jedenfalls nicht so als mittellose reine Erwerbstätige und Rentenbezieher hinstellen, sondern als Leute, die auch ein breiteres Einkommensbudget oder Portfolio hätten und die Möglichkeit, im höheren Alter auch Hypotheken aufzunehmen oder Rententeilzahlungen zu machen als Form der Altersvorsorge. Man würde sie an den westdeutschen Standard ranführen. Dafür kann man die Menschen begeistern. Es ist ja eine der zentralen Klagen, dass sie nichts oder nur wenig haben, gerade so über die Runden kommen. Im Osten müssen die Kinder oft die Alten unterstützen. Das Eigentum würde die Leute mit Selbstbewusstsein ausstatten, wenn sie wüssten, ich wohne in meiner eigenen Wohnung. Und statt einer Miete zahle ich einen Kredit ab. Aber irgendwann gehört mir das oder wenigstens teilweise und dann können die Kinder weitermachen.«

Genossenschaften als Variante der *Purpose*-Bewegung

Auch für Marianne Birthler ist Wohneigentum *eine* Möglichkeit, Ungleichheiten zu beheben. Sie weist aber darauf hin, dass nur ein Teil der Menschen die Möglichkeit dazu haben wird. Birthler findet es deshalb »absolut notwendig«, Genossenschaften zu fördern. »Genossenschaften können zu günstigen Konditionen bauen und so einen Genossenschaftsanteil bieten, den können sich viele leisten, die sich gar keine eigene Wohnung leisten können.«

Marianne Birthler hat sich bereits umgeschaut und Fakten geschaffen: Sie hat ihren Enkelkindern Anteile geschenkt an Genossenschaften. Und festgestellt, dass es einen regelrechten Run darauf gibt. »Da gibt es jetzt einen regelrechten Anmeldestau. Ich musste für zwei meiner Enkelkinder ganz lange warten, bis die überhaupt Mitglied werden konnten. Diese Gedanken machen sich nämlich viele. Dann hat man keine Sorgen, kann immer anständig wohnen zu einer normalen Miete und wird nie gekündigt. Und man kann innerhalb der Genossenschaft umziehen. Für mich ist das fast ideal. Meine Enkel haben jetzt im Beamtenwohnungsverein einen Anteil. Für mich ist es beruhigend, zu wissen, dass sie nach einer Wartezeit von vier, fünf Jahren dort eine Wohnung beantragen können. Wenn es davon genug Möglichkeiten gäbe, wäre das mit dem Eigentum nicht mehr so relevant.«

Wenn man eines im Osten nicht mehr will, dann ist es, auf einen Investor zu warten wie auf einen Reiter auf einem goldenen Pferd. Die Treuhanderfahrungen wirken nach, man hat daraus gelernt, dass es am besten ist, die Dinge selbst in der Hand zu behalten. Und so ist der Trend zu beobachten, dass Bürger in den neuen Ländern versuchen, die sozio-ökonomischen Strukturen von unten wieder aufzubauen. Neben den klassischen Wohnungsbaugenossenschaften hat die Gesellschaft Rohnstock-Biografien, die in Jena und Berlin betrieben wird und die Erzählsalons betreibt, eine Genossenschaftsinitiative geplant, um in den strukturschwachen Gebieten der Lausitz oder abgelegenen Regionen die Bildung von sozio-ökonomischen Zentren zu fördern. So können die Bürger mit staatlicher Anschubfinanzierung und eigenen Mitteln selbst das wiederaufbauen und betreiben, was sie vermissen – und an die Zeit anpassen. Dorfläden mit integriertem Dorfkaffee oder Paketdienst. Dorfgaststätten als die Mitte eines Ortes, Mehrgenerationen-Wohnhäuser oder Jugendherbergen und Pensionen. Rohnstock will 15 Projekte starten und aus dem staatlichen Förderprogramm »STARK« finanzieren lassen. Der erste Landkreis, der mitmachen will, ist Oberspreewald-Lausitz – im Kohleausstiegsrevier.

Das Modell Mietkauf

DIW-Chef Marcel Fratzscher plädiert ebenfalls für mehr Eigentum im Osten. Steuerliche Anreize hält er dafür aber nicht für ausreichend. Er kritisiert, dass das »völlig verzerrte deutsche Steuersystem« es grundsätzlich schwer mache, Eigentum zu bilden. »Es gibt kaum ein Land, das Einkommen auf Arbeit stärker besteuert und Einkommen aus Vermögen geringer besteuert als Deutschland. Das macht es wahnsinnig schwer, über Arbeit Vermögen aufzubauen. Aber die Leute, die Vermögen haben, werden steuerlich geschützt.«

Ein weiteres Problem seien die Erbschaften. »Unternehmenserbschaften werden in den allermeisten Fällen gar nicht besteuert. Alle zehn Jahre kann man Schenkungen im Wert von 400.000 Euro machen. Preisgewinne auf Immobilien werden, wenn Eigentümer die Immobilie über zehn Jahre halten, überhaupt nicht besteuert. Auch wenn sie den doppelten Preis bekommen, zahlen sie null Steuern. Jetzt kann man über Gerechtigkeit streiten, aber es ist auch wirtschaftlich nicht besonders sinnvoll, weil es die Anreize für Arbeit minimiert und passives Vermögen bevorzugt.«

Was der klassischen Vermögensbildung im Osten entgegensteht, sind die geringen Einkommen. Im Jahr 2019 hatte das DIW deshalb das Modell des Mietkaufs entwickelt. »Das Problem vieler Menschen mit geringem Einkommen ist ja, wenn sie eine Wohnung kaufen wollen, müssen sie Grundkapital haben. Sie brauchen ja 20 bis 30 Prozent Eigenkapital. Das hindert viele in der Mittelschicht daran, Eigentum zu erwerben, weil sie das gar nicht haben. Die Idee des Mietkaufs ist, dass der Staat für dieses Grundkapital einsteht. Er ermöglicht den Menschen, die Wohnung zu erwerben. Und über eine Art Miete, die sie monatlich zahlen, die ein bisschen höher ausfällt, als wenn sie zur Miete wohnten, zahlen sie das Geld zurück. Es ist eine Art zinsfreies Darlehen des Staates. Das wäre ein Weg, Eigentum zu schaffen. Letztlich steht und fällt er aber auch mit dem Einkommen. Menschen im Niedriglohnbereich, und wir

haben in Deutschland extrem viele Menschen im Niedriglohnbereich, über zwanzig Prozent verdienen weniger als 12 Euro die
Stunde und ganz, ganz viele wohnen davon im Osten. Wie soll ich
mit 12 Euro brutto in Vollzeit mir irgendwann mal eine eigene Wohnung leisten können? Deshalb ist das Einkommen so wichtig. Ja,
der Staat kann helfen und er sollte helfen, die Strukturen zu ändern.
Aber dazu braucht es eben auch die entsprechenden Einkommen.«

Die Ungleichheit beeinflusst auch das Wahlverhalten, sagt Fratzscher. Dort, wo junge Menschen weggehen, weil sie keine Perspektive sehen, wird verstärkt AfD gewählt, das habe man bei den Wahlen zwischen 2017 und 2019 gesehen. »Aber nicht unbedingt dort,
wo die Arbeitslosigkeit am höchsten ist und das Pro-Kopf-
Einkommen am niedrigsten. Es sind nicht die ganz harten ökonomischen Faktoren, sondern fehlende Wertschätzung, das Gefühl,
abgehängt zu werden, Perspektivlosigkeit. Wer ist mein Bürgermeister? Wer leitet die Bank? Wer ist der Eigentümer des Unternehmens,
für das ich arbeite? Wenn das alles Menschen von woanders sind,
entsteht das Gefühl, es gibt eine Zweiklassengesellschaft. Die Frage
von Führungspositionen, Vorbilder, Identifikation spielt eine ganz
wichtige Rolle. Dreißig Jahre nach dem Mauerfall gibt es da noch zu
große Unterschiede.«

Erbfolgen

Mitten im Lockdown veröffentlicht das Deutsche Institut für Wirtschaftsforschung (DIW) Anfang Februar 2021 den 5. Wochenbericht, er findet in der aufgeregten Corona-Zeit wenig Beachtung,
obwohl sich die Wissenschaftler mit einem brisanten Thema beschäftigt haben: dem Erben in Deutschland. Erbschaften machen
vor allem Vermögende noch reicher, lautet der Befund, die Hälfte
aller Erbschaften und größeren Schenkungen geht an die obersten
zehn Prozent der Begünstigten, vor allem bereits Vermögende
erben am häufigsten und die höchsten Summen. So weit, so erwart-

bar. Ostdeutsche erben seltener und deutlich kleinere Beträge. Die durchschnittliche Erbschaft beträgt im Osten Deutschlands rund 52.000 Euro, im Westen liegt sie dagegen bei 92.000 Euro.[157] Erbschaften vergrößern der Studie zufolge die Vermögensdifferenzen und verschärfen damit die absolute Ungleichheit. »Zwar sinkt mit Erbschaften die relative Ungleichheit. Das ist wenig verwunderlich, denn wenn eine Person stirbt, überträgt sie ihr Vermögen oft auf mehrere Erben, wodurch es auf mehrere Personen umverteilt wird«, erklärt Studienautor Markus M. Grabka. »Doch gleichzeitig wird der Abstand beim Vermögen zwischen denen, die erben, und denen, die leer ausgehen, immer größer.« Die erwartete Erbschaftswelle, zwischen 2015 und 2024 werden geschätzt 3000 Milliarden Euro vererbt, wird die absolute Vermögensungleichheit weiter verschärfen. Um das zu verhindern, schlagen die Autoren vor, dass die Politik beispielsweise verhindern solle, dass das Vererben großer Vermögen mit der Zehnjahresfrist zeitlich gesplittet werden kann. Interessant ist aber auch dieser explizite Hinweis: »Dem Osten nutzt das nichts. Hier braucht es andere Maßnahmen.«[158] Wer im Wahlkampf im Osten punkten will, könnte ja – wie der Thüringer CDU-Spitzenkandidat Mario Voigt – einen Eigentumsplan Ost vorschlagen.

Marianne Birthler blickt aus eigener Erfahrung auf das Thema. »Wenn erzählt wird, wie viele Milliarden Euro jedes Jahr vererbt werden, frage ich mich, wie sich das in ostdeutschen Ohren anhört. Ich hatte ja Glück nach 1990, habe gut verdient und konnte mir eine Wohnung kaufen. Sie ist meine Sparbüchse, in die zahle ich immer noch ein. Sie wird das Einzige sein, das meine Kinder kriegen. Es war ja eine verschwindende Minderheit, die 1990 größere Rücklagen hatte. Meine Mutter hatte in der Markthalle am Alex einen Schnapsladen. Wenn sie den im Westen gehabt hätte, hätte sie

---

157 5. Wochenbericht des DIW vom 3. Februar 20 021.
158 Studienautor Markus M. Grabka.

sicher was angesammelt oder sich eine Wohnung gekauft. Und das ist sicher bei vielen so.

Man kann dagegenhalten, es soll sich doch jede Generation ihr Geld selber verdienen, Erbschaft an sich ist ja schon was Ungerechtes. Warum sollen die einen was kriegen, wofür sie nicht gearbeitet haben und die anderen nichts? Aber das stimmt ja auch nicht so ganz. Die Eltern meinen es ja gut. Sie haben den Wunsch, ihren Kindern etwas zu hinterlassen.«

Politische Steuerungsmacht

In der Demokratie entscheiden Mehrheiten – und die hat der Osten nicht. Die Folgen sind eine ungerechte Steuerverteilung, wenig Einfluss in Sendeanstalten und Verlagen. Im Bundesrat haben sich die alten Länder eine verfassungsgebende Mehrheit gesichert.

Von der Macht einer Minderheit

In der vorletzten Aprilwoche 2021 präsentiert die CDU in Sachsen-Anhalt das Wahlplakat »Der Richtige in schwierigen Zeiten«. Darauf zu sehen ist Reiner Haseloff, Regierungschef in Sachsen-Anhalt. Der nach Volker Bouffier (CDU) und zusammen mit Winfried Kretschmann (B90/Grüne) am längsten amtierende Ministerpräsident Deutschlands schaut so ernst und staatstragend, wie er nur kann, schließlich will er ja der Fels in der Brandung sein, der die AfD verhindert und auch ein Linksbündnis.

Haseloff ist einer vom alten Schlag. Einer aus der Generation Angela Merkel. Er ist praktisch gleichzeitig mit Angela Merkel in die Politik gekommen, seit 2011 Ministerpräsident und ähnelt ihr mehr, als man denkt. Er ist wie sie 1954 geboren, kommt aus einem kirchlichen Umfeld. Beide sind in der CDU. Auch er hat Physik studiert – und ist damit trainiert in strukturiertem Denken wie die Kanzlerin. Und auch sonst ist die ostdeutsche Sozialisation zu spüren: Haseloff wird nicht panisch, er hat Ausdauer und ein Gespür für Stimmungen. In wirklichen Krisen greift er konsequent durch. Als seine Kenia-Koalition zu zerbrechen drohte, hat er zähneknirschend seinen besten Minister Holger Stahlknecht entlassen und eine bundesweit beschlossene Erhöhung der Rundfunkbeiträge blockiert, statt seine Landesregierung aufzugeben. Die Landesregierung ist ein Bollwerk gegen die von ganz rechts.

Auf das eingeübte Prinzip, dass der Osten am besten zu machen hat, was andere vorgeben, hat Haseloff schon lange keine Lust mehr. Im Prinzip steht Haseloff pars pro toto für die neuen Länder: Man unterschätzt ihn leicht. Dazu trägt sicher bei, dass er noch die ostdeutschen Codes benutzt, die im Westen komisch klingen mögen: Er sagt »Penne«, wo andere Gymnasium sagen. Er erzählt von seinem Sohn, der nach »der Fahne«[159] nach Bayern zum Studium gegangen ist. Jenseits des Geplänkels aber hat er eine ernste Botschaft: »Wir müssen als Umbruchgeneration jetzt den Mund aufmachen und was schaffen.«[160]

Dass er aber explizit so betont, den Mund aufmachen zu wollen, hat noch einen Grund: Da ist so ein Ost-West-Ding, das er gelöst haben will. In Haseloffs Fall betrifft das zwei konkrete Vorhaben und ein Ärgernis. Die Vorhaben, das sind eine Steuerangelegenheit und die Reform des öffentlich-rechtlichen Rundfunks – und das Ärgernis ist eine kaum bekannte Klausel im Grundgesetz, die manche »Notfallklausel« nennen. Haseloff bohrt an einigen der dicken Bretter, die über den Einigungsvertrag in den neuen Ländern eingezogen worden sind und deren Entwicklungsmöglichkeiten wenn nicht verbauen, so doch erheblich erschweren. Haseloff ist beharrlich dabei, das zu ändern. Manche mögen ihn belächeln, weil sie glauben, dass er selbst zusammen mit den anderen neuen Ländern

---

159 Ostdeutsch für: nach dem verpflichtenden Grundwehrdienst.
160 Schalte mit Reiner Haseloff im März 2021.

keine politische Durchsetzungsmacht hat, jedenfalls rein rechnerisch. Wie lange der Haseloff wieder geredet habe, hat man oft gehört in der Pandemie nach den Ministerpräsidentenkonferenzen. Das ficht ihn nicht an, im Gegenteil. Er hat im Laufe der Jahre bewiesen, dass man seine Beharrlichkeit und sein Gespür für Stimmungen nicht unterschätzen sollte. Er weiß nicht nur, dass Unerwartetes passieren kann. Er hat auch eine sensible Antenne dafür, wie vermeintliche Minderheiten plötzlich anwachsen und zu Mehrheiten werden können, die Regierungen stürzen. Er war 1989 dabei bei den revolutionären Anfängen in den Kirchengemeinden der DDR.

Haseloff schaut auch so ernst auf dem Plakat, weil er Entschlossenheit zeigen muss. Erst die Landtagswahl im Juni, dann die Bundestagswahl im September. Die CDU tritt nicht gegen eine andere demokratische Partei als Hauptgegner an, sondern gegen die Rechtsextremen im Land. Einige aus der CDU fänden es nicht so schlimm, mit den Rechten zusammenzuarbeiten. Haseloff will das verhindern. Am Wahlabend erhält er für diesen Kurs mehr als 37 Prozent der abgegebenen Stimmen. Das stärkt ihn in der eigenen Partei gegen jene, die eine Zusammenarbeit mit der AfD nicht ganz ausschließen. Haseloff hatte auch auf Hilfe aus der Bundespartei gesetzt, um die Wackeligen in den eigenen Reihen zu überzeugen, vor allem: Friedrich Merz. Der Sauerländer war viel durch die Regionen des Ostens gereist, als er versucht hatte, Vorsitzender der CDU zu werden. Auf den Regionalkonferenzen bekam er stets den größten Applaus. Obwohl der Wirtschaftsanwalt Merz nie irgendwo Wirtschaftspolitik gemacht hat, werden ihm die größten Kompetenzen zugestanden. Es kommt auch gut an, dass sein Vater im Osten gewohnt hat, bevor er weit vor dem Mauerbau ins Sauerland übergesiedelt ist. »Ich habe @reinerhaseloff zugesagt, dass ich ihm dabei helfen werde, die Landtagswahl in Sachsen-Anhalt zu gewinnen«, twittert Merz, als es losgeht mit dem Wahlkampf. »Unser Ziel muss es sein, dass die #CDU stärkste Fraktion im

Landtag bleibt.«[161] Auch CSU-Chef Markus Söder hilft ein bisschen und stellt Jobs in Aussicht. Er sei der Meinung, dass es im Bundeskabinett »deutlich mehr Vertreter der neuen Länder braucht«.[162] Unions-Kanzlerkandidat Armin Laschet schaut erst ganz am Schluss vorbei, ein paar Termine, bei denen er jedenfalls nicht stört.

Haseloff ist ein Pionier einer modernen Demokratie in der Bundesrepublik. Aus der Not eines komplizierten Wahlergebnisses heraus hat er 2017 etwas Neues probieren müssen und erstmals in Deutschland eine Kenia-Koalition gebildet, ein Bündnis aus CDU, SPD und Grünen. Milieuübergreifend regieren könnte man das nennen – oder eine Art Post-Wende-Runder Tisch. Nicht, dass diese Kombi Haseloffs Wunsch gewesen wäre. Aber er sieht es so: Die Christlich-Konservativen regieren mit den Sozialdemokraten und den Grünen zusammen auch als Bollwerk gegen die Rechtsextremen im Land. »Mein politischer Werdegang hat ja am Runden Tisch begonnen. Das war konsensorientiert und nicht polarisierend mit Mehrheit und Minderheit. In den ersten Jahren nach der Wende haben wir keine Fronten gehabt. Sondern gemeinsam entschieden. Gemeinsam haben wir die Beisitzer der Abgeordneten gewählt und große Koalitionen gebildet. Wir hatten damals eine CDU-FDP-Mehrheit gehabt, und wir haben trotzdem die SPD ins Boot geholt. Weil wir immer gesagt haben, wir brauchen eine deutliche Mehrheit und nicht eine knappe, wenn mal jemand krank ist.« Kurze Pause: »Deshalb gehe ich mit meinen Koalitionspartnern pfleglich um, dass man immer auch personenbezogen anschlussfähig ist und bleibt.«[163] Man könne in den neuen Ländern grundsätzlich einen gepflegteren Umgang unter Koalitionären beobachten. Es werde

---

161   https://twitter.com/_FriedrichMerz/status/1385335440530620419
162   https://www.sueddeutsche.de/politik/markus-soeder-cdu-csu-armin-laschet-kanzlerkandidatur-15274626?reduced =true
163   Schalte mit Reiner Haseloff.

sachorientierter zusammengearbeitet, harte ideologische Graben-
kämpfe seien eher selten. Das Motto »Machen statt lange Debattieren« ziehe sich als Muster durch die neuen Länder. Ewigen Diskussionen und auch Ausgrenzungen steht man eher skeptisch
gegenüber. In DDR-Zeiten war das Ellenbogendenken weniger ausgeprägt als heute. Ministerpräsidenten wie Haseloff, die mit knappen Mehrheiten in wechselnden Koalitionen reagieren müssen,
sind darauf angewiesen, möglichst viele Parteien in Beschlüsse einzubinden – statt auszugrenzen. Er kann ja nie wissen, wen man
noch mal brauchen wird, um demokratische Mehrheiten zu finden.

Wie bei Angela Merkel haben die persönliche Sozialisation und
die Erfahrungen aus der Wendezeit den Regierungsstil Haseloffs
geprägt. Seine wichtigste Erfahrung ist, dass die Leute aktiv sein
wollen. »Nichts ist schlimmer, als wenn Menschen sich nicht einbringen können. Der Mensch will integriert werden. Für das Selbstwertgefühl eines Menschen ist es wichtig, zu wissen, dass er sein
Geld damit verdient, dass er etwas Sinnvolles tut und eine Aufgabe
hat.«

Die Reform der
Gewerbesteuerverteilung

Einen beträchtlichen Teil seiner Regierungszeit hat sich Reiner Haseloff damit beschäftigt, im Bundesrat – dem Reich der Kurfürsten
im föderalen Staat – nicht mehr als Bittsteller auftreten zu müssen,
wenn es um die Verteilung der Steuereinnahmen geht. Er will
deshalb die Regeln, nach denen die Einnahmen aus der Gewerbesteuer verteilt werden, so ändern lassen, dass automatisch mehr in
den neuen Ländern hängen bleibt. Bisher ist es so, dass die
Ministerpräsidenten und Finanzminister der neuen Länder jedes
Jahr zu Bittstellern werden. Sie fragen bei den Kollegen aus den
alten Ländern an, ob sie einen höheren Anteil aus dem föderalen
Finanzausgleich erhalten könnten. Diese Bettelei hörte auf, würden

die Regeln geändert. Die Regeln allerdings, hört man im Bundesfinanzministerium, seien schon sehr alt – so was ändere man nicht
mal eben so. Wie viele Bürgermeister sich beschweren würden, die
jetzt ganz zufrieden sind!

Haseloff ist ja lange genug im Geschäft, um zu wissen, wo die Ursachen dafür liegen, dass die neuen Länder es so schwer haben, wirtschaftlich und gesellschaftlich aufzuschließen. Das liegt nicht nur
am alten Steuersystem, sondern auch an den Regeln des Einigungsvertrages. Selbst heute noch könne er »auf den Millimeter genau«
die Umrisse der DDR bei den bundesdeutschen Wirtschaftsdaten
nachzeichnen. Die Ursache dafür, sagt er, sei nicht die regionale
Mentalität. »Das Problem sind die Strukturen«, wie sie im Einigungsvertrags geschaffen wurden und danach. Die müssten geändert werden, Stück für Stück.

Steuern sind wichtig, die Einnahmen daraus sind seit jeher die
Quelle jedweden Wohlstands. Im föderalen Deutschland haben die
Länder im Laufe der Zeit die Regeln zur Verteilung des Steueraufkommens so perfektioniert, dass sie bei jeder Verhandlung ein bisschen mehr vom gesamtstaatlichen Kuchen bekommen haben. Und
die alten Länder noch ein bisschen mehr als die neuen. Wenn es
um die Steuerzahlung von Unternehmen geht, führen die Regeln
unter anderem dazu, dass der größte Teil der erzielten Gewinne am
Sitz der Unternehmenszentralen[164] versteuert werden muss und
nicht an dezentralen, oft im Osten liegenden Produktions- und Ver-
arbeitungsstätten. Die Zentralen der DAX-Konzerne sind in Stuttgart, München, Frankfurt; die *Hidden Champions*, Unternehmen mit
bis zu 2000 Beschäftigten, sitzen regional in Bayern, Baden-Württemberg, Nordrhein-Westfalen. Auch der Optik- und Elektronik-
Konzern Carl Zeiss ist nach der Wende nicht wieder an seinen
Gründungsort Jena verlegt worden – er sitzt jetzt in Baden-Würt-

---

164 Im Steuerrecht heißen sie Betriebsstätten.

temberg. Weil die Einnahmen aus der Gewerbesteuer an die Kommunen anhand des Lohnaufkommens verteilt werden, bleibt dort am meisten hängen, wo die Chefs sitzen und die Forscher und Entwickler.[165] Also in den Zentralen. Das hat nachhaltigen Einfluss auf die Regionen, dort wohnen die wirtschaftlichen, gesellschaftlichen und kulturellen Eliten, dort wächst der Wohlstand. Die Unternehmen lassen die Regionen prosperieren.

Aber dort, wo produziert und verarbeitet wird, also etwa bei Haseloff in Sachsen-Anhalt, kommt wenig an.[166] Einmal, weil die Arbeitslöhne in der Produktion um ein Vielfaches geringer sind als in den Chefetagen. Und weil im Osten nur 80 Prozent der vergleichbaren Löhne im Westen gezahlt werden.[167] »Im Steuerrecht müssen wir ja mal etwas Großes schaffen. Wir müssen nach Wertschöpfung besteuern und nicht nach Unternehmenssitz. So, wie die Gewerbesteuer verteilt wird, gibt es Milliardenumsätze bei Unternehmen, die nicht einen Euro Steuer hier zahlen.«

Im deutschen Steuersystem, das aus dem Jahr 1969 stammt, als die wenigen von der Wiedervereinigung träumenden Politiker als »Bonner Ultras« in die Ecke gestellt wurden, liegt begründet, dass es strukturschwache Gebiete nicht schaffen, zu den wohlhabenden Regionen aufzuschließen. Würde das Steuerrecht so geändert, dass (mehr) Steuern dort gezahlt würden, wo produziert wird, wären die strukturschwachen Regionen mit ihren verlängerten Werkbänken in der chemischen Industrie, der Ernährungswirtschaft und im Maschinenbau unter den Gewinnern. Man könnte das etwa erreichen, indem man die Gewerbesteuereinnahmen an die Kommunen nicht mehr nach Löhnen aufteilt, sondern nach Köpfen. Die Regionen mit den Konzernzentralen und Forschungsstätten hätten dann ge-

165 https://www.businessinsider.de/wirtschaft/oekonomen-haben-ein-neues-konzept-um-ostdeutschland-vor-dem-desaster-zu-retten-2018-5/
166 Schalte mit Reiner Haseloff am 10. März 2021.
167 Schalte mit Reiner Haseloff am 10. März 2021.

ringere Einnahmen. Die mit den Produktionsbänken mehr. Interessant ist in diesem Zusammenhang, dass im Ruhrgebiet, das oft genannt wird als vernachlässigte, strukturschwache Region, gleich drei umsatzstarke DAX-Konzerne sitzen: RWE, Thyssen-Krupp und E.on. Das beschert den Kommunen ein höheres Einkommen an Steuern. In Sachsen-Anhalt gibt es keinen einzigen Dax-Konzern, wie im ganzen Osten nicht. Dass der US-Tech-Konzern Tesla in Brandenburg sein Europa-Werk baut, ist deshalb ein nicht groß genug einzuschätzender Beitrag auf dem Weg zur Gleichberechtigung des Ostens. Eine Konzernzentrale mit Forschungsabteilung bedeutet Steuereinnahmen in nicht gekanntem Ausmaß. Der Westen schaut erstmals mit Neid rüber. Kein besonders attraktives Gefühl, aber viel besser als Mitleid.

Haseloff hat im Bundesrat den Versuch unternommen, das Aufkommen an Gewerbesteuer anders verteilen zu lassen. Das sei so ein Gesetzentwurf, »bei dem ich die Abstimmungen immer verliere«. Das Finanzministerium von Sachsen-Anhalt hat am 3. Juli 2020 einen Entschließungsantrag mit dem komplizierten Titel »Entschließung des Bundesrates für eine Neubewertung der Gewerbesteuerzerlegung bei Gewerbebetrieben mit Betriebsstätten in mehreren Gemeinden«[168] in den Bundesrat eingebracht. Die Einnahmen aus der Gewerbesteuer sollen künftig nicht mehr nach der Summe der Arbeitslöhne zwischen einzelnen Betriebsstätten verteilt werden, sondern »deutlich wirtschaftskraftbezogener«. Haseloff macht eine einfache Rechnung auf. Wenn man in Sachsen-Anhalt eine Produktivität von rund 80 Prozent des Westniveaus habe und ein Gewerbesteueraufkommen pro Kopf von 50 Prozent, dann müsse dieses Delta von rund 30 Prozent genau der Wohlstand sein, der jeden Tag von Ost nach West transferiert wird. »Da müssen wir ran.«[169]

---

168 https://www.bundesrat.de/SharedDocs/beratungsvorgaenge/2020/0301–0400/0382-20.html
169 Schalte mit Reiner Haseloff am 10. März 2021.

Bisher gilt das Prinzip, die Gewerbesteuereinnahmen entsprechend der vor Ort gezahlten Lohnsummen[170] zu verteilen. Das benachteiligt die neuen Länder, weil die gezahlten Löhne noch deutlich unter Westniveau liegen.[171] Was sich absehbar auch nicht ändern wird. In Ostdeutschland arbeitet jeder Dritte im Niedriglohnbereich. Die Kombination aus verlängerter Werkbank, niedriger Produktivität, geringeren Löhnen und nach Löhnen verteilten Gewerbesteuerzuweisungen ist wie eine Spirale, die sich nach unten dreht. Sie wird noch durch einen weiteren Effekt verstärkt: Einerseits muss die Infrastruktur, also Straßen, Schienen, Gebäude, Emissionen, Immissionen, Abwasser, Kabel und vieles mehr immer höheren Anforderungen genügen und von den Kommunen bereitgestellt werden. Andererseits wird zunehmend automatisiert produziert. Erledigen aber Roboter die Arbeit, sinken die Löhne weiter – würde die Gewerbesteuer weiter nach der Lohnsumme berechnet, sänke sie mit. Und zugleich hätte die Kommune die Ausgaben für die Infrastruktur zu tragen. Für die neuen Länder, wo vor allem produziert wird, ist das ein doppeltes Verlustgeschäft. Im Antrag des Bundeslandes Sachsen-Anhalt ist von einem »Missverhältnis« die Rede, das entstehe, »wenn die Infrastruktur einer Kommune zwar im erheblichen Maße durch die Ansiedlung einer produzierenden Betriebsstätte belastet wird, diese Belastung aber nicht durch entsprechendes Steueraufkommen aufgrund des Lohngefälles zwischen der in einer anderen Gemeinde liegenden Geschäftsleitung und der Produktionsstätte ausgeglichen wird«.

Der Antrag ist heikel, berührt er doch das fein austarierte Steuergefüge in Deutschland – und auch einen Verteilungsmechanismus zwischen Ost und West. Käme Haseloff damit durch, dass

---

170 Gemeint sind Arbeitslöhne für alle Beschäftigten pro Betriebsstätte.
171 Statistisches Bundesamt: Der durchschnittliche Brutto-Stundenlohn für ostdeutsche Beschäftigte lag 2020 bei 20,28 Euro, westdeutsche Beschäftigte kamen im Schnitt auf 26,26 Euro.

künftig die Gewerbesteuer entsprechend der Wirtschaftskraft verteilt würde[172], müssten bei einem gleichbleibend großen Aufkommen die westdeutschen Standorte eines Unternehmens einen Teil der ihnen bisher zugeteilten Gewerbesteuern an die östlichen Standorte abgeben. Weil die alten Bundesländer in der Überzahl sind, hat der Antrag bislang keine Chance, eine Mehrheit zu finden. Der Antrag erzählt viel über die Verteilung von Wohlstand in Ost- und Westdeutschland und über die politischen Verhältnisse. Und darüber, dass die Politiker und Menschen im Osten die Verhältnisse kennengelernt haben und beginnen, sie herauszufordern. Haseloff weiß, er muss neue Mehrheiten suchen. Er müsste ein paar der alten Länder auf seine Seite ziehen. Bisher ist ein innerdeutscher Schulterschluss nicht in Sicht. Der Spitzenkandidat der CDU Thüringen, Mario Voigt, hat sich Haseloff angeschlossen. Er verlangt, dass der Osten einen höheren Teil des Gewerbesteueraufkommens bekommen soll.[173]

Man muss wissen, dass ein Entschließungsantrag im demokratischen Meinungsbildungsprozess so etwas ist wie eine freundliche Handlungsaufforderung oder eine Bitte, sich einen Gedanken durch den Kopf gehen zu lassen. Kein »Ich will das endlich ändern lassen«, sondern eher ein »Man könnte oder müsste doch mal darüber nachdenken, ob man was an der Verteilung der Gewerbesteuer machen könnte«. Wenn ein Ostdeutscher *könnte* sagt, ist das die niedrigstmögliche Eskalationsstufe im parlamentarischen Prozess. *Könnte* setzt nicht die Kettenreaktion in Bewegung, die nötig wäre, um die Gewerbesteuerverteilung zu ändern. Haseloff müsste eine Mehrheit im Bundesrat organisieren, damit er die Bundesregierung darum bitten könnte, eine Initiative zu ergreifen, die das Ziel haben sollte, das Steuerrecht zu ändern. Selbst wenn der Bundesrat das tun würde, müsste die Bundesregierung diese Initiative

---

172 Wie genau die Wirtschaftskraft definiert ist, muss dabei noch festgelegt werden.
173 Hintergrundgespräch mit Mario Voigt am 5. Mai 2021.

nicht aufgreifen, sie *könnte* es tun. Wenn sie wollte, könnte sie das Bundesfinanzministerium beauftragen, einen Gesetzesvorschlag vorzulegen. Und dann käme der Bundestag ins Spiel.

Tatsächlich nimmt die Initiative zur Gewerbesteuerverteilung folgenden Verlauf: Am 3. Juli 2020 wird der Antrag aus dem Finanzministerium Sachsen-Anhalt im Bundesrat vorgestellt – und freundlich in die Ausschüsse verwiesen. Das ist ein normales Verfahren, federführend muss sich der Finanzausschuss mit dem Antrag beschäftigen, der Wirtschaftsausschuss hilft mit. Die Beratungen der Ausschüsse sind nicht öffentlich. Normalerweise wird so ein Antrag dann nach der Sommerpause im Herbst weiter beraten, die Ausschüsse geben ihn ins Plenum zurück mit ihrer Bewertung. So weit hat es der Entschließungsantrag des Ministerpräsidenten Haseloff bislang nicht gebracht. Er steckt im April 2021 mehr als neun Monate in den Ausschüssen fest. Warum? Ein Anruf im Bundesrat. Ja, das sei ungewöhnlich, dass ein Antrag so lange liege. Aber Genaues wisse man nicht, das sei vertraulich. Die Erfahrung spreche dafür, dass er nicht die nötige absolute Mehrheit unter den Bundesländern gefunden habe, heißt es im Bundesrat.

Die absolute Mehrheit, das wären 35 Stimmen. Die neuen Bundesländer inklusive Berlin haben aber nur 23. Haseloff weiß, dass er in den Ausschüssen durchfallen wird. Er versucht es trotzdem. Die Erfahrung hat ihn schließlich gelehrt, dass manchmal Dinge passieren, die lange für unmöglich gehalten werden.

Wenn das Recht auf Veto gezogen wird

Anfang Dezember 2020 lässt Haseloff eine politische Bombe platzen. Er zieht die Beschlussvorlage für die Änderung des Staatsvertrags von der Abstimmungsliste des Landtags zurück – damit stoppt das kleine Sachsen-Anhalt ein großes bundesweites Vorhaben, die Erhöhung des Rundfunkbeitrags. Die Empörung ist groß.

Die Hintergründe des Stopps erinnern an die Wahl des FDP-Politikers Thomas Kemmerich zum Ministerpräsidenten in Thüringen im Februar 2020, mit den Stimmen von CDU und AfD. In Sachsen-Anhalt zeichnet sich im Dezember 2020 eine Neuauflage dieser Abstimmung ab. Denn die CDU ist mehrheitlich dagegen, in der angesetzten Abstimmung im Landtag dem Staatsvertrag und damit der Gebührenerhöhung zuzustimmen. Es geht nicht um die Gebührenerhöhung von 86 Cent, sondern ums Prinzip. Die Landes-CDU ist dagegen, die Beiträge für die öffentlich-rechtlichen Sender zu erhöhen, weil viele Abgeordnete finden, es werde zu wenig und zu stereotyp über Sachsen-Anhalt berichtet. Die AfD ist sowieso gegen die von ihnen oft als »Staatsfernsehen« verunglimpften Öffentlich-Rechtlichen. Die Koalitionspartner SPD und Grüne drohen, die Regierung zu verlassen, sollten CDU und AfD zusammen dagegen stimmen. Haseloff setzt im letzten Moment die geplante Abstimmung ab. Er muss sogar seinen engsten Vertrauten, Innenminister Holger Stahlknecht, entlassen, weil der in einem Interview angekündigt hatte, die CDU werde in jedem Fall gegen die Gebührenerhöhung stimmen. Falls das den Koalitionspartnern nicht gefalle, werde es eben eine CDU-Minderheitsregierung geben. Haseloff rettet mit diesem Manöver die schwarz-rot-grüne Koalition. Die Verantwortlichen der Sender in Köln und Mainz sind empört über die Entscheidung aus Sachsen-Anhalt, die wegen des Einstimmigkeitsprinzips dazu führt, dass die Gebührenerhöhung blockiert ist. Tom Buhrow, Vorsitzender der ARD, spricht von »Not«[174], droht empfindliche Einschnitte im Programm an – und zieht vor das Bundesverfassungsgericht.

Es scheint, dass sich Buhrow an das alte Narrativ hält: Die im Osten sollen mal keine Sperenzien machen. Sicher, Buhrow hat zuvor viele persönliche Gespräche mit Abgeordneten vor Ort ge-

---

174 https://www.morgenpost.de/vermischtes/article231114808/Warum-Not-auch-bei-der-ARD-erfinderisch-machen-muss.html

führt und versucht, sie zu überzeugen. Er hat allerdings versäumt, ein akzeptables Angebot zu machen. »Und als es zum Schluss hieß, wenn ihr da nicht zustimmt, dann kriegt ihr euren Kulturkanal nicht, dann war es vorbei bei unseren Leuten.«[175] So vor die Wahl gestellt zu werden, das gehe gar nicht.

Buhrows öffentliche Reaktion auf den Stopp der Rundfunkgebühr-Erhöhung wirkt nicht besonders erwachsen, um es diplomatisch auszudrücken. Was hätte dagegengesprochen, Sachsen-Anhalt symbolisch die Hand zu reichen und Ministerpräsident Haseloff offiziell einzuladen, um gemeinsam über die Forderungen aus Sachsen-Anhalt an die Rundfunkanstalten zu beraten. Buhrow hätte ankündigen können, dass die Rundfunkanstalten in diesem Jahr einen verbindlichen Reformplan vorlegen werden, der – unter anderem – ostdeutsche Themen differenzierter einbindet. Er hätte auch stärkere Mitspracherechte einräumen können über entsprechende Posten in den Gremien. Das ist alles längst überfällig, und gerade im Wahljahr wird man darauf zurückkommen. Die Idee, diese Reformen für 2030 anzukündigen, also noch zehn Jahre alles zu lassen wie bisher, kann nicht fliegen bei denen, die sich jetzt um ihre Mitsprache gebracht fühlen. Buhrow hat unterschätzt, wie konsequent Ostler sein können. Haseloff sieht das so: »Das Entscheidende ist, dass man uns nicht zutraut, dass wir relevant sind und für unsere Länder etwas bewegen können. Wir können aber, wenn eine Abstimmung 16 zu null nötig ist, richtig etwas bewegen und auch eine Rundfunkerhöhung zumindest im ersten Schritt verhindern. Aber wir wollen ja niemanden plattmachen, sondern wir wollen richtige Reformen der Rundfunksender durchsetzen.«

Ja, es ist eine populistische Frage, aber sie drängt sich auf: Hätte Tom Buhrow auch so barsch reagiert, wenn es Bayerns Ministerpräsident und CSU-Chef Markus Söder gewesen wäre, der zu wenig Weiß-Blau im Programm moniert und mehr Mitsprache gefordert

---

175 Gespräch mit Reiner Haseloff.

hätte? Wohl kaum. »Der Umgang mit uns ist ganz anders als der Umgang etwa mit Bayern. Die politische Steuerungsmacht der Bundesrepublik liegt im Westen. Und im Süden. Entsprechend ist auch das Handeln einmal devot und einmal nicht devot.«[176]

Übrigens verpassen die Sendeanstalten fast zeitgleich eine Chance, zu zeigen, dass sie es ernst meinen mit der Mitsprache des Ostens. Am Tag, an dem die Kommission »30 Jahre Friedliche Revolution und Wiedervereinigung« ihren Abschlussbericht vorlegt, in dem sie eindringlich mehr Ostdeutsche in Spitzenämtern einfordert und die Ausbildung ostdeutscher Eliten, vergibt die einflussreiche Ost-Sendeanstalt MDR die Stelle des Programmdirektors für Nachrichten und Politisches an einen Journalisten, den im Osten wohl kaum einer kennt. Mit Dienstsitz in Leipzig soll der frühere *Spiegel*-Journalist und Amerika-Kenner Klaus Brinkbäumer als Vordenker der Programmdirektion des Senders für Sachsen, Sachsen-Anhalt und Thüringen über Nachrichten- und Infoformate, aber auch über Shows und Sport entscheiden. Brinkbäumer ist nicht nur ohne Ost-Erfahrung, sondern auch ohne nennenswerte einschlägige TV-Expertise. Und so wird das alte Muster fortgeführt: Im Osten wird der Westen (mit)gedacht. Andersherum kaum. Der MDR steht trotz seiner ostdeutschen Intendantin für das grundsätzlich anzugehende Problem: Das bundesdeutsche Narrativ wird noch immer im Westen bestimmt. »Man traut es uns nicht zu, dass wir relevant sind für die politische Steuerung des Systems in Deutschland. Das ist vom Mengenverhältnis ja auch nicht verkehrt. Die Rundfunkanstalten setzen auf die Leute, die für sie selber und für das Unternehmen wichtig sein könnten. Zu denen zählen wir nicht automatisch.«[177]

Ein halbes Jahr nach Haseloffs Veto gegen die Abstimmung des Rundfunkstaatsvertrags fällt etwas anderes auf. Die Sendeanstal-

---

176 Gespräch mit Reiner Haseloff.
177 Ebd.

ten der ARD und das ZDF berichten deutlich häufiger aus den neuen Ländern, wenn es um allgemein relevante bundesdeutsche Nachrichten geht. Und die Stadt Halle an der Saale in Sachsen-Anhalt bekommt wieder einen eigenen *Tatort*.

Die Notfallklausel im Grundgesetz

Man stelle sich vor, zwei Piloten säßen in einem Flugzeug, der Co-Pilot hätte gerne einen anderen Kurs als der Pilot, beide streiten, der Disput gefährde zunehmend die Sicherheit. Man bittet, argumentiert, schreit, fleht, es nutzt nichts, man rast in die Tiefe. Es bleibt die letzte Chance: Der Pilot drückt den roten Notknopf und trennt sich in allerletzter Sekunde von seinem Co-Piloten, der im Fallschirm den Flug zu Ende bringen muss. Was das mit Stimmrechten im Bundesrat zu tun hat? Es ist nur ein Bild, das die Verhältnisse anschaulich machen soll. Die alten Bundesländer haben im Bundesrat eine verfassungsgebende Mehrheit. Sie besitzen 46 Stimmen[178] und damit die erforderliche Zweidrittelmehrheit, um die Verfassung zu ändern. Sie könnten – theoretisch im größten Notfall – den roten Knopf drücken und den Osten loswerden.

Nun ist das wie gesagt nur ein Bild und weder beabsichtigt noch zu erwarten. Das Detail aber zeigt, wie groß das Misstrauen und der Machtanspruch des Westens bei den Verhandlungen über den Einigungsvertrag gewesen sein müssen. Auf der Seite der damaligen BRD verhandeln Helmut Kohl, Wolfgang Schäuble und die Mi-

---

178 BeckOK Grundgesetz, Epping/Hillgruber, 46. Edition, Stand: 15. Februar 2021: Danach beträgt die Gesamtstimmenzahl im Bundesrat gegenwärtig 69 Stimmen, von denen auf Baden-Württemberg, Bayern, Niedersachsen und Nordrhein-Westfalen je sechs, auf Hessen fünf, auf Berlin, Brandenburg, Rheinland-Pfalz, Sachsen, Sachsen-Anhalt, Schleswig-Holstein und Thüringen je vier, auf Bremen, Hamburg, Mecklenburg-Vorpommern und das Saarland je drei Stimmen entfallen. Diese Stimmenzahlen werden von der Verfassung selbst und unmittelbar zugewiesen.

nisterpräsidenten der damaligen Bundesländer. Die DDR wird vertreten durch die letzte, sich in Auflösung befindliche und völlig unerfahrene, weil erst kurzzeitig im Amt befindliche DDR-Regierung und Chefunterhändler Günther Krause. Das Ungleichgewicht führt dazu, dass im August 1990 die als Verhandlungen zwischen den Regierungen der DDR und der BRD und deren Delegationen deklarierten Gespräche zum Einigungsvertrag »vornehmlich Bund-Länder-Gespräche«[179] wurden. Die Felle der DDR wurden verteilt. Helmut Kohl und die Kurfürsten der SPD-geführten Länder verhandelten auf Chefebene die Kosten. Und eine Ebene tiefer wurden – mit Verhandlungsführer Wolfgang Schäuble – »natürlich auch noch Spielchen gespielt, die ihr besonderes Licht auf die Art und Weise werfen, wie Interessen wahrgenommen werden. Am Freitag steht im Bundesrat die künftige Gewichtung der Stimmen in einer gesamtdeutschen Länderkammer an. Würde geltendes Recht fortgeschrieben, was bisher Position der DDR-Seite war, dann bekämen die elf Bundesländer 45, die DDR-Länder 20 Stimmen. Am Freitag ließ (DDR-Verhandlungsführer) Günther Krause sich seinen Vorbehalt gegen eine Grundgesetzänderung abkaufen. Gegen das Versprechen, die DDR-Länder würden mit zusätzlich 1,5 Milliarden D-Mark aus der Umsatzsteuer-Umverteilung bedient, akzeptierte er ein Stimmenverhältnis, das den Bundesländern noch mehr Einfluss sichert: 58 Stimmen für die Länder im Westen, 21 Stimmen für jene im Osten. Damit würden, empört sich ein Teilnehmer der Schäuble-Runde, langfristige DDR-Interessen ›für ein Linsengericht hergegeben. Man kann auch sagen: Das ist wie eine Vergewaltigung vor der Ehe.‹«[180] Besonders brisant war, dass die Stimmen der neuen Länder festgelegt werden sollten, ohne dass diese ein Mitspracherecht wie die alten Länder gehabt hätten. Sie waren noch gar nicht gegründet. Umso entschlossener kämpften

---

179 *Süddeutsche Zeitung*, 22. August 1990, Die Seite Drei, Martin E. Süskind.
180 Ebd.

die Ministerpräsidenten der alten Länder. Der bayerische Minister-präsident Max Streibl (CSU) forderte offen, die DDR-Länder sollten keine Sperrminorität bei Verfassungsänderungen bilden dürfen.[181] Er legte für die Verhandlungen ein Modell vor, das die Gewichtung der großen und einwohnerstarken Bundesländer Bayern, Baden-Württemberg, Nordrhein-Westfalen und Niedersachsen stärken und ein Veto der ostdeutschen Länder verhindern würde.

Nach heftigem Geschacher setzen sich die alten Bundesländer durch. Die Stimmen sind so verteilt, dass die alten Länder 46 Stimmen haben und die neuen Länder 23. Bei insgesamt 69 Stimmen haben die alten Länder einen verfassungsgebenden Einfluss im wiedervereinten Deutschland. Der Osten hat kein Vetorecht. Das trägt dazu bei, dass die DDR-Bürger, die gerade die Berliner Mauer überwunden und sich damit demokratische Grundrechte wie freie Rede und freie Wahlen erkämpft hatten, über Nacht praktisch wieder zu Bittstellern verhandelt werden. Die Verfassung der Bundesrepublik Deutschland ist durch die neuen Länder allein nicht veränderbar. Sie haben keine Möglichkeit, spezifische Interessen durchzusetzen. Sie können nichts gesamtdeutsch verändern, die alten Länder dagegen könnten gemeinsam die Bundesrepublik ohne die Zustimmung des Ostens verändern. Nun kann man dagegen argumentieren, dass ja auch fünf andere kleine Bundesländer womöglich kein Vetorecht zusammenbringen würden. Das mag wohl stimmen, ist aber nicht dasselbe. Denn die neuen Länder sind hinzugekommen zu der föderalen Gemeinschaft Bundesrepublik, die anderen waren von Anfang an dabei.

Die Unterhändler um den damaligen Verhandlungsführer Wolfgang Schäuble haben die Stimmenverteilung auf die Bundesländer nach 1990 bewusst so geändert, dass die alte Bundesrepublik eine eigene verfassungsgestaltende Mehrheit im Bundesrat hat. Der Philosoph Jürgen Habermas hat über die Verhandlungen zur Wendezeit

---

181 *Süddeutsche Zeitung*, 25. August 1990.

geschrieben, Wolfgang Schäuble habe mangels eines gleichwertigen Verhandlungspartners mit sich selbst verhandelt.[182] In der SPD erinnert man sich, dass Wolfgang Schäuble im Ringen um eine neue gemeinsame Verfassung gesagt haben soll: Jetzt ist aber mal gut, wir bezahlen den ganzen Laden, jetzt reicht es aber. Das war die Haltung damals und das sind die Folgen jetzt.

Den ostdeutschen Vertretern sei das mit den Stimmrechten damals nicht bewusst gewesen, erinnert sich Reiner Haseloff. Selbst Angela Merkel sei überrascht gewesen, als sie es erfahren habe. Beide hätten das später einmal ausgezählt. Und durchexerziert: Eine Verfassungsänderung kriegen die westdeutschen Länder alleine durch. Und weil dem Osten eine Stimme fehlt, können wir die Änderung nicht mit einem Drittel blockieren.

Manche vermuten, der erfahrene Politik-Fuchs Schäuble – federführender Verhandler des Einigungsvertrags – habe das so ausgetüftelt, dass, falls die Kommunisten im Osten wiederkommen würden oder wer auch immer, sie der demokratischen Bundesrepublik nichts anhaben könnten. Ich frage also nach bei Wolfgang Schäuble. Wieso haben Sie 1990 bei den Verhandlungen zum Einigungsvertrag nicht die Stimmenverhältnisse im Bundesrat so fortgeschrieben, dass die Stimmengewichtung anders ausgefallen wäre und der Osten ein Vetorecht bekommen hätte? Schäuble überlegt einen Augenblick, es ist still in der Telefonleitung, dann sagt er, dass ihn da kein Vorwurf treffen könne, es sei nicht seine Verantwortung gewesen. Er habe sich um die Stimmverhältnisse »nicht so intensiv gekümmert. Das war eine Aufgabe für die Länder untereinander. Wichtig war für mich, dass der Einigungsvertrag insgesamt nicht daran scheitert.«[183] Schäuble erinnert sich daran, dass die Frage der Stimmrechte »erst auf der Zielgeraden zum Problem«

182 https://www.blaetter.de/ausgabe/2020/september/30-jahre-danach-die-zweite-chance
183 Gespräch mit Wolfgang Schäuble, 29. März 2021.

geworden sei. Dass sich die alten Länder eine verfassungsgebende Mehrheit sichern wollten, um den Osten stets überstimmen und notfalls über eine Änderung des Grundgesetzes wieder loswerden zu können, das will er nicht hören. »Nein, diese Sichtweise akzeptiere ich überhaupt nicht. Es gibt weder eine ostdeutsche Einheit noch eine westdeutsche. Keine norddeutsche und keine süddeutsche. Das ist eine Sichtweise, die völlig falsch ist.«

Wirklich? Die Berichte über die Verhandlungen zum Einigungsvertrag erzählen andere Geschichten. Die Stimmen im Bundesrat reichen genau bis auf die letzte Stimme für die verfassungsgebende Mehrheit für die alten Bundesländer. Im Umkehrschluss bedeutet das auch, dass die neuen Länder mit ihrem Drittel der Stimmen nie eine Verfassungsänderung verhindern können. Sie können dagegen mit einer Zweidrittelmehrheit ausgeschaltet werden. Es fehlt eine Stimme, um wirklich mitbestimmen zu können. Diese Auswirkung der Stimmenverteilung im Bundesrat ist kaum bekannt. Sie bewirkt, dass die neuen Länder strukturell benachteiligt sind. Die Verfassung der Bundesrepublik Deutschland ist durch die 1990 Hinzugekommenen allein nicht beeinflussbar. Das kann kaum Zufall sein, wie der Blick ins Archiv zeigt.

Man kann in der sorgfältig austarierten Stimmenverteilung im Bundesrat eine politische Notbremse erkennen, mit der man jeden Einfluss des Ostens auf die Verfassung der Bundesrepublik ausschalten kann. Die neuen Länder haben keine Stimme dagegen.

Die Rolle der Medien:
Wer spricht, der bleibt

Die Leute in den neuen Ländern haben sich 1989 mit voller Absicht und friedlich die Grundrechte der Demokratie erkämpft, die freie Meinungsäußerung, freie Wahlen, Runde Tische. Heute hat man oft den Eindruck, als seien sie die Verlierer. Das liegt auch daran, dass es in den Medienhäusern kaum ostdeutsche Programmchefs gibt und der Osten nicht mitgedacht wird.

In der Blase

Sonntagmittags läuft bei Radio Eins, einem in Berlin und Brandenburg beliebten Rundfunksender des rbb, eine politische Diskussionssendung. Sie heißt *Talk im Tipi*, weil sie in Vor-Virus-Zeiten im Tipi stattgefunden hat, einem großen Veranstaltungszelt nahe dem Bundeskanzleramt. In der Sendung diskutiert der Moderator Marco Seiffert mit einem Stammteam an politischen Kommentatoren, die allesamt in den alten Ländern aufgewachsen sind und sozialisiert wurden. Und teilweise schon lang in Berlin leben. An einem Sonntag im Januar 2021 diskutieren die geschätzten Kollegen Markus Feldenkirchen, Bettina Gaus und Nikolaus Blome – die aus Bergisch-Gladbach, München und Bonn kommen, die beim *Spiegel*, der *taz* und bei RTL arbeiten. Es geht zunächst um Amerika, alle drei sind mit den USA als dem beschützenden Verbündeten aufgewachsen, haben dort zeitweise gearbeitet, ihre Einschätzungen zum Sturm auf das Kapitol und die Zukunft des Landes sind solide und humorvoll, man hört daheim beim Tischdecken gerne zu. Jedenfalls dann, wenn man nicht auf Kontroverses gehofft hatte oder Hinterfragendes. Die Kommentatoren sind sich einig über Freund und Feind.

Anderes Beispiel, derselbe Sender. Eine beliebte TV-Talkrunde des rbb ist *Thadeusz und die Beobachter*, die mit dem Anspruch auftritt, die »politische Gesprächssendung des rbb aus der Hauptstadt für die ganze Republik« zu sein. »Mit vier Kolleginnen und Kollegen aus dem journalistischen Fach, den Beobachtern, diskutiert Jörg Thadeusz 60 Minuten lang aktuelle politische Themen, aus möglichst vielen Blickwinkeln. Das Quintett will Meinungen hören und gegeneinander spiegeln, Einschätzungen hinterfragen und Prognosen wagen.«[184]

Jörg Thadeusz moderiert die Sendung so, dass man gerne zuschaut, er lässt die vier Beobachterinnen und Beobachter elegant zu Wort kommen, ausreden, dagegen argumentieren, alles lässig-ironisch-harmonisch. Die Sendung ist Kult. Manche bezeichnen sie als Instanz des rbb, zu Recht, wäre man geneigt zu sagen, gäbe es nicht wieder diese Frage: Warum kommentieren in dieser Runde keine Beobachter und Beobachterinnen mit ostdeutscher Sozialisation, die so manch anderen Blickwinkel bieten könnten? Der rbb ist ein Sender in Brandenburg und Berlin, dort lebt eine gemischte, bunte Bevölkerung. Was läge näher, politische Diskussionsrunden politisch bunt zu besetzen? Tatsächlich ist die Stamm-Mannschaft aus einem Guss: Jörg Thadeusz ist aus Dortmund, seine ständigen Beobachter und Beobachterinnen sind aus Hamburg (Claudia Kade), Münster (Hajo Schumacher), Essen (Anna Sauerbrey) und Würzburg (Claudius Seidl).

---

184 https://www.rbb-online.de/beobachter/

Warum eigentlich? Weil ich selbst einmal vertretungsweise zu Gast war, frage ich mal eben auf dem kurzen Dienstweg nach bei Jörg Thadeusz. Vielleicht mag er ja den Humor von denen drüben nicht so oder hat der Fehlstelle einfach gar keine Bedeutung beigemessen? Schnell kommt eine lange, sehr lange Replik zurück. Oha, da ist einer, der aber wirklich keinen Bock mehr hat auf Ost-West-Debatten. Verstehe ich ja auch, auch ich habe keine Lust auf einen endlosen Diskurs, ich will ja nur eine Antwort auf meine Frage. Also schreibe ich noch eine E-Mail, und die Antwort, die dann kommt, klingt schon versöhnlicher.

Neben dem kurzen Draht bemühe ich auch den offiziellen, um herauszufinden, warum die Sendeanstalten in den neuen Ländern ihre politischen Talks ohne Vertreter aus der eigenen Zielgruppe organisieren. Was sagt der Sender? Der rbb teilt mit, dass man »weder aus Vorsatz noch aus Gedankenlosigkeit« anders sozialisierte Kommentatoren fernhalte, sondern alle Gäste nach den Kategorien »politische Kompetenz«, »Meinungsstärke«, Gruppenkompatibilität« und »Humor« auswähle; man sei nicht überzeugt, »ob unterschiedliche Beurteilungen zu den einzelnen in der Sendung diskutierten Themen allein auf unterschiedliche regionale Herkunft zurückzuführen sind«[185]. Und natürlich gestalteten auch Kollegen und Kolleginnen »ostdeutscher Provenienz« andere Sendungen mit, etwa Andreas Rausch und Sarah Oswald den rbb-Bürgertalk »Wir müssen reden«.

Über die Besetzung der Top-Positionen will der rbb keine Auskunft geben, solche Statistiken würden nicht geführt in der Personalabteilung. Nur so viel, das Mischungsverhältnis stimme. Im Internet kann man nachlesen, dass Programmdirektor Jan Schulte-Kelling-

---

185 E-Mail rbb vom 14. Januar 2021. Ein paar Wochen nach der Anfrage an den rbb erhalte ich eine Einladung zum Kommentatoren-Talk. Ob ein Zusammenhang besteht, ist offen.

haus aus Duisburg stammt und seine Familie in Hamburg wohnt. Ein klassischer Fall von Pendeln also – einer von denen, die verhindern, dass sich eigene Eliten in den neuen Ländern aufbauen.

Aufstand in der Blase

Eine ICE-Zugstunde südlich von Berlin, in Leipzig, sitzt der MDR, mit rund 8,5 Millionen Zuhörern und Zuschauern die größte ARD-Anstalt in den neuen Ländern. Die Anstalt sendet für Sachsen, Sachsen-Anhalt und Thüringen. Die Intendantin kennt die Region – sie wuchs in Karl-Marx-Stadt auf. Karola Wille kam, wie das meist ist bei (ostdeutschen) Frauen in Top-Positionen, durch einen Skandal im Sender an die Spitze. Der eigentlich ausgewählte Kandidat für den 2011 als Intendant ausscheidenden Udo Reiter fiel bei der Abstimmung durch. Bernd Hilder war ein aus dem Westen importierter Medienmann, der kleinere Tageszeitungen geleitet hatte, von der sächsischen CDU gepusht und kurz vor der Wahl in der *Magdeburger Volksstimme* aufgefallen war. Das Blatt hatte eine mit krakeliger Handschrift ausgefüllte Gebührenanmeldung aus dem Jahr 2005 veröffentlicht, wo er bei der Frage »Zahlen Sie Rundfunkgebühren?«, ein Ja angekreuzt und das Wort »leider« angefügt hatte.[186] Man kann sich nur wundern, dass ein solcher Kandidat überhaupt in Betracht gezogen worden war. Wolfgang Marr, ein Rundfunkratsvertreter des MDR, freute sich über den »Sieg der Aufrechten« und das »Zeichen unserer Unabhängigkeit«. Manche Teilnehmer der Abstimmung verglichen den Mut, gegen den West-Kandidaten zu stimmen, sogar mit der friedlichen Revolution 1989, »was Bände über die Gefühlswelten bei der ARD-Anstalt für

---

186 Studie Otto Brenner Stiftung »30 Jahre staatliche Einheit, 30 Jahre mediale Spaltung«, »Kapitel Medienlandschaft im Wandel – Wendeneugründungen und Angebote aus dem Westen«, 2021.

Sachsen, Thüringen und Sachsen-Anhalt spricht«.[187] Ex-Intendant Reiter bemerkte: »Flapsig gesagt, ist die Besatzungszeit mit dieser Stabübergabe endgültig vorbei.«[188] Karola Wille ließ nach ihrer Wahl ganz neue Themen auf die Agenda setzen, darunter eine politische Nachwende-Doku mit Folgen wie »Wer beherrscht den Osten?« oder »Wem gehört der Osten?« Es war ein Stück weit die Rückeroberung des Diskurses über die neuen Länder, die unter der inzwischen zehn Jahre amtierenden Intendantin begonnen hat.

Ende 2020 ist die Sendanstalt allerdings dadurch aufgefallen, dass sie einen neuen Programmdirektor unter anderem für die Hauptredaktion »Information« eingestellt hat – einen Journalisten, der in Münster und in den großen westdeutschen Medien sozialisiert wurde und noch nie durch einen Bezug zu den neuen Ländern aufgefallen ist. Auf die Frage nach dem Ost-West-Mischungsverhältnis winkt der MDR erst einmal ab, es gebe dazu keine Daten im Sender. Man arbeite allerdings daran: »Die von Ihnen angefragten Zahlen bereiten wir gerade selbst für die aktuellen Führungskräfte auf und werden sie zeitnah veröffentlichen.«[189] Auf eine neue Nachfrage im April hin hat die Pressestelle des MDR Zahlen parat: »Von der Teamleiterebene bis zur Intendantin stammen heute 82 Prozent der Führungskräfte im MDR aus dem Osten.«[190] Eine Quote habe man dafür nicht gebraucht, fügt die Sprecherin hinzu. Es hört sich an, als sei die Frage nach der Quote stets die zweite Frage, und da baue sie schon mal vor. Eine genauere Aufschlüsselung, wie viele der Chefs und Chefinnen Teamleiter sind und wie viele Ostdeutsche auf höchster Entscheidungsebene arbeiten, gibt es nicht. Man teilt aber noch mit, »der neue ARD-Chefredakteur

---

187 https://www.spiegel.de/kultur/tv/gescheiterte-mdr-intendantenwahl-fast-so-wild-wie-1989-a-788541.html
188 *Spiegel* 44/2011, Gespräch mit Udo Reiter.
189 E-Mail MDR, 11. Januar 2021.
190 E-Mail MDR, 7. April 2021.

kommt vom MDR«. Ostdeutsche Umbrucherfahrungen hat Oliver Köhr, Vizechef des Hauptstadtbüros und stellvertretender Chefredakteur, allerdings nicht, auch wenn er sein Handwerk beim MDR gelernt hat: Er kommt aus Halle – in Westfalen. Er könnte einer von denen sein, über die Sachsens Ministerpräsident Michael Kretschmer witzelt, man nehme Westdeutsche gerne als Praktikanten im Osten auf, damit sie sich später im Westen bewähren könnten.[191]

Man müsste der journalistischen Ordnung halber an dieser Stelle die Chefetagen und politischen Nachrichten- und Talkredaktionen der öffentlich-rechtlichen Sendeanstalten in den alten Ländern nach dem Mischungsverhältnis befragen. So alltäglich es ist, dass im Osten westdeutsche Programmdirektoren sitzen, so normal sollte es sein, dass ostdeutsch sozialisierte Experten gesamtdeutsche und Entwicklungen in den alten Ländern aus ihrer Erfahrung heraus kommentieren. Oder nicht?

Ist schon mal aufgefallen, dass Wahlsendungen wie die nach den Landtagswahlen in Baden-Württemberg und Rheinland-Pfalz Mitte März 2021 an das WDR-Format »Internationaler Frühschoppen« aus den frühen Siebzigerjahren erinnern? Damals ordneten Herren am Sonntag um die Mittagszeit beim Weißwein und im dichter werdenden Qualm der Zigarren die Welt. Es war schlicht eindimensional. Das ist glücklicherweise vorbei. Aber weit sind wir nicht gekommen. In den Sendungen zu den Landtagswahlen im März findet sich keine Person aus den neuen Ländern, die um Einschätzungen gebeten wird. Obwohl es andersherum alle normal finden, wenn Politiker aus den alten Ländern Ereignisse in den neuen bewerten. An dem Wahlabend diskutieren bei *Anne Will* Olaf Scholz, Thomas de Maizière, Robert Habeck, die Medienwissenschaftlerin Ursula Münch und die Journalistin Christiane Hoffmann. Am Montagabend sind unter dem Titel »Wem vertrauen die

---

191 Interview mit der *Süddeutschen Zeitung*, 13. Februar 2021.

Bürger?[192]« bei Hart aber fair eingeladen: Cem Özdemir, Kevin Kühnert, Paul Ziemiak und zwei Journalisten, die schon aus der Bonner Republik berichtet haben. Es geht um Vertrauen, an dem es ja gerade in den neuen Ländern fehlt, allen voran in Sachsen-Anhalt, wo ein paar Wochen später die nächste Wahl ansteht. Die Umfragen weisen eine starke AfD aus. Auch in Thüringen und Mecklenburg-Vorpommern und Berlin wird im September 2021 gewählt werden. Man könnte schon auf die Idee kommen, dass es hilfreich wäre, eine Person aus den neuen Ländern dabei zu haben, die über Vertrauen im Osten redet und wie es zu gewinnen ist. In der Realität kommt der Osten in solchen Runden nur vor, wenn mit besorgter Stimme gefragt wird, wie man die AfD dort kleiner kriegen könne. So wie das ja gerade in Rheinland-Pfalz und Baden-Württemberg gelungen sei. Aber leider, der Osten sei ja so speziell. Diese Tonlage und die Abwesenheit derjenigen, über die geredet wird, obwohl die selbst die Lage erklären könnten, führen dazu, dass solche Debatten in den neuen Ländern nicht gut ankommen.

Wobei es im Frühling 2021 durchaus auch Veränderungen gibt. So sendet etwa die Latenight-Satireshow ZDF Magazin royal Ende März eine außergewöhnliche Analyse über Nazis in Sachsen mit dem Titel: Sachsen als »Superspreader für Nazis«? Moderator Jan Böhmermann betreibt aber nicht das erwartbare Sachsen-Bashing. Auf die Frage, warum Nazis in Sachsen noch Nazis sein dürfen, gibt er eine gesamtdeutsche Antwort. Eine ganze Reihe von Protagonisten habe den Ausbau der rechten Strukturen in Sachsen befördert. Dazu gehörten der in den frühen Neunzigerjahren führende Neonazi Michael Kühnen, die NPD-Politiker Holger Apfel und Jürgen Gansel, allesamt Westdeutsche. Teil des Problems sei aber auch der sächsische Ex-Ex-Ministerpräsident Kurt Biedenkopf von der CDU, der den Sachsen bescheinigte, »immun« zu sein gegen extreme Rechte und darum nicht entschieden genug gegen sie vorging. Das

---

192   ARD, Hart aber fair, 15. März 2021.

Gleiche gilt für die Chefs des sächsischen Verfassungsschutzes, der »wichtigsten Behörde gegen Rechtsextremismus«. Sie seien seit 1990 etwa aus Bonn, Hildesheim, Ludwigshafen, Saarbrücken, Reutlingen, Iserlohn, Karlsruhe gekommen. Böhmermann stuft Nazis in Sachsen auch als importiertes Problem und damit gesamtdeutsches Problem ein. Rechtsextremismus ist kein Ost-Spezifikum. Genauso wenig waren es nur die westdeutschen Kader, die nach Ostdeutschland kamen und dort den Rechtsextremismus aufgebaut haben. Tatsächlich sind es bundesweit gut vernetzte Strukturen, die sich gegenseitig unterstützen. Das eigentliche Problem seien »Nazis in Deutschland«. Dass Böhmermann das Problem aufgreift und differenziert betrachtet, zeigt, wie es gehen könnte in der gesamtdeutschen medialen Debatte.

Es geht ja auch nicht darum, dass hüben oder drüben ein Quoten-Wessi oder -Ossi auf einem Posten sitzt. Sondern darum, dass in gemischten Chefetagen und Redaktionen Themen anders gewichtet und weitere Milieus abgebildet werden, einfach deshalb, weil andere Erfahrungen und Blickwinkel mitgedacht werden. Es zähle nicht nur der Urlaub in Italien mit dem VW-Bus, sondern auch der mit dem Zug aus Dresden an die Schwarzmeerküste. Nicht Putin als Verkörperung Russlands, sondern als großes, weites Land. Nicht nur der Blick von außen auf andere Regionen, sondern auch der von innen. Man kann mehr Menschen erreichen, wenn die Beiträge offener sind. Und damit die Debatten und die gesellschaftliche Mitte breiter machen. Das sind essenzielle demokratische Integrationsleistungen, die zu vollbringen sind. Und die so in der alten BRD stattgefunden haben, als dort ab 1949 die Demokratie errichtet wurde.

Zwar hat der MDR meine Anfrage über die Besetzung in den Topjobs nicht ganz beantwortet. Dafür kommt die Antwort in Form einer Studie der Otto-Brenner-Stiftung. »In den Führungsetagen der wichtigen bundesrepublikanischen Leitmedien sind so gut wie keine Ostdeutschen zu finden. In den Chefetagen der großen ostdeutschen Regionalzeitungen sind Westdeutsche ähnlich überrepräsentiert wie vielerorts beim öffentlich-rechtlichen Rund-funk.«[193] Als gängiges Argument zur Entkräftung dieser Verhält-nisse wird oft vorgebracht, dass diese westdeutsch sozialisierten Chefs doch schon seit 20 Jahren in den neuen Ländern lebten, dass sie jede kleine Ostalgie mitsprechen und mit dem Historiker Ilko-Sascha Kowalczuk oder Joachim Gauck abgleichen könnten. Dass sie neben Claudia Pechstein gesessen hätten, gegenüber von Kati Witt, von Frank Schöbel, von Norbert Leisegang, von Wolfgang Kohlhaase, von Toni Krahl. Und unzähligen anderen. Immer noch zu wenig Osten? Ja, sagen die Autoren der Studie. Die großen Medienhäuser in Hamburg, München und Frankfurt investierten »denkbar wenig in Personal und Infrastruktur im Osten«[194]. Auch, weil in der deindustrialisierten Region sich Investitionen in Perso-nal und Infrastruktur kaum gegen Einnahmen aus Abos und Wer-bung gegenrechnen lassen.

Man muss diese Zurückhaltung bei den Investitionen eigentlich so deuten, dass manches große Medienhaus den Osten schlicht aufgegeben hat. Für den demokratischen Diskurs ist das ein schlechter Befund, schließlich zählen Medien zu den wichtigsten Playern in der Demokratie. Von den Gründungsjahren der Bundes-republik an bis heute trieben die Politik- und Wirtschaftsressorts sowie die Feuilletons der überregionalen Presse unbequeme De-batten und intellektuelle Auseinandersetzungen mit Geschichte und Identität der BRD an: von der Aufarbeitung der Nazizeit über Castor-Transporte und dem Kniefall von Kanzler Willy Brandt in Polen. Zurecht galten Presse und Rundfunk als die vierte Gewalt im Staat, als Wächter der Demokratie. In den neuen Ländern findet diese intellektuelle Aufarbeitung aber kaum medial unterstützt

193 https://www.otto-brenner-stiftung.de/sie-moechten/presseinfos-abrufen/de-tail/news/obs-analysiert-warum-der-osten-als-massenmedial-multiple-problemzone-gilt/news-a/show/news-c/NewsItem/news-from/112/
194 Studie Otto-Brenner-Stiftung, 30 Jahre staatliche Einheit, 30 Jahre mediale Spaltung, 2021.

statt. Was wird aus dem Kontrollauftrag der Presse über die gewählten Volksvertreter und Eliten, wenn er nicht wahrgenommen wird in den neuen Ländern?

Zu drei Viertel ausgeleuchtet

Man fragt bei einem Spitzenpolitiker nach, der unerwartet freimütig bekennt: »Warum soll ich die FAZ[195] lesen? Ich komme da als Bürger im Osten gar nicht vor. Ich komme nur vor, wenn in Tröplitz ein geplantes Asylantenheim halb brennt. Dann komme ich sogar in die *Tagesschau*.« Es ist eine Tatsache, dass die einst auch bei überregionalen Medien so lesefreudigen Bürger in den neuen Ländern kaum noch Interesse an den großen Zeitungen haben daran. Die *Süddeutsche Zeitung* verkauft 2,5 Prozent ihrer Auflage zwischen Rügen und Thüringer Wald, die FAZ gut drei Prozent[196], der *Spiegel* geringfügig mehr. Das hat viel damit zu tun, wer die Medien macht und wem die Verlage gehören. Gebildete Milieus im Osten finden die Angebote oft unattraktiv, weil ihr Alltag zu wenig vorkommt oder zu stereotyp berichtet wird entlang der bekannten Narrative Stasi, Nazi und Ostalgie.

Eine maschinelle Datenanalyse von 200 Millionen deutschsprachigen Artikeln über Ostdeutschland[197] bestätigt die subjektive Empfindung des Spitzenpolitikers. Je nachdem, ob die ausgewertete Zeitung in den alten oder in den neuen Ländern beheimatet ist, werden Ereignisse unterschiedlich bewertet. Man kann aus den Zahlen ableiten, dass Ostdeutschland in der westdeutschen Presseberichterstattung tendenziell negativer betrachtet wird. Begriffe

---

195 Er könnte auch sagen *Süddeutsche Zeitung*, macht er aber aus Höflichkeit nicht.
196 Diskussionspapier der Otto-Brenner-Stiftung, 30 Jahre staatliche Einheit, 30 Jahre mediale Spaltung 2021.
197 https://www.mdr.de/nachrichten/deutschland/wirtschaft/treuhand/datenanalyse-ostdeutschland-berichterstattung-102.html

wie »abgehängt« und »Armut« werden seit der Jahrtausendwende wieder häufiger gebraucht, positive Worte wie »Wachstum«, »Modernisierung« und »Aufschwung« weniger. Das Wörtchen »abgehängt« ist seit 2017 häufiger zu lesen. In den Neunzigerjahren verwendeten Zeitungen aus dem Westen deutlich öfter die Begriffe »Ostdeutschland« und »Probleme« gemeinsam; danach ließ es nach, seit 2015 und der Flüchtlingskrise ist dieser Trend wieder zu beobachten. Auch in den ostdeutschen Zeitungen habe die »Problemberichterstattung« zugenommen – die Regionalzeitungen seien gewöhnlich deutlich näher an der Lebenswirklichkeit der Ostdeutschen und berichteten differenzierter über die wachsende Zahl von Schwierigkeiten in Ostdeutschland. Insgesamt aber wird der Osten weniger als Projektionsfläche dargestellt. Positiv zu vermelden ist, dass inzwischen eher über die einzelnen Bundesländer berichtet wird als dass der ganze Osten in einem Topf verschwindet.

Der Schwäche der überregionalen Zeitungen stehen starke Regionalzeitungen entgegen. So lesen in Sachsen viele Menschen das Kürzel SZ nicht für die *Süddeutsche Zeitung*, sondern für die *Sächsische Zeitung*. Das Blatt ist zwischen Görlitz und Chemnitz mit einer gemeldeten verkauften Auflage von mehr als 184.000 Exemplaren gut aufgestellt. Das wiederum deutet darauf hin, dass man in Sachsen durchaus Zeitung liest (wobei damit nicht nur die Papierausgabe gemeint ist, sondern auch die digitalen Angebote). Dass es regionale Blätter sind, ist zunächst nicht weiter überraschend, die Menschen wollen wissen, was vor ihrer Haustür passiert. In Berlin gibt es gleich mehrere Regionalzeitungen. Tatsächlich deutet aber der Unterschied in der gelesenen Auflage zwischen SZ (Dresden) und SZ (München) darauf hin, dass viele Sachsen an einem bundesweiten Diskurs nicht interessiert sind, in dem sie sich und ihr Leben nicht wiederfinden. Die Kluft zwischen den in den überregionalen Zeitungen und den regionalen Zeitungen behandelten Diskursen wird als so groß wahrgenommen, dass man sich abwendet.

Zurück zum Spitzenpolitiker. Er findet, es werde nicht genug geredet über »das Alltägliche« im Osten und im Westen. Dafür brauche man gemeinsame mediale Plattformen. Die vorhandenen aber seien ja westdeutsche. »Aber wenn wir die Plattform als runde Scheibe betrachteten, auf der wir alle stehen, müssten wir [im Osten] auch zu Wort kommen. Tatsächlich aber sind unsere Talkshows keine Scheibe, sondern ein Zweidrittel-Mond. Das eine Drittel wird nicht ausgeleuchtet. Da scheint die Sonne nicht hin, wir haben kein eigenes Medienunternehmen, trotz aller lokalen Zeitungen gibt es keinen eigenen Reflektor. Manchmal wird einer aus dem Dunkeln geladen, wenn sich kein anderer von der hellen Seite findet.«

Studien zeigen ein weiteres Problem auf. Ostdeutsche neigen dazu, die in den westdeutsch geprägten Diskursen verwendeten Beschreibungen über sie selbst zu übernehmen. Nach dem Motto: Man muss es nur oft genug wiederholen, dann glaubt man es eben. »Hätte man intensiver und differenzierter über Ostdeutschland berichtet, hätte das auch die westdeutsche Stammleserschaft irritieren können, da die Milieus, gesellschaftlichen Verfasstheiten und kulturellen Diskurse in Ost und West lange voneinander entfernt waren und es heute noch sind.«[198] Wie das Beispiel Wolfgang Schäuble pars pro toto zeigt, mögen weder Politik noch Gesellschaft besonders gerne, dass strukturelle Ungleichheit thematisiert wird. Das gilt für ungleich verteiltes Eigentum und Stimmrechte, aber auch für die gefühlt eigene Stellung in der Gesellschaft. Wird ein struktureller Missstand angesprochen, wird damit automatisch eine Opferrolle zugewiesen. Eine Studie, die untersucht hat, inwieweit Ostdeutsche und Menschen muslimischen Glaubens sprachlich ähnlich behandelt werden, zeigt einige Gemeinsamkeiten auf. So finden mehr als 42 Prozent der Westdeutschen, dass

---

198 Otto-Brenner Stiftung. 30 Jahre staatliche Einheit, 30 Jahre mediale Spaltung, Studie 2021.

Ostdeutsche sich ständig als Opfer sehen. Diese Zahl liegt sogar über dem entsprechenden Wert für Muslime (36,5 Prozent). Gleichzeitig aber scheinen die Ostdeutschen den Opfervorwurf zu internalisieren, ungefähr drei von zehn stimmen diesem Stereotyp zu. Sie internalisieren aber auch die Einschätzung der Westdeutschen und werfen Muslimen ähnlich oft vor (39,1 Prozent), sich ständig als Opfer zu sehen.[199] Der Befund erinnert an die Theorie der sich selbst erfüllenden Prophezeiung.

Wer forscht, findet

Die Medienwissenschaftlerin Mandy Tröger aus Berlin-Ost hat eine Dissertation über den ostdeutschen Pressefrühling geschrieben und die Erfahrung gemacht, dass der Doktortitel hilft, das Thema voranzutreiben. »Mir hilft es, den Doktor vor dem Namen zu haben. Da wissen die Leute zwar, ah, ich heiße Mandy und komme wahrscheinlich aus dem Osten, aber ich weiß, wovon ich rede.«[200] Das Kürzel Dr. steht für Reputation und ist hilfreich, wenn man sich mit Forschungsergebnissen in die (gesamtdeutsche) Öffentlichkeit begibt. Aber darum soll es jetzt nur am Rande gehen. Sondern um die Frage, warum die neuen Länder überregionalen Medien, vor allem Zeitungen, eine Absage erteilen. Und warum eine Absetzbewegung vom großen Diskurs auch keine Lösung ist.

Mandy Tröger hat ihre Dissertation in den USA geschrieben.[201]

---

199 https://www.dezim-institut.de/fileadmin/user_upload/Projekte/Ost-Migranti-sche_Analogien/Booklet_OstMig_1_web.pdf

200 Gespräche mit Mandy Tröger, 13. November 2020 und 10. April 2021.

201 Die Dissertation stützt sich nicht nur auf bekannte Archive (Bundesarchiv, Parteienarchive), sondern auch auf Verlags- und Privatarchive sowie einen bislang unbekannten Bestand zum im Februar 1990 gebildeten Medienkontrollrat der DDR, der im Amsterdamer Internationaal Instituut voor Sociale Geschiedenis archiviert ist.

Das macht sie aus zwei Gründen besonders. In Deutschland hat es bis zu ihrer Arbeit keinen theoretischen Ansatz der kritischen politischen Ökonomie innerhalb der Kommunikationswissenschaft gegeben, in dem noch dazu ein heikles Thema wie die Pressetransformation aus kapitalismuskritischer Perspektive hätte beleuchtet werden können. In den USA gab es den theoretischen Ansatz und die Professoren, die mit ihr arbeiten wollten – und auch den institutionellen und finanziellen Rahmen. Die große räumliche Distanz war zudem hilfreich, um den Abstand zu haben für das sensible Thema, das die Niederschlagung des ostdeutschen Pressefrühlings durch westdeutsche Verlags-Monopolisten beleuchtet. Aus der Ferne, so findet Tröger rückblickend, habe sie andere Perspektiven auf die Umwälzungen damals einnehmen können und außerdem habe die Entfernung zu ihrem Forschungsobjekt geholfen, ihre These klar zu formulieren: »Der Untergang des Pressefrühlings in Ostdeutschland hinterließ einen blinden Fleck in der westdeutsch geprägten bundesdeutschen Presse- und Medienlandschaft. Bisher fehlt eine wissenschaftliche Aufarbeitung der DDR-Medientransformation nach dem Mauerfall.«[202]

Wer mal hüben und drüben gelebt hat, bekommt nach gewisser Zeit mit, wo es klemmt. Mandy Tröger hat den Schluss gezogen, dass es darauf ankommt, nicht mehr die Narrative des Westens als Norm zu betrachten. Sondern darauf, ein gemeinsames Narrativ zu finden. Mit Blick auf die Wahlen und das Bestreben der AfD, sich im Osten als die »Kümmerer« zu etablieren, warnt sie, dass Rechtsextreme andernfalls den blinden Fleck in der kritischen Geschichtsaufarbeitung okkupieren und mit eigenen Geschichten füllen könnten. »Wir brauchen eine andere Aufarbeitung von 1989/90, weil wir sonst das Feld Parteien wie der AfD überlassen. Solche Slogans wie *Vollende die Wende*, das würde nicht klappen, wenn wir eine Diskursebene hätten, wenn wir Ostdeutsche mehr integrieren und sie ihre

202 Interview Mandy Tröger, 13. November 2020.

eigenen Geschichten erzählen lassen würden. Dann hätte die AfD gar nicht die Angriffsfläche. Wenn man den Punkt macht: Wie kann man die Menschen abholen und nicht rechtspopulistischen Gruppen überlassen?«[203] So ähnlich hat es auch Bundespräsident Frank-Walter Steinmeier gesagt: Die Deutschen müssten ihre Geschichte gemeinsam schreiben, und dabei gehe es nicht um Höflichkeit oder Anstand. »Es geht um Demokratie! Denn wenn Menschen sich dauerhaft zurückgesetzt fühlen, wenn ihre Sichtweise nicht vorkommt in der politischen Debatte, wenn sie den Glauben an die eigene Gestaltungsmacht verlieren, dann darf uns das eben nicht kalt lassen. Dann bröckelt der Zusammenhalt, dann steigt das Misstrauen in Politik, dann wächst der Nährboden für Populismus und extremistische Parteien.«[204]

Dass die Geschichten der ostdeutschen Mitbewohner es kaum ins Biedermeier-Wohnzimmer der deutsch-deutschen Wohngemeinschaft schaffen, liegt nicht nur an Sendern, Zeitungen oder Digitalkanälen und eher mauen unternehmerischen Aussichten für Verleger, sondern auch daran, dass das Interesse der Bewohner daran allenfalls mäßig ist. Warum alles neu einrichten, wenn man doch schon die Küche teilt?

Mandy Tröger arbeitet inzwischen an der Universität München. Das Interesse des Publikums dort an Ost-Geschichten? Eher sporadisch. »In München wird nur über den Osten gesprochen, wenn es um AfD oder Pegida geht. Viel mehr sieht man hier nicht. Und würde ich nicht aus dem Osten kommen, würde ich von dem, was dort auf lokaler Ebene passiert, gar nichts mitbekommen.« Zugleich weiß sie, dass sich das Desinteresse nicht zwangsläufig gegen den Osten richten muss, sondern ganz allgemeiner Art sein kann. »Was kriege ich davon mit, was in Köln passiert? Auch nicht

203 Interview Mandy Tröger, 13. November 2020.
204 https://www.bundespraesident.de/SharedDocs/Reden/DE/Frank-Walter-Steinmeier/Reden/2020/10/201003-TdDE-Potsdam.html

sehr viel. Genau wie jemand aus Görlitz von Gelsenkirchen. Sicher ist es gar nicht so sehr ein Ost-West-Problem, sondern ein regionales Ding.«

Wegschauen aber bringt nichts, weil die Gräben nicht verschwinden, wenn man die Augen einfach schließt. Die mediale Analyse zeigt, dass die Aufarbeitung der vergangenen 30 Jahre Wiedervereinigung bisher nur auf zwei größeren Ebenen stattfindet. Wenn überhaupt, muss man hinzufügen. Die eine ist, dass Osterfahrungen immer auf den Westen bezogen werden. Die Bürger in den neuen Ländern spiegeln sich an denen in den alten. Dieses Spiegeln am Westen ist stark ausgeprägt, weil es alltäglich stattfindet. Es kann dazu führen, dass sich im eigenen Denken das Bild verfestigt vom entweder unzufriedenen (man findet sich total benachteiligt oder übers Ohr gehauen) oder aber heroischen Ossi (der Kämpfer wider die widrigen Umstände). Diesem Stereotyp ist nur zu entkommen, wenn man auch das eigene Verhalten hinterfragt. Was haben die Bürger selbst dazu beigetragen, dass die Wiedervereinigung zu dieser strukturellen Benachteiligung führen konnte? Etwa, dass sich viele im Osten plötzlich sofort die D-Mark wünschten. »Kommt die D-Mark nicht her, gehen wir zu ihr.«[205] Oder die Verführungen des Konsums. Hinzu kommen biographische Fragen. Wie geht man etwa damit um, wenn sich in der Verwandtschaft nach so vielen Jahren Spitzel outen oder geoutet werden? Wer auf die alten Länder zeigt, muss sich selbst im Spiegel betrachten können, das heißt, auch im Osten muss analysiert werden, welche eigenen Fehler gemacht worden sind.

Wobei man hier auf der zweiten, ganz entscheidenden Ebene landet, der Aufarbeitung der Wende im Westen. Welche Rolle spielten die Wahlen, bei denen Helmut Kohl auf eine herbe Niederlage zusteuerte, bei seinen Entscheidungen über die Einführung der

---

205 https://www.deutschlandfunkkultur.de/deutsche-rufe-7-8-kommt-die-d-mark-bleiben-wir.1001.de.html?dram:article_id=294872

D-Mark? Und bei den bis heute umstrittenen Entscheidungen der Treuhand über die Behandlung des DDR-Vermögens? Der kurzzeitige DDR-Minister ohne Geschäftsbereich, Gerd Poppe, sagte 1990 über Kohl: »Ja, ich möchte ein paar Bemerkungen machen zum Verlauf der Verhandlungen dort. Mir ist aufgefallen, dass eigentlich immer nur von Geld die Rede war, von Seiten des Bundeskanzlers. Es ging aber weder um die 40-jährige Geschichte der beiden Staaten, es ging auch nicht um die Akzeptanz einer spezifischen DDR-Identität, es ging auch nicht um die sozialen Probleme, die in diesem Lande zu erwarten sind, wenn es zu einer schnellen Währungsunion kommt.«[206]

Und nicht zuletzt muss die Rolle der Bonner Politik bei der Aufteilung der ostdeutschen Medienlandschaft und den Konsequenzen daraus hinterfragt werden. Ostdeutsche konnten nach der Vereinigung keine medialen Diskurse mit den eigenen Erfahrungen führen, weil die Medien auch institutionell von westdeutschen Großverlagen übernommen wurden, die dann die Debatte beherrschten. Die Ostdeutschen hatten nicht die Möglichkeit, beim Aufbau demokratischer Strukturen um Wege und Kompromisse zu ringen und Selbstreinigungsprozesse zu durchlaufen. Stattdessen wurde aus Bonn vorgegeben, was richtig war und was falsch. Das führte dazu, dass die Menschen im Osten sich als Verlierer zu fühlen begannen und man lieber nichts mehr sagte. »Die westdeutsche Perspektive nimmt zu oft voller Selbstbewusstsein in Anspruch, die gesamtdeutsche zu sein«, kritisiert Steinmeier.

Die positive Nachricht am Zustand der 31 Jahre währenden deutsch-deutschen Wohngemeinschaft ist, dass auch im Westen nicht mehr alles Biedermeier ist. Wenngleich es sehr schwer ist, die neu dazugekommenen Möbelstücke cool zu finden. In dieser Hinsicht war es hilfreich, dass Wolfgang Schäuble in einem sehr langen Gespräch zu diesem Buch noch einmal seine Sicht der Dinge er-

---

206 Ebd.

läutert hat – die lange in Deutschland Normalnull war. Spiegelt man die Realität an seinen Narrativen, kann man sehen, dass die Fronten bröckeln, endlich. Ich habe Wolfgang Schäuble auch gefragt, ob er es gut finde, dass funktionierende Dinge aus der DDR in das vereinte Land diffundiert sind und es modernisiert, ganz verwegen möchte ich sagen, *veröstlicht* haben.[207] Nach meiner Frage blieb es einige Augenblicke lang still in der Telefonleitung, vielleicht glaubte er so weit weg von Berlin in Offenburg, sich verhört zu haben, so wie es passiert, wenn man stille Post spielt. Verwestlicht?, fragte er nach. Nein, veröstlicht, wiederholte ich. Und dann gibt Schäuble die Antwort, die er eben zu geben vermag: »Die Einheit hat nicht nur den Osten verändert, sondern das Land insgesamt. Wir ehemalige Westdeutsche empfinden Thüringen oder Mecklenburg-Vorpommern nicht mehr als ferne Länder, das ist halt Deutschland.« Der Satz, dass der Westen sich verändert haben könnte, weil es jetzt Ärztehäuser, flächendeckende Betreuung ab dem Kleinkindalter oder finanziell unabhängige Frauen in ganz Deutschland gibt, kommt ihm nicht über die Lippen. Die große Veränderung des Westens, die er zugesteht, ist, dass man dort ostdeutsche Regionen nicht mehr als ferne Länder begreift. Es ist auch dieses Beharren, das die Verständigung so schwer macht. Muss das so sein, denke ich? Ob er die Rede von Steinmeier angehört hat? Und ob er sich auch manchmal fragt, wie es andersherum ist, wie die Menschen in den östlichen Regionen die in den westlichen sehen.

Das Beharrungsvermögen, das Schäuble zeigt, steht exemplarisch für viele Menschen in den alten Ländern. Und auch für Unternehmer. Warum sollte ein Unternehmer in Offenburg, der in den Sechzigerjahren begonnen hat, ein heute florierendes Auto-Zulieferer-Unternehmen aufzubauen, sein Narrativ über den Osten ändern? Die in den Neunzigern begonnene Erzählung der Union,

---

207 Gespräch mit Wolfgang Schäuble, 29. März 2021.

man habe das Beitrittsgebiet mit sauer verdientem Steuergeld ge-
sponsert, passt in das Selbstverständnis, mit dem der Diskurs auf
kleiner Flamme gehalten und jede Reflexion des Westens verhindert wird. Im besten Fall ist es so wie mit den Frauen in Führungspositionen: Okay, es könnten mehr sein. Aber bitte nichts über-
stürzen. Eine Debatte darüber ist nicht gewollt, weil die Macht
Kratzer abbekommen könnte. Deutungsdebatten sind Machtdebat-
ten. Rein menschlich ist es verständlich, dass man sie nicht gerne
führt, weil sie mit Verwerfungen, Schmerz und Bedeutungsverlust
verbunden sein würden, emotional auf jeden Fall, dazu machtpolitisch und materiell. Weil sie Gewissheiten Zweifel zufügen. Da ist
es einfacher, die Realität in Sachsen, Sachsen-Anhalt und Thüringen im Diskurs als Verirrungen von da drüben zu beschreiben. Man
versteckt sich hinter den bekannten Argumenten: Da ist es eh
schwierig, die Demokratie aufzubauen. Die vielen Nazis, klar, nie
was aufgearbeitet, man war ja per sozialistischer Definition schon
Antifaschist. Und die nächsten Wahlen? Wir rechnen mit dem
Schlimmsten. Es ist ein kollektives Abwinken, das stigmatisiert
statt zu differenzieren. Außerdem sind soziale Brüche, wie sie im
Osten normal sind, nicht gerade das, was Bürger in den alten Ländern, wo der Übergang von der Diktatur zur Demokratie 40 Jahre
früher begonnen hat und man in stabileren Verhältnissen lebt, zuvorderst interessiert. »Die Sozialstruktur in München ist eine ganz
andere. Das Leben ist einfach strukturell schöner, von der Familie
bis hin zu Fragen der Eigentümerschaft. Ganz anders, als wenn
man in Berlin aufwächst oder in einer anderen Region im Osten.
Dort waren und sind Brüche in den Familien, Arbeitslosigkeit,
Existenzängste die Regel, das gibt es so hier nicht. Die Leute hier
bekommen nur minimal mit, was dort flächendeckend normal war
und ist. Was meine Generation total geprägt hat, beispielsweise
eine oft elternlose Jugend, ist sehr schwierig rüberzubringen«, berichtet Mandy Tröger.

Die Dringlichkeit neuer Erzählungen aus dem Osten und der

Präsenz in den Medien wird 2021 unterschiedlich wahrgenommen. Dass Wolfgang Thierse (SPD) schon 2010 gewarnt hatte, es sei falsch, auf das Narrativ zu setzen: »Im Osten musste sich alles ändern, im Westen nichts«[208], ist folgenlos geblieben. Eine andere Gewissheit aber ist: Nichts wird so bleiben können, wie es war.

Wer schreibt, der bleibt

Das Bild, das Mandy Tröger in ihrer Dissertation gezeichnet hat von der Übernahme der ostdeutschen Presse durch westdeutsche Verlagsmonopole, ist differenziert. Ihre wichtigste Botschaft aber dringt bisher kaum durch. Dabei ist sie besonders geeignet, das Zerrbild von den rechtsextrem wählenden Mitbürgern im Osten zurechtzurücken: »Es stimmt nicht, dass der Osten keine Lust auf Demokratie hat. Die Wendezeit und der Zeitungsfrühling 1990 beispielsweise waren eine urdemokratische Erfahrung. Sie wurde aus Eigeninteresse von finanzstarken Verlagen des westdeutschen Medienmarktes untergraben.« Schon im März 1990 seien von den Großverlagen der BRD massiv westdeutsche Presseprodukte auf den DDR-Markt gebracht worden. Über einen Wechselkurs von 1:1 sei es mit Preisdumping gelungen, viele Leser von den einheimischen Schwarz-Weiß-Blättern abzuziehen. Die Großverlage Springer, Burda, Bauer und G+J teilten sich das Gebiet der DDR auf und errichteten einen eigenen Vertrieb. Als am 1. April 1990 die Subventionen für DDR-Zeitungen ausliefen, hatten die Blätter keine Chance mehr.

Und dann war der Elan weg, absorbiert von der Notwendigkeit, das neue (Über-)Leben zu lernen. Und von den Mediengiganten aus dem Westen.

---

208 https://www.bundestag.de/webarchiv/textarchiv/2010/31086083_kw36_thierse_interview-202470

Dabei hatte alles so hoffnungsvoll angefangen. Nach dem Mauerfall waren Reformgruppen und Politiker auf dem Weg gewesen, das Deutungsmonopol der SED im Pressesektor zu brechen. Dazu gehörte eine ganze Struktur, also Zeitungen wie das überregionale *Neue Deutschland*, die vierzehn Bezirkszeitungen, und auch deren Privilegien, über Papier, Druckkapazitäten, Personal usw. zu verfügen. Binnen Monaten sprießten 120 (!) neue Zeitungen aus dem Boden, zunächst in großen Auflagen. Die ersten Stasi-Skandale waren bekannt geworden, plötzlich schien alles möglich. Die neue Freiheit erlaubte jeder Stenografin, zur kritischen Reporterin zu werden. Milieus waren durchlässig wie nie, es herrschte eine irre Aufbruchstimmung. Linientreue Chefredaktionen waren bis Anfang 1990 ausgetauscht, neue Chefredakteure von der Belegschaft gewählt worden. Zeitungen benannten sich um, Seiteneinsteiger kamen in die Redaktionen.[209] Der Geist der Wendezeit zeigte sich in dem als vorläufiges Mediengesetz gedachten Volkskammerbeschluss zur Informations-, Meinungs- und Medienfreiheit vom 5. Februar 1990. Das Gesetz sollte von einem zu gründenden Medienkontrollrat überwacht werden.

Parallel betrieben die vier westdeutsche Großverlage bereits Ende 1989 aktiv Lobbyarbeit, um über die von ihnen forcierte Reform des DDR-Postzeitungsvertriebs den neuen Markt früh zu erschließen und durch die Übernahme der ehemaligen SED-Bezirkszeitungen eigene Monopolstellungen in Ostdeutschland aufzubauen. Praktisch über Nacht kamen die mit reichlich Geld ausgestatteten Großverlage und Investoren ins Land, die neu gegründeten Zeitungen gerieten schnell in finanzielle Schwierigkeiten. Zudem überschwemmten Titel aus dem Westen den Osten. Die DDR-Regierung konnte dem Druck aus der Wirtschaft nichts entgegensetzen.[210] Die westdeutschen Verlage setzten sich über

---

209 Otto-Brenner-Stiftung, 30 Jahre Einheit, 30 mediale Spaltung, Studie 2021.
210 Mandy Tröger, Pressefrühling und Profit, Halem Verlag 2019.

eine Pressevertriebsverordnung der DDR-Regierung hinweg und gingen zum wilden Vertrieb über. Sie bauten zunächst ohne Genehmigung ein paralleles Netz auf.

Das Fazit fällt wenig demokratiefreundlich aus: Wirtschaftsinteressen und das politische Interesse der Regierungsparteien und der Bundesregierung verhinderten die basisdemokratische Wende in der Presselandschaft der zusammengebrochenen DDR.[211] Die Unterhändler der Bundesregierung hätten den einheimischen Medienhäusern und Neugründungen Übergangsfristen einräumen müssen – so, wie es im Westen üblich war.

Bis heute wird unterschätzt, welche Überwindung und welchen Mut es die Leute gekostet hat, 1989 auf die Straße zu gehen und welchen Schub an positiver Energie es gab, als man gemeinsam die Reste der angeschlagenen Diktatur stürzte. Wie sehr die Freiheit danach genossen wurde, das Glück der freien Rede und des Zuhörens, der Durchlässigkeit von Strukturen, der kreativen Kraft, kann man heute kaum noch nachvollziehen. Diese ur-demokratische Erfahrung kann gar nicht hoch genug gehalten werden. Mandy Tröger hat in den USA eine sehr große Wertschätzung für diese friedlichen Revolutionäre erfahren. »Manchmal braucht man den Abstand, um den Wald vor Bäumen zu sehen. Die Menschen und ihre Erfahrungen, die durch DDR-, Wende- und Nachwendezeit geprägt sind, werden zu Hause nicht als das gesehen, was sie sind: besonders, historisch einzigartig und auf ihre Art wertvoll. In den USA gibt es dafür ein wesentlich größeres Verständnis als in Deutschland.«[212] Die eigene Wertschätzung daheim ist überhaupt ein Problem, das habe ich sowohl in den Jahren in Brüssel als auch bei Besuchen in den USA wahrgenommen. Ich erinnere mich an einen privaten Aufenthalt in Los Angeles Ende Mai, Anfang

---

211 Mandy Tröger, Pressefrühling und Profit, Halem Verlag 2019.
212 Gespräch mit Mandy Tröger, 10. April 2021.

Juni 2004. Am Abend des 31. Mai fingen die amerikanischen Freunde an, eine Party vorzubereiten. Eine Feier, für wen? Na, für dich. Für mich? Ein Lächeln. Ganz Osteuropa tritt heute Nacht der Europäischen Union bei. So viele Staaten auf einmal. Was für ein Fest. Und plötzlich freute ich mich. Und war auch bisschen stolz.

Und deshalb unterliegt die Debatte um die Demokratie im Osten einem Irrtum. Die Leute in den neuen Ländern haben sich damals mit voller Absicht und friedlich die Grundrechte der Demokratie erkämpft, die freie Meinungsäußerung, freie Wahlen, Runde Tische. Das hat es so in der Geschichte Deutschlands noch nie gegeben. Diese Leistung wird im medialen Diskurs unterschätzt oder übergangen. Würde sie so anerkannt, wie ich das im Ausland erlebt habe, wäre die Debatte heute viel weiter bzw. könnte anders geführt werden. Miteinander statt gegeneinander. Man muss stolz sein können auf das, was man gemacht hat.

Unterschätzt wird auch, dass die Wende in eine Zeit fiel, in der der Neoliberalismus seinen Siegeszug in der westlichen Welt begonnen hatte. Privatisieren war sexy. Ronald Reagan und Margaret Thatcher waren die Vorreiter einer umfänglichen Privatisierung, der Staat nahm sich zurück und ließ den Kräften des freien Marktes unendlichen Raum. Die zusammengebrochenen Strukturen der DDR müssen kapitalistischen Investoren wie das Privatisierungsparadies vorgekommen sein. Ein großartiger Spielplatz ohne Fallgruben. Auch auf dem medialen Massenmarkt. Das mit der Macht des Marktes erzwungene Zeitungssterben, nicht nur die Neugründungen, auch Wochentitel und Verbrauchertitel waren darunter, im Osten – wer wollte noch mit dem neuen Westgeld für schwarz-weiß gedruckte Ostzeitungen bezahlen? – mag man als Bagatelle betrachten. Tatsächlich ist es einer der Gründe, wieso es in der Folge so schwer wurde, eine demokratische Öffentlichkeit zu etablieren. Der Osten wurde zugeschüttet mit Hochglanzmagazinen, etwa der auf ostdeutsch gemachten Klatschzeitschrift *Super-Illu*, und über die Umtauschkurse oder Sonderpreise, die nicht annähernd kostendeckend kalkuliert waren, gleich noch mit dem Geld, diese kaufen zu können. Die jahrelange West-Reklame hatte hier ganze Arbeit geleistet. West-Ware war im Kopf der Ossis lange Zeit per se mehr wert als Ost-Ware. Die Verführung gelang.

Interessant ist aber, dass die aus dem Westen gelieferten Titel letztlich nicht lange gekauft wurden, sondern dass die Leserinnen und Leser ihren alten Zeitungen, vor allem den ehemaligen SED-Bezirkszeitungen treu blieben, die bis heute die Zeitungslandschaften im Osten Deutschland dominieren. Was sicher auch auf die regionale Berichterstattung zurückgeht und auf die gewünschte Selbstbestimmung.

Macht, Markt und Medien

Demokratie lebt von freier Rede und Gegenrede, von Kompromissen und Teilhabe. Wie sah es damit nach dem Mauerfall aus? Im Jahr 1990 eroberten die Westverlage einen gigantischen Markt. Dass dafür der demokratische Aufbruch in der Medienlandschaft abgewürgt wurde – ein Kollateralschaden in den Augen vieler. An den Folgen laborieren die neuen Länder bis heute. Massenmedien spielen heute so gut wie keine Rolle mehr. Bis zum Mauerfall hatten 80 bis 90 Prozent der Haushalte im Osten eine Tageszeitung[213] abonniert, manche sogar mehrere. Von Pressefreiheit konnte trotz des Angebots keine Rede sein. Der Staat kontrollierte von der Ausbildung bis zum Papierkontingent in die Redaktionen hinein. Als die Staats- und Parteispitzen im Oktober 1989 abdankten, verschwand binnen Wochen der sozialistische Duktus der Presselandschaft. Die Verlagshäuser reformierten sich teilweise aus innen heraus, kleine neue Verlage entstanden – hielten aber dem Druck der vier großen Verlagshäuser aus dem Westen nicht stand. Sie nah-

---

213 Studie der Otto-Brenner-Stiftung 2021.

men dem kritischen Eigendiskurs des Ostens den Raum – wieder. Der Osten Deutschlands musste ja schon von 1933 bis 1989 ohne eine demokratisch-liberale Öffentlichkeit auskommen. Nach 1945 dominierte im Osten Deutschlands erst das Informationsmonopol der sowjetischen Besatzer und dann das der SED – insgesamt 44 Jahre lang. 1989/90 wurden aus dem Volk heraus erstmals demokratische Informationsstrukturen erstritten, die das SED-Monopol hätten ablösen können. Dazu kam es nicht, seit 1991 müssen die neuen Länder mit einer von westlichen Erfahrungshorizonten dominierten Presselandschaft leben.

Was zu kurz kommt, sind die Auswirkungen auf die Demokratie in der gesamten Bundesrepublik. Wenn im Osten kaum demokratieförderlicher Diskurs stattfindet und tatsächlich eine signifikante Zahl an Bürgern sich diesem Diskurs verweigert, ist das auch für den Westen eine schlechte Botschaft, weil auch dort die Demokratie nicht von alleine kam, sondern über Jahrzehnte eingeübt wurde. Auch in den alten Ländern musste eine politisch funktionierende Öffentlichkeit mühsam aus dem braunen Sumpf heraus erst erstritten werden.[214] Der weitere Weg wird insgesamt beschwerlicher, wenn der Osten demokratietechnisch wie ein Klotz am Bein wirken sollte, weil rund 25 Prozent der Bevölkerung sich einer extrem rechten Partei verbunden fühlen. Axel Schildt, Professor für neue Geschichte in Hamburg, hat in seinem kurz vor seinem frühen Tod veröffentlichten Buch beschrieben, wie Intellektuelle das Gesicht der Bundesrepublik formten, dafür die Medien nutzten und welche geistigen Strömungen sie in ihren »formativen Jahren zwischen Kriegsende und den späten 1960er Jahren« prägten. Der Aufbau der Demokratie in Westdeutschland war kein Selbstläufer. Man muss schon aus eigenem Interesse sehr darauf achten, dass Ostdeutschland mehr als bisher in das demokratische System eingebunden wird und die rechtsextremen Fliehkräfte nicht mehr an Fahrt auf-

---

214 Axel Schildt, Medien-Intellektuelle in der Bundesrepublik, Wallstein 2020.

nehmen. Man kann im Osten nicht eins zu eins die westliche Entwicklung nachholen. Das vereinigte Land muss den weiteren Weg gemeinsam gehen, und es ist auch die Aufgabe des Westens, mit den Menschen im Osten zu streiten und sich über den Streit anzunähern.

Jede Landtagswahl im Osten oder auch die Bundestagswahl ist eine Zitterpartie für die gesamte Bundesrepublik. Noch ist die gemeinsame Wahl des FDP-Politiker Thomas Kemmerich im Februar 2020 mit den Stimmen von AfD und CDU ein politischer Solitär in Thüringen, den Angela Merkel mit allem Nachdruck hat rückgängig machen lassen. Der Schock von Thüringen ist allerdings kein ostdeutsches Problem. Wer das nicht glauben mag, dem sei ein Blick in den Herbst 2021 empfohlen. In Thüringen wird im September gleichzeitig mit der Bundestagswahl der neue Landtag gewählt. Was, wenn das Wahlergebnis die AfD stärker macht und einige CDU-Mitglieder weiter mit den extremen Rechten flirten? Der abgesetzte Verfassungsschutzpräsident Hans-Georg Maaßen, der nie aufgefallen ist durch eine besondere Verbindung zu den neuen Ländern, ist in Süd-Thüringen zum CDU-Direktkandidaten für den Bundestag gekürt worden. Er macht das in Thüringen, weil er dort geistige Kameraden hat, die sich wie er als Streiter wider den Zeitgeist inszenieren. Maaßen würde seine geistige Nähe zur AfD ins Parlament mitbringen. Und: Würden Leute wie er im Thüringer Landesparlament eine Zusammenarbeit mit der AfD kategorisch ausschlagen? Für die CDU im Bund erwüchse ein riesiges Problem. Welche Handhabe hätte sie gegen eine Zusammenarbeit der Landes-CDU mit den Rechtsextremen? Und was passierte, würde die Bundespartei intervenieren – und was, wenn nicht?

In Sachsen-Anhalt hat Dauer-Ministerpräsident Reiner Haseloff wie eine Brandmauer verhindert, dass die Bundes-CDU gegen AfD-Kooperationen hätte intervenieren müssen. Im Konrad-Adenauer-Haus in Berlin dürfte man täglich beten, dass die AfD in Sachsen bei der Bundestagswahl nicht stärkste Kraft wird – wie 2017. Damals trat daraufhin der CDU-Ministerpräsident Stanislaw Tillich zurück, sein Parteifreund Michael Kretschmer rückte mitten in der Legislatur nach. Er hat die Landtagswahlen 2019 gewonnen. Die Wahlergebnisse im Osten können auch die demokratischen Debatten im Westen wieder erschweren – man schaue nur auf die von Jan Böhmermann nachgezeichneten rechtsextremen Netzwerke. Es wäre ein Fehler, deren Einfluss und die Wucht der Debatten zu unterschätzen. Es ist also im ureigenen Interesse der alten Länder, mitzuhelfen, dass die Lust der Ostdeutschen auf Teilhabe an demokratischen Prozessen wieder wächst.

Und deshalb irritiert es, dass selbst erfahrene Politiker wie Wolfgang Schäuble sich so schwertun, Verwerfungen aus der Wiedervereinigung zu thematisieren und eine Brücke zu bauen. Obwohl offensichtlich ist, dass, wenn der Diskurs um die Verantwortung und Konsequenzen fehlt, die AfD die Lücke nutzen wird, um sich als Kümmerer-Partei zu installieren und sie mit ihren Parolen zu füllen.

Die Bedeutung der Wiedervereinigung für das Schicksal der Demokratie in der gesamtdeutschen Bundesrepublik ist deshalb noch lange nicht auserzählt. Schon gar nicht, wenn man das digitale Informationszeitalter hinzunimmt, die schnelllebigen sozialen Medien, die Botschaften, egal, ob wahr oder falsch, binnen kürzester Zeit um den Globus transportieren. Und manch aufgeregte Debatte über den Osten lässt die Sorgen wachsen, dass es die Demokratie in ganz Deutschland schwerer haben wird als erwartet. Dass sie mehr zerredet als verteidigt werden könnte. Die Konsequenz des langen Schweigens und der fehlenden ostdeutschen Eliten ist die massenmediale westdeutsche Meinungsführerschaft.

Vom Versuch eines Neustarts

Dass es geht, das Interesse des Ostens am überregionalen Diskurs zu beleben, zeigt der Versuch der Wochenzeitung *Die Zeit*. Vor mehr als zehn Jahren startete sie die Regionalausgabe der Wochenzeitung »Zeit im Osten« für Sachsen. Inzwischen wurde die Spezialausgabe erweitert auf ganz Ostdeutschland. Sie hat einen Anteil von sechs Prozent an der verkauften Auflage der Zeit.

Ich lese sie gerne, und trotzdem muss ich einräumen, dass immer, wenn ich als Digital-Abonnentin das PDF im Postfach finde, bei mir der Gedanke auftaucht: Ups, Neues aus dem Zoo. Das ist nicht inhaltlich gemeint, sondern bezieht sich rein auf den Fakt, dass es nötig ist, Geschichten aus dem Osten auszukoppeln, als betrete man ein Extragehege. *Die Zeit* hat ein eigenes Redaktionsbüro in Leipzig mit drei Kolleginnen und Kollegen vor Ort.[215] Sie sorgen dafür, dass unter dem Label *Zeit* mehr Geschichten aus Ostdeutschland publiziert werden. Was der größte Unterschied ist zwischen den Geschichten? Wenn ost-sozialisierte Kollegen schreiben, wird der Westen automatisch mitgedacht. Schreiben west-sozialisierte, fehlt die Perspektive auf den Osten vollständig. Wie das genau gemeint ist? So wie dieser Dialog, der keine drei Jahre her ist: Meine Schwester betritt eine Buchhandlung in Greifswald und hört, wie die Kundin zu der Buchhändlerin sagt: »Also, Ihr Buchladen kann sich wirklich mit jedem Buchladen in der Bundesrepublik messen.« Darauf die Verkäuferin: »Wir sind in der Bundesrepublik.«

Dass die Dame, die ja nett sein wollte, kein Einzelbeispiel ist, kann man in der *Zeit* nachlesen. In einem ZDF-Länderspiegel schraubt eine Clique von jungen Männern aus der Lausitz an alten Simson-Mopeds. Im Untertitel heißt es: »Wo der Westen weit weg

---

215 Wie die *Süddeutsche Zeitung* übrigens auch mit drei Kolleginnen und Kollegen in Sachsen, Sachsen-Anhalt und Thüringen unterwegs ist.

ist«. Warum ist diese Frage hier relevant?, fragt Autorin Jana Hensel.[216] Weil der Westen unser Fixstern ist? Die Normalnull? Und wir uns darüber definieren, wie weit wir davon entfernt sind?

Eine andere Sendung, *sonntags*, es taucht plötzlich die Frage auf, was die Bundesrepublik eigentlich von der Wiedervereinigung habe. Es ist derselbe Freud'sche Versprecher wie in der Buchhandlung in Greifswald. Sollen wir nicht alle zusammen seit 30 Jahren die Bundesrepublik sein? Man ahne schon, schreibt Hensel, was gemeint sei: »Was haben die alten Länder davon, dass sie die neuen aufgenommen haben?« In der Sendung wird die Geschichte erzählt über eine Familie aus Halberstadt, die nach Jahren im Schwarzwald zurückkehrt in den Harz. Der Sohn hat schon vorab wieder zurückgemacht, er ist ein erfolgreicher Unternehmer. Die Eltern kommen nach. Der Sohn darf sagen, dass die Ostdeutschen leider nicht so selbstbewusst sind. »Wie die Westdeutschen« sagt er nicht, aber man denkt es sich, schreibt Hensel. Und als seine Mutter unter Tränen erzählt, im Schwarzwald nicht heimisch geworden zu sein, sagt die Stimme aus dem Off, dass sie keine Freunde gefunden hätten. Und suggeriert damit: wird halt irgendwie ihre Schuld gewesen sein. Die Schwarzwälder hingegen werden mit keinem Wort erwähnt. Vielleicht haben sich die geschlossenen Gesellschaften geweigert, Fremde heimisch werden zu lassen? Die Geschichte erinnert mich an die Erzählungen meiner 1922 geborenen Großmutter, die Anfang der 1990er-Jahre ins südhessische Bensheim zog und immer wieder unterschwellig dem Vorwurf ausgesetzt war, dass die im Osten gar nicht fleißig gewesen seien und vom Westen finanziert würden. Noch heute fühlt sie sich durch solche anmaßenden Urteile in ihrem Stolz verletzt.

Beispiele dieser Art gibt es zuhauf, und man kann in solchen Momenten durchaus verstehen, warum Sachsen-Anhalt gegen die Erhöhung der Rundfunkgebühren rebelliert hat. Wobei man inzwi-

---

216 Zeit im Osten, 9/2021 »Was läuft denn da?«.

schen Fortschritte feststellen kann. Seit Haseloff sein Veto eingelegt und die Abstimmung über den Rundfunkstaatsvertrag ge-
stoppt hat, senden die ARD-Anstalten verstärkt ganz normale
Berichte aus den neuen Ländern. Sie fahren ins Erzgebirge, ins
Anhaltinische, nach Dresden und zwar nicht, weil es um Nazis
geht. Sondern, wenn sie von den Sorgen von Unternehmern in der
Pandemie oder von Schulen berichten. Sogar in das kleine Städtchen Augustusburg in Sachsen sind Teams gefahren. Na, geht doch.

Man könnte solcherart Normalität auch weniger brachial als
durch den Stopp einer bundesdeutschen Reform erreichen. Man
könnte *en passant* für einige Zeit Ostdeutsche bevorzugt auf freie
Stellen im Top-Management befördern und ein paar Menschen aus
dem Osten auf Top-Posten in die einflussreichen Standorte des öffentlich-rechtlichen Rundfunks im Westen schicken, was es auch
schon gibt.[217] Nicht, um das Programm umzukrempeln, sondern
für die Zwischentöne, damit der Osten einfach mitgedacht wird in
der Berichterstattung. Ähnliches gilt für überregionale Tages- und
Wochenzeitungen. Sie könnten ihre traditionellen Rekrutierungs-
netzwerke für Spitzenpositionen nach Osten öffnen – was freilich
auch gilt für Migranten und Migrantinnen oder andere Milieus.
Man müsste die Netzwerke durchlässiger machen. Und es geht
nicht darum, ostdeutsche Geschichten aus Ostdeutschland schreiben zu lassen. Sondern sie in die Politik und Wirtschaftsseiten und
in die Feuilletons zu bringen und so die Debatten zu erweitern.

Das gibt es schon, klar, auch in der *Süddeutschen Zeitung*, die
überregional die größte ist in Deutschland. Überall selbstverständlich ist es nicht. Auch hier ist interessant, dass Wolfgang Schäuble
der Kritik, dass es zu wenige Ostdeutsche unter den Meinungs-
machern und Topjob-Inhabern gibt, nicht wirklich zustimmt. Sondern den Befund schnurstracks auf eine allgemeine Ebene hebt.

---

217 Initiative des Ost-West-Austauschs von Journalisten https://www.ostwestnord-
suedx.de/

Bloß keine Ost-West-Vergleiche aufmachen. »Richtig« sei, dass die »Elitenbildung in unserem Land ziemlich schwerfällig ist. Das ist das Problem.«[218] Das sei in der öffentlichen Verwaltung auch so. »Die, die schon länger da sind, haben bessere Chancen. Wir müssen ein Stück weit für mehr Durchlässigkeit sorgen.« Seine Schlussfolgerung ist aber nicht, dass man da jetzt eingreifen müsste und Ostdeutsche oder andere Milieus bevorzugt befördern. Es ist, als stoße man an die gläserne Decke mit solchen Fragen. Auf einen enormen Widerstand, Macht teilen zu wollen. Schäuble wärmt die alte Geschichte auf, dass sich die Unterschiede verwachsen würden mit der Zeit. »Es geht jetzt allmählich schneller. In der nächsten Generation wird die regionale Herkunft keine Rolle mehr spielen.«

Wird nichts geändert, bedeutet das allerdings, dass auch die Netzwerke der nächsten Generation wie die bisherigen aus sich selbst rekrutiert werden. Will Schäuble wirklich durchlässigere Eliten, muss es einen Wandel bei der Rekrutierung geben, und das wiederum bedeutet: mehr Ostdeutsche, mehr Frauen, mehr Migranten. Vielleicht sollten die Studenten der Uni Leipzig oder die Berufsschüler in ostdeutschen Betrieben Wolfgang Schäuble mal einladen und ihm erzählen, wie das ist mit der Jugend und dem Gefühl, Ostdeutsche/r zu sein. Oder Soziologen wie Steffen Mau. Grundsätzlich aber zeigt sich in den Aussagen, dass die Generation West nicht bereit ist, im Einigungsvertrag gemachte Fehler anzuerkennen und auszubügeln. Für eine demokratische Teilhabe wäre aber genau das nötig.

---

218 Gespräch mit Wolfgang Schäuble, 29. März 2021.

Von der politischen Macht einer Minderheit

Der Osten entscheidet 2021 darüber, ob der Bundesrat ein AfD-freies Verfassungsorgan in der Bundesrepublik bleibt. Angesichts knapper Mehrheiten wird der Osten stärker als bisher mitbestimmen, welche politischen Bündnisse geschmiedet werden können. Der Bündnisgedanke ist ein Pfund aus Wendezeiten, das in Ostdeutschland jetzt wieder gehoben werden kann.

Das Zünglein an der Waage

Der Wahlforscher Matthias Jung aus Mainz erforscht nicht nur Meinungen, sondern hat auch selbst eine, beispielsweise über den Einfluss der neuen Länder auf die Bundespolitik. »Die entscheidende Begrenzung des Einflusses Ostdeutschlands auf das bundesweite Wahlergebnis liegt schlicht in dem Anteil Ostdeutschlands an den Wahlberechtigten und normalerweise einer auch noch niedrigeren Wahlbeteiligung«.[219] Mit anderen Worten: bitte nicht überbewerten. Formal stimmt das natürlich, eine Region mit weniger Einwohnern als Nordrhein-Westfalen kann keine Bundestagswahl entscheiden.

---

219 Gespräch mit Matthias Jung, März 2021.

Aber das Land verändern kann sie schon.

Die vergangenen Jahre haben gezeigt, dass der Einfluss des Ostens auf Wahlergebnisse und Bundespolitik größer ist als die rein numerische Zahl seiner Wähler und Wählerinnen.[220] Der Osten kann Zünglein an der Waage sein. »Wir entscheiden nicht, wer Kanzler wird. Aber ob er Kanzler wird«, sagt Reiner Haseloff aus Sachsen-Anhalt. »Es ist ja meistens bei den Wahlen jetzt recht knapp von den politischen Blöcken her. Und wenn es knapp ist, sind Minderheiten entscheidend.«[221] Mario Voigt, Fraktionsvorsitzender der CDU im Landtag und Spitzenkandidat der CDU Thüringen, weiß, dass Wahlen nicht im Osten gewonnen werden, wohl aber dort verloren werden können.[222] So ähnlich sieht das auch Friedrich Merz, der bis 2002 Unionsfraktionsvize im Bundestag und zuletzt viele Jahre Blackrock-Manager war und 2021 noch einmal in den Bundestag gewählt und möglichst auch Minister in einer unionsgeführten Bundesregierung werden will. Er glaubt, der CDU bei den Wahlen 2021 helfen zu können, Wähler und Wählerinnen zu gewinnen. In Sachsen-Anhalt und Thüringen soll er mittels klarer Ansagen helfen, konservative Stimmen zu sammeln, zusammen mit Sachsen sind das die Länder, in denen die CDU im Osten vergleichsweise stark ist – und konservativ.

Auch ein Blick zurück beweist den Einfluss Ostdeutschlands: Gerhard Schröder von der SPD siegte zweimal bei den Bundestagswahlen, auch dank der Stimmen aus den neuen Ländern. Im Jahr 2002 verhinderten die Wähler zwischen Greifswald und dem Erz-

---

220 https://www.bpb.de/geschichte/deutsche-einheit/lange-wege-der-deutschen-einheit/47 51 3/wahlverhalten-in-ost-und-westdeutschland: Durchschnittlich haben sich an den acht gesamtdeutschen Bundestagswahlen zwischen 1990 und 2017 gut drei Viertel der Wahlberechtigten bundesweit beteiligt – exakt 76,8 Prozent. In Westdeutschland war es ein Prozentpunkt mehr (77,8 Prozent), in Ostdeutschland waren es 4,3 Prozentpunkte weniger (72,5 Prozent).
221 Gespräch mit Reiner Haseloff im März 2021.
222 Online-Gespräch, 4. Mai 2021.

gebirge, dass Unions-Kanzlerkandidat Edmund Stoiber von der CSU aus München nach Berlin umziehen durfte, weil die meisten lieber eine zweite Amtszeit des SPD-Kanzlers wollten. Matthias Platzeck, der damals Ministerpräsident in Brandenburg war, erinnert sich an 2002. »Ich war im Wahlkampf viel mit unterwegs, wir haben gemerkt, dass die Menschen bewusst Schröder gewählt haben. Das war eine sehr deutliche Wahl Gerhard Schröders.«[223] Interessant ist allerdings auch, dass Angela Merkel 2005 als Unions-Kanzlerkandidatin im Osten nicht reüssieren konnte. Bei der vorgezogenen Bundestagswahl holte Gerhard Schröder im Osten noch einmal die meisten Stimmen, trotz der Agenda 2010 – was ihm allerdings nichts mehr nutzte, weil die Stimmen im Westen für einen Sieg fehlten. Wäre es nach den Ostdeutschen gegangen, wäre der Agenda-Erfinder Kanzler geblieben.

Bei den Wahlen des Jahres 2021 spielen die neuen Länder eine herausragende Rolle. Ihre Wahlergebnisse werden mitbestimmen, welche politischen Bündnisse geschmiedet werden können oder müssen. Es gibt vier Landtagswahlen, in Sachsen-Anhalt, Thüringen, Berlin und Mecklenburg-Vorpommern. Und dazu die Bundestagswahl. Anders als bei früheren Wahlen liegen in den bundesweiten Umfragen zur Bundestagswahl im Frühjahr 2021 zwei Parteien gleichauf. Grüne und Union liefern sich zunächst ein Wettrennen um den ersten Platz und schwanken um die 25 Prozent, die SPD liegt zehn Prozentpunkte dahinter, dahinter AfD, Linke und FDP nahezu gleichauf. Das Abstimmungsverhalten einzelner Regionen wie Ostdeutschland fällt bei knappen Vorsprüngen und Mehrheiten deutlich mehr ins Gewicht. Im Zuge der Landtagswahlen in Thüringen und Mecklenburg-Vorpommern wird darüber entschieden werden, ob der Bundesrat weiterhin ein Verfassungsorgan in der föderal organisierten, parlamentarischen Demokratie bleibt, in dem die AfD nicht mitbestimmt. Es gibt bis-

---

223 Gespräch mit Matthias Platzeck, Dezember 2020.

lang keine Landesregierung, an der die Rechtsextremen beteiligt sind. Und so soll es bleiben

Es ist eine Besonderheit der neuen Länder, dass zumindest in den südlichen und südwestlichen Regionen und Wahlkreisen die AfD der politische Hauptgegner der CDU ist – und nicht die SPD oder die Grünen. Es geht in Sachsen, Sachsen-Anhalt und Thüringen auch immer darum, die AfD zurückzudrängen und dass eine demokratische Partei stärker wird als die Rechtsextremen. Und darum, Kooperationen mit der AfD zu vermeiden. Zugleich gibt es in den östlichen CDU-Landesparteien Abgrenzungsprobleme nach rechts, so in Thüringen bei der Wahl des FDP-Kandidaten Kemmerich zum Ministerpräsidenten. In Sachsen-Anhalt wäre es ohne das entschlossene Handeln von Ministerpräsident Haseloff Ende des Jahres 2020 beinahe zur nächsten gemeinsamen Abstimmung im Landtag gekommen – gegen den Rundfunkstaatsvertrag. In beiden Bundesländern liegt nicht nur die AfD stabil über 20 Prozent, es gibt auch in der CDU Mitglieder, die kaum Berührungsängste mit Rechtsextremen zeigen. Die CDU schließt zwar grundsätzlich – wie auch die anderen Parteien im demokratischen Spektrum – jede Zusammenarbeit mit der AfD aus. Trotzdem kommt es immer wieder auf kommunaler Ebene zu Kooperationen.[224] Und so hat Wahlforscher Jung zweifellos recht, wenn er sagt, es gebe rein zahlenmäßig vergleichsweise wenige Wähler und Wählerinnen im Osten. Zugleich ist der Einfluss immens. Die Auswirkungen ihres Votums könnten die Union in schwere Verlegenheit bringen und im schlimmsten Fall das eingeübte politisch-demokratische Gefüge der Bundesrepublik verändern.

Ein wirksames Mittel gegen Rechtsaußenableger wie Hans-Georg Maaßen hat die CDU im Wahljahr nicht gefunden. Und so machen die Ostwahlkreise der Bundespartei schon im Vorwahl-

---

224 »Ein Handschlag von vielen«, Zeit im Osten 19/2021.

kampf schwer zu schaffen. Kanzlerkandidat Armin Laschet, der im Osten nicht besonders viele Fürsprecher bei seiner Wahl zum Kanzlerkandidaten hatte, engagiert den unterlegenen Rivalen um den Parteivorsitz, Friedrich Merz, um in den neuen Ländern zu punkten. Er nimmt ihn in sein Wahlkampfteam auf – und schickt ihn als Finanz- und Wirtschaftsexperten auch los, um bei den Ostdeutschen um Stimmen zu werben.

Nur ein paar Tage nach der Berufung von Merz wird der Westdeutsche Hans-Georg Maaßen als CDU-Kandidat für den thüringischen Wahlkreis 196 bei der Bundestagswahl nominiert. Das beschert Laschet ein weiteres Problem im Osten – allerdings hausgemacht West. Der ehemalige Chef des Bundesamtes für Verfassungsschutz gilt als AfD-nah. Er hatte die Wahl des FDP-Kandidaten Kemmerich durch CDU und AfD im Februar 2020 begrüßt. Laschet schweigt zunächst, dann teilt er mit, er mache die Regeln, und die lauteten: »Mit der AfD wird nicht kooperiert, nicht koaliert, nicht einmal verhandelt.« Er erwarte, dass sich jeder daran halte, »auch der Kandidat im Wahlkreis Suhl/Schmalkalden«[225]. Man fühlt sich an seine Vorgängerin an der Parteispitze erinnert, Annegret Kramp-Karrenbauer war mit einer ähnlichen Ansage vor einem guten Jahr gescheitert. Es ist fast schon lustig, dass wiederum ein Ostdeutscher Laschet aus der Zwickmühle in Thüringen befreien könnte. Die SPD schickt den in der Biathlon-verrückten Gegend rund um Suhl sehr beliebten, mehrmaligen Biathlon-Weltmeister Frank Ullrich ins Rennen um den Wahlkreis 196. Es wird ein spannender Kampf.

Viele Jahre haben die im Westen mitgliederstarken Parteien geglaubt, sie könnten im Osten mit den gleichen Programmen wie im Westen um Wähler werben. Es stellte sich als Fehler heraus, dass sie zu wenig bereit waren, die strukturellen Benachteiligungen zu

225 https://www.sueddeutsche.de/politik/cdu-laschet-maassen-15283215

beseitigen, die sie ja teilweise sogar mitzuverantworten hatten. Eigentumsrechte, Stimmrechte im Bundesrat und in Gremien oder auch mediale Mitbestimmung waren zugunsten des Westens festgezurrt worden. Es gab zwar Streikrechte, aber wegen der geringen Kraft der Gewerkschaften gingen viele Arbeitskämpfe verloren. Ein Vergleich der Vergütung der Mitarbeiter der Messe Hannover mit der Leipziger Messe verdeutlicht die unterschiedliche Stellung. Für die Messe Hannover hat die mächtige IG Metall erkämpft, dass die Metall-Tarifbedingungen gelten. Bei der Messe in Leipzig gibt es bis heute nicht mal *irgendeinen* Tarifvertrag. Und weil es kaum erfolgreiche Arbeitskämpfe gibt, ist die Bindung an Gewerkschaften oder Parteien im Osten nicht besonders ausgeprägt. Die Organisationen sind mitunter nur Bonsai-Ableger ihrer Schwestern im Westen. Die CDU hat in Sachsen-Anhalt 6335 Mitglieder[226], die SPD 3385 Genossen, die Linken werden wegen der Altersstruktur immer weniger, derzeit sind es 3192, die AfD hat 1366 Mitglieder und die Grünen 1114 Mitglieder.[227] Das bedeutet, dass demokratische Strukturen wie etwa Mitbestimmung und Teilhabe über Parteistrukturen weniger gefestigt und manche Ortsvereine mangels Mitgliedern geschlossen sind. Man verlässt sich im Osten lieber auf sich selbst. Überdurchschnittlich viele Wähler lange bei der Linkspartei geblieben, weil sie als eigene Partei wahrgenommen wurde, die anders war als die aus dem Westen gekommenen. Als die AfD im Westen gegründet wurde, fand sie nach dem Flüchtlingszuzug im Osten viele Anhänger, weil sie sich gegen Merkels Kurs der offen gehaltenen Grenzen positionierte. Die Menschen sind also vom linken zum rechten Rand gewechselt und – anders als der Ost-Beauftragte der Bundesregierung, Marco Wanderwitz,

---

226 Stand November 2020; https://de.wikipedia.org/wiki/CDU_Sachsen-Anhalt

227 https://www.sueddeutsche.de/politik/parteien-magdeburg-gruene-und-afd-gewinnen-neue-mitglieder-dpa.urn-newsml-dpa-com-20090101-210123-99-138650

analysiert – zwar angekommen in der Demokratie, aber nicht in der Mitte.

Damit die neuen Bundesländer von der politischen Mitte aus regiert werden können, werden milieuübergreifende Bündnisse geschmiedet, die in den alten Ländern nicht vorstellbar wären – jedenfalls bisher nicht. Es regieren Koalitionen, die es im Westen nicht gibt und nie gegeben hat. Eine von der CDU tolerierte rot-rot-grüne Minderheitsregierung in Thüringen, eine SPD-geführte rot-rot-grüne Koalition in Berlin, Koalitionen in den Farben der Kenia-Flagge in Sachsen-Anhalt, Brandenburg und in Sachsen. Die Regierungsbündnisse im Osten sind schon seit Jahren andere als in den alten Ländern. Nun stellt sich die Frage, ob die durch die Pandemie und den Abschied von Angela Merkel ausgelöste bundesweite neue Umbruchsituation die Regierungsbündnisse auch in den alten Ländern ändern wird. Einiges hat sich ja im Westen auch schon geändert. Allerdings innerhalb der traditionellen Farbenlehre. Die vormalige SPD-Hochburg Nordrhein-Westfalen hat mit Armin Laschet einen CDU-Ministerpräsidenten. Hessen, mit einer kurzen Unterbrechung bis in die späten Neunzigerjahre durchweg rot, das Kern- und Stammland der Sozialdemokratie, ist seit vielen Jahren ebenfalls CDU-geführt, aktuell in einer schwarz-grünen Koalition. Rheinland-Pfalz war mal mehr CDU-Land als Baden-Württemberg und wird jetzt schon länger von der SPD und von einer Ampelkoalition regiert. Bayern ist ein Sonderfall, aber auch da ist die absolute Mehrheit der CSU nicht mehr gegeben.

Der Ausgang der Wahlen 2021 ist offen wie selten zuvor. Das liegt neben dem selbstgewählten Ausscheiden der Kanzlerin an den Folgen der Corona-Pandemie und der Ungewissheit, wie das Leben danach aussehen wird. Je nachdem, wie zufrieden die Bürger mit dem Impfmanagement der Bundesregierung sind, werden sie vielleicht auch anders abstimmen als sonst. Wer weiß schon, was bei der Wahl letztlich ausschlaggebend sein wird?

Für dieses Buch habe ich mit Klassenkameraden und Studienkollegen gesprochen, manche sind weggezogen nach Süddeutschland, manche nur in eine andere Gegend im Osten und manche sind dageblieben. Eine anekdotische Umfrage[228] unter ihnen zeigt: Viele haben sich noch nicht entschieden, wen sie wählen wollen. Und auch, dass die Stimmung sehr angespannt ist. Ich höre von Bedrohungen im Freundeskreis, von zerbrochenen Freundschaften, und dass politische Themen vielfach im Miteinander ausgeklammert werden, um Streit zu vermeiden. Eine Klassenkameradin, die noch in der Gegend um Freiberg wohnt, weiß, dass »hier viele AfD wählen. Ich wähle die nicht, weil mir da zu viele Extreme mit Glatzen drin sind«. Und wen hat sie sonst so gewählt? »Ich hab manchmal aus Protest dunkelrot gewählt und manchmal rot oder gelb. Frau Merkel, die habe ich nie gewählt.« Und im September? »Das weiß ich noch nicht, wen ich wähle. Vielleicht wähle ich wieder rot, Olaf Scholz ist okay. Es kann aber auch sein, dass ich grün wähle.« Eine andere frühere Mitschülerin fürchtet, dass die AfD mehr Einfluss bekommen könnte. In ihrem Freundeskreis am Rande einer sächsischen Großstadt gibt es einige Freunde, die sie wählen. Warum? »Das Geschickte und Gefährliche an der AfD ist, dass sie Dinge anspricht, die die Leute umtreiben. Wenn man das Wahlprogramm bis zum Ende liest und zwischen den Zeilen, da kann man schon sehen, was das wirklich für eine Partei ist. Aber da muss man sich die Mühe machen. Wer macht das schon? In Thüringen die Sache mit der Wahl des FDP-Ministerpräsidenten, das war heimtückisch. Aber es war auch speziell, nach dem Motto: Wir zeigen es mal dem Establishment. Wir grätschen dazwischen. Und das ist das, was die Ostdeutschen noch oft denken. Wir sind zwar klein und haben nicht die Stärke, aber wir zeigen euch trotzdem mal, was 'ne Harke ist.« Warum aber wollen so viele zeigen, was

---

228 Aus Gründen des Datenschutzes und des persönlichen Schutzes werden hier keine Namen genannt.

eine Harke ist? »Das hat zugenommen, als vor vielen Jahren Pegida aufkam. Da hat am Anfang der damalige Ministerpräsident Stanislaw Tillich versucht, sich mit denen hinzusetzen nach dem früheren Beispiel des Runden Tisches: Wir reden mal. Das ist von der CDU-Spitze verboten worden. Das hat die AfD als Opfer stark gemacht.« Es gebe zwei Gründe, warum man AfD wähle. »Weil man denen auf den Leim geht. Wir hatten mal eine Radiosendung mit Fragen an alle Kandidaten, und der AfD-Kandidat hat so geantwortet, dass man denken konnte, wow, die packen jetzt mal alle Sachen an, die hier nie angepackt worden sind. Und manche sagen, ich wähle die aus Protest. Das könnten die anderen etablierten Parteien ändern, wenn sie sich der Sache annehmen würden.« Bei der Europawahl 2019 hat eine Klassenkameradin als Wahlhelferin gearbeitet. Sie war damals überrascht, wie stark die Grünen geworden waren in Verbindung mit der *Fridays for Future*-Bewegung. »Ich tendiere mehr zur Mitte«, sagt sie. Aber mit der SPD sei das schwierig, die könne sich durch die gemeinsame Koalitionspolitik nicht so richtig positionieren. »Aber man muss ja auch nicht den Anspruch haben, die zu wählen, die vorne dran sind.«

Die Grünen und der Osten

Eigentlich hatten die Grünen im Superwahljahr 2021 unter einem anderen Namen ins Rennen gehen wollen. Man hatte kurz vor dem Pandemiejahr 2020 darüber beraten – es hätte ein Paukenschlag sein sollen, bei dem das Erbe der Wende eine entscheidende Rolle spielen und die Bedeutung der eigenen Ostgeschichte hätte herausgestellt werden sollen. Die Parteispitze hatte Pläne entwickelt, die beiden Namensteile zu einem zu verschmelzen. Es sollte eine späte, aber tatsächliche Vereinigung von Ost und West symbolisieren. Aus Bündnis90/Die Grünen sollten die Bündnisgrünen werden. Der Name sollte als Programm für die Zukunft stehen, regieren in breiten *Bündnissen*, milieuübergreifend nach dem Vorbild des Runden Tisches. Und ökologisch ausgerichtet, als *Grüne*. Die Namensänderung hin zu den »Bündnisgrünen« hätte 2020 schon in das neue Grundsatzprogramm aufgenommen werden können – wäre nicht das Virus dazwischengekommen.

Die Grünen im Westen hatten ja nach dem Mauerfall am 9. November 1989 die Idee des Runden Tisches samt der ostdeutschen Bürgerbewegung Bündnis 90 geerbt. Und die Bürgerrechtler mehr schlecht als recht in die eigenen Reihen integrieren können. Im Osten war für die Grünen wenig zu gewinnen. Jahrelang erinnerte nur noch der Name an das Erbe, und auch das immer weniger, weil es sich eingebürgert hatte, bei Bündnis 90/Die Grünen den ersten Teil beim Sprechen wegzulassen und immer öfter auch beim Schreiben. Man sprach von den Grünen. Zwar irgendwie fehlte da was, nämlich das Erbe derer aus dem Osten. Aber so richtig fiel es gar nicht mehr auf, weil es ja ohnehin bislang so war, dass der Osten selten im gesamtdeutschen Maßstab mitgedacht wurde.

Das sollte sich ändern. Die Idee mit der Namensverschmelzung wird vorangetrieben in der Parteizentrale, alles streng vertraulich, man tut sich nicht ganz leicht, die Sache zu entscheiden. Es war nicht nur eine Idee aus dem Innern der Partei gewesen, man hatte auch Impulse von außen bekommen. Mitten in den Überlegungen kommt das Virus ins Land und führt zu einer Entscheidung. Mitte März 2020 entschließt sich die Parteispitze, die Idee mit der Namensverschmelzung erst einmal nicht weiterzuverfolgen. »Hätten wir mitten in der Pandemie die große Namensdebatte lostreten sollen?«, begründet Co-Parteichef Robert Habeck den Entschluss[229], als das Projekt schon wieder in der Schublade liegt. Die Grünen hätten sich wochenlang mit neuem Schriftzug und neuer Sonnenblume beschäftigt, während die Bürger im Lockdown sitzen müssten und das Virus wütete? Nein, niemals, er schüttelt den

---

229 Gespräch am Abend des 15. Februar 2021 in der Heinrich-Böll-Stiftung Berlin.

Kopf. Das Virus habe die Pläne durchkreuzt, schade, aber die Themen seien aktuell definitiv andere.

Die West-Grünen und die Bürgerrechtler des Bündnis 90, das war lange eine Beziehung des Fremdelns und Missverstehens. Formal war man zusammen, praktisch war für die Ostdeutschen nur am Katzentisch Platz. Die ehemalige Co-Bundesvorsitzende Marianne Birthler erinnert sich an ihre Ära an der Spitze als eine Zeit voller Vorurteile und Redeverbote. »Da war ich irgendwie falsch« – »Das war Westen pur«.[230] Die Parteizentrale habe sich in einem Dorf zwischen Bonn und Köln befunden, die Anreise sei umständlich mit dem Regionalzug gewesen. »Aber das größere Problem war, dass ich mich als Außenstehende erlebte, da nicht reinpasste, teilweise sogar gemobbt wurde. Meine Meinung zählte nicht. Ich wurde krank davon.« Bündnis 90/Die Grünen flogen zu dieser Zeit im Osten aus allen Landtagen. Marianne Birthler wurde dafür verantwortlich gemacht, obwohl der Fehler anderswo gelegen hatte. Die West-Kollegen hatten gedacht, man könnte die Milieus der Partei im Westen einfach auf den Osten übertragen. Die ostdeutsche Co-Parteichefin hatte einen schweren Stand. »Mein westlicher Co-Vorsitzender Ludger Volmer sagte allen Ernstes, wir im Osten sollten auf die typischen Wähler der Grünen im Westen setzen, Lehrer und Beamte zum Beispiel. Dass das die besonders SED-nahen Berufsgruppen waren, interessierte nicht. Er hatte, wie viele West-Grüne, keine Ahnung vom Osten. Für die meisten von ihnen war Paris näher als Leipzig.«[231]

Die ostdeutschen Bürgerrechtler und die West-Grünen waren zwar in einer Partei, hatten aber noch lange nicht gleiche Rechte und Pflichten. Die Grünen fühlten sich kompetent genug, sich zu allen Themen zu äußern. Den Bündnisleuten wurde jede Kompe-

---

230 Interview mit Marianne Birthler, *Süddeutsche Zeitung*, 1. Februar 2019: »Ostdeutsche sind kaum an wichtigen Entscheidungen beteiligt«.
231 Ebd.

tenz abgesprochen, sich gesamtdeutsch oder gar zu Entwicklungen im Westen zu äußern. »Meine Meinung war nur gefragt, wenn es um den Osten ging«, erinnert sich Birthler. »Wenn ich über Saarbrücken sprach oder Hamburg, schauten mich die Journalisten an, als würde ich in einer fremden Wohnung die Schränke verschieben.« Innerhalb der Partei ist es nicht anders: »Auf Augenhöhe mit Joschka Fischer? Nun, das hab ich so nicht gesehen. Er schon gar nicht.«

Dreißig Jahre später sind die Machos an der Parteispitze Vergangenheit. Co-Parteichef Robert Habeck tritt im Duo einen Schritt zurück und übergibt seiner Kollegin Annalena Baerbock die erste Kanzlerinnenkandidatur in der Geschichte der Partei: »Annalena, bitte, die Bühne gehört dir.« Bündnis 90/Die Grünen ziehen erstmals mit der Chance in den Wahlkampf, das Kanzleramt erobern zu können.

Die schwindenden Parteibindungen, das Internet mit seinen polarisierenden, teils ausgrenzenden Debatten und die von der Pandemie verursachten wirtschaftlichen, privaten und gesellschaftlichen Umbrüche bringen bei den Grünen die Idee der milieuübergreifenden Bündnisse wieder auf den Tisch. Vor allem das Virus führt zu so gravierenden Umbrüchen, dass man in breiten Bündnissen denken muss, um Mehrheiten zu finden. Und außerdem wollen die Grünen ab 2021 im Bund (mit)regieren. Das geht nur, wenn sie viele Wähler aus anderen Milieus gewinnen. Wenn Co-Parteichef Robert Habeck die neue Mitte der Gesellschaft, »das Herz der Gesellschaft«[232], definiert, dann tut er das 2021 entlang der Gründungsidee von Bündnis 90. »Es hat die Gesellschaft immer aus dem Zentrum heraus gedacht. Der Ansatz von Bündnis 90 war immer der, eine Bürgerbewegung für die Breite der Gesellschaft zu sein. Das ist der tiefere Grund, warum es diese ostdeutsche Bünd-

---

232 Robert Habeck, Von hier an anders, Kiepenheuer & Witsch 2021.

nistradition so schwer hatte mit meiner Partei«, vermerkt er selbstkritisch in seinem Buch.

In den heftigen Umwälzungen der Nachwendezeit ist die Idee, breite gesellschaftliche Mehrheiten zu organisieren, schnell und gründlich von der Notwendigkeit einer allumfassenden privaten Anpassung ans neue System überschrieben worden. Die Bürgerrechtler von damals drangen deshalb in den Verhandlungen zur deutschen Einheit nicht mehr durch – erst jetzt, in den krisenbedingten Erschütterungen des Alltags erleben sie eine Renaissance. »Heute sehen wir, dass der Bündnisgedanke ein Pfund ist, das wir durch das Zusammengehen unsere Parteien geerbt haben, aber erst in den letzten Jahren so richtig heben konnten.«[233]

In der Wendezeit und auch heute ist es die Idee des Bündnisses, dass Menschen unterschiedlicher Ansichten, Herkunft, Berufe, politischer und gesellschaftlicher Milieus zusammenarbeiten. Wer sich nur mit Gleichgesinnten umgibt, lebt in einem Milieu, ist aber nicht in einem Bündnis. Verbinden kann man sich nur mit Andersdenkenden.

Vielleicht kann man das nur verstehen, wenn man am 4. November 1989 auf dem (Ost)-Berliner Alexanderplatz gewesen ist. Bis zu einer Million Menschen standen da zusammen, die größte Demonstration für eine tatsächliche Herrschaft des Volkes. Wenn man diese irre Glückseligkeit einer schrankenlosen Gesellschaft gespürt hat, reden zu können, über was und mit wem man will, war man überwältigt von der Zuversicht, dass alles möglich ist. Und zugleich allen zugehört hat, die das Bedürfnis verspürten, etwa sagen zu müssen. Von der auf der Ladefläche eines Barkas-Kleinlasters improvisierten Bühne kamen befreiende Worte, man vertraute sich selbst plötzlich mehr als je zuvor. Nacheinander kletterten sie auf die Bühne und redeten: Geheimdienstchef Markus Wolf, Jung-Schauspieler Jan Josef Liefers, SED-Politbüromitglied Günter Scha-

---

233 Robert Habeck, Von hier an anders, Kiepenheuer & Witsch 2021.

bowski, Schriftstellerin Christa Wolf. Der Schriftsteller Stephan Heym beschrieb das ungläubige Staunen, »es ist, als habe einer die Fenster aufgestoßen. Nach all den Jahren der Stagnation. Der geistigen, wirtschaftlichen, politischen. Den Jahren von Dumpfheit und Mief. Von Phrasengewäsch und bürokratischer Willkür. Von amtlicher Blindheit und Taubheit.« Peter Pragal, 1989 Stern-Korrespondent in der DDR, berichtet bewegt, »das war von einer Gelöstheit, die mir fast schon ein bisschen unheimlich vorkam, denn noch existierte ja der Staat mit all seinen Mitteln. Und trotzdem beherrschte plötzlich das Volk die Straße, oder in diesem Fall eben die Empore des Palastes der Republik. Und machte sich also über diese Altvorderen lustig. Das war schon sehr witzig.«[234] Ein Journalist der *Stimme der* DDR konstatierte in seinem Tagesbericht, erst später auf dem Nachhauseweg sei ihm aufgefallen, »dass nie Pfiffe zu hören waren, wenn das Wort Sozialismus fiel«.[235] Die Menschen führten damals völlig unterschiedliche Leben, hatten nicht viel gemein. Aber der Moment, an dem sie aufeinandertrafen, zeigte, dass Gemeinsamkeit möglich ist. Die friedliche Revolution des Herbst 1989 zeigt, welche Kraft und Macht sich entwickelt, wenn Menschen aus den unterschiedlichen Milieus ein Bündnis schmieden und eine Meinung herauskommt, auf die sich viele öffentlich geeinigt haben. Wie friedlich Revolutionen sein können.

Die Namensverschmelzung hätte gut gepasst ins Wahljahr. In den neuen Ländern haben die Grünen bisher kaum die Wähler überzeugen können, auch wenn sie inzwischen fast überall in den Landesparlamenten vertreten sind. Sie sitzen in vier von fünf ostdeutschen Landesregierungen und regieren im Land Berlin mit. Bislang waren sie im Osten vor allem Mehrheitsbeschaffer, aber

---

234 https://www.deutschlandfunkkultur.de/50-jahre-mauerbau-wie-sollen-wir-
     erinnern.970.de.html?dram:article_id=150218
235 https://www.deutschlandfunkkultur.de/deutsche-rufe-4-8-die-fenster-
     aufgestossen.1001.de.html?dram:article_id=292904

das könnte sich künftig ändern. Sie haben sich stets als eine Partei gesehen, die vernachlässigte oder verdrängte, auf jeden Fall Randthemen durchkämpfte: Ökologie, Frauenrechte, Ehe für alle, Tierschutz. Sie haben neue Formen der politischen Willensbildung entwickelt. Das Misstrauen gegen Macht führte zu Doppelspitzen und der Trennung von Amt und Mandat. Die breite Basis-Beteiligung, die aufwändige Personalstruktur, die Arbeitsgruppen und die Landesarbeitsgemeinschaften, nicht zuletzt die Streitkultur selbst – so anstrengend alles ist: Es sind Mittel, um unterschiedliche Menschen in ihrer Unterschiedlichkeit zu achten und trotzdem Wege zu finden, ein gemeinsames politisches Mandat zu formulieren. Das kann auch in den neuen Ländern funktionieren.

Schröder – keiner war wie er.
Wie man im Osten gewinnen kann

Es ist der letzte Freitag vor Weihnachten 2020, mittags, die Pandemiezahlen sind hoch, ich bin zu einer Schalte mit Matthias Platzeck verabredet. Der sitzt in der Uckermark in seinem Häuschen am Computer, er dreht mal eben den Bildschirm und lässt teilhaben an seinem Blick aus dem Fenster, blaue und grüne Farben ergießen sich ins Endlose, die weiten Landschaften Brandenburgs, die schon Theodor Fontane inspiriert haben. Da kann man schon mal abschalten und verdrängen, dass die SPD mit dem Langzeitkanzlerkandidaten Olaf Scholz seit Monaten bei 15 Prozent dümpelt, obwohl Scholz die Kassen so weit wie nie geöffnet hat und auch sonst eine passable Leistung hinlegt. In Umfragen liegt er als Person vorn. Das zahlt sich bisher nicht aus für die SPD. Aber jetzt ist man erst mal in der Uckermark, alles ist scharf zu sehen, nichts ruckelt, wow, Sie haben ja schnelles Internet? Platzeck lacht, klar, haben wir, dafür hat es schon gereicht.

Matthias Platzeck (67) ist Zeitzeuge des Umbruchs nach der

friedlichen Revolution. In den letzten Jahren der DDR engagierte sich der Ingenieur für Umweltschutz, gehörte zu den Gründern der Umweltbewegung Grüne Liga, in der Wendezeit saß er mit am Runden Tisch, dann auch im Übergangskabinett von Hans Modrow. Er engagierte sich für die Bürgerbewegung Bündnis 90, die anders als andere wie das Neue Forum auf milieu- und interessengruppenübergreifende Kompromissfindung ausgerichtet war. Er stimmte 1993 gegen die Fusion mit den Grünen, die damals Heimat einer ökologischen, rebellisch-antiautoritären Bewegung im Westen gewesen war und die nicht viel verband mit den Bürgerrechtlern im Osten. Platzeck trat in die SPD ein, war lange Jahre Regierungschef in Brandenburg, tourte mit Gerhard Schröder durch den Osten. Er erinnert sich an großartige Auftritte und volle Marktplätze für die Sozialdemokraten, selbst nach den Hartz-IV-Beschlüssen.

Die Genossen gewannen bei drei Bundestagswahlen hintereinander im Osten die meisten Stimmen.[236]

1998: rund 35 Prozent

2002: rund 40 Prozent

2005: rund 30 Prozent

Wenn Platzeck über die damaligen Wahlkämpfe spricht, gerät er leicht ins Schwärmen. Die eine Anekdote, die hat er nicht. »Ich bin kein Tagebuchführer«, sagt er über die Touren zu den Marktplätzen. »Ich war immer froh, wenn der Tag sein Ende hatte.« Und fängt an, zu erzählen.

Am 5. August 2002 hatte Gerhard Schröder – als Kanzler im Umfragetief – auf dem Opernplatz in Hannover die heiße Phase des Wahlkampfs der SPD eröffnet. In seiner Rede tauchte das zentrale Thema der folgenden Wochen auf: der »deutsche Weg«, der, so der Bundeskanzler, vor allem in einer deutlichen Opposition gegenüber

---

236 https://www.bpb.de/geschichte/deutsche-einheit/lange-wege-der-deutschen-einheit/47513/wahlverhalten-in-ost-und-westdeutschland

»Spielereien mit Krieg und militärischer Intervention« im Irak zum Ausdruck kommen sollte.

Dass es in die Richtung Absage einer deutschen Beteiligung am Irak-Krieg gehen würde, das sei vorher klar gewesen, erinnert sich Matthias Platzeck. Dass Schröder es aber so undiplomatisch sagen könnte, so ohne *Wenn und Aber*, das nicht. Da waren Zehntausende Leute, das hat den Platz gerockt. »Ich habe nie einen Wahlkämpfer so erlebt wie ihn«. Er sei mit Schröder mal durch Sachsen-Anhalt und Thüringen »gegurkt«, durch Jena, Erfurt, Magdeburg. »Nach einer Kundgebung, auf der wirklich *remmidemmi* war, ist er ins Auto gesprungen, hat sich das völlig nasse Hemd vom Leib gerissen, eine Tüte aufgezerrt mit einem neuen Hemd, sich das angezogen, wir waren inzwischen auf dem nächsten Kundgebungsplatz, wo sind wir? Aha! Und raus, und er hat sofort wieder losgelegt. Haltung zeigen, das hat ihm Freude gemacht und Spaß.« Man sieht Platzeck noch heute die Begeisterung an.

Ohne den Osten kann man bundesweite Wahlen jedenfalls nicht gewinnen, sagt Platzeck. Und manchmal gewinne man eben im Osten. Bei den Bundestagswahlen 1998 und 2002 seien die neuen Länder besonders wichtig gewesen, mit graduellen Unterschieden. Bei der Bundestagswahl 1998 sei es in Ost und West mehr eine deutliche Abwahl von Helmut Kohl gewesen als eine Wahl von Gerhard Schröder. »Das war der Überdruss im Westen nach 16 Jahren Helmut Kohl.« Im Osten sei eine zusätzliche Enttäuschung spürbar gewesen. Die großen Hoffnungen, die Helmut Kohl geweckt hatte, waren geplatzt. »Wir hatten 1995, 96, 97 gemerkt, dass die Landschaften nicht so schnell zum Erblühen gebracht werden konnten. 1994 hatte sich Kohl noch mal rausreden können und die SPD hatte eine ausgesprochen schlechte Performance. Aber 1998 war Schluss.«

Aber wie hat Schröder, der Super-Wessi, die Leute im Osten derart überzeugen können? Und wie sieht das bei dem aktuellen Kanzlerkandidaten Olaf Scholz aus?

Platzeck führt mehrere Gründe an. Schröder habe eine Sprache gefunden, die im Osten gut ankam. Er sei ja eigentlich ein West-deutscher durch und durch gewesen, das habe er auch selbst immer gesagt. Seine guten Beziehungen zu Russland habe er sich leisten können, weil er so klar als westlich sozialisierter Mensch durch-gegangen sei, dass er niemandem habe beweisen müssen, dass er das ist.

Schröder ist die Beziehungen zu Russland unverkrampft ange-gangen. Er lud Wladimir Putin in den Bundestag ein, um dort zu sprechen. Putin hatte das genutzt, um seine Rede in deutscher Sprache zu halten. »Das hat Schröder im Osten viele Punkte ge-bracht nach dem Motto, der ist irgendwie doch einer von uns.« Mit einer ähnlichen Strategie sei Erwin Sellering 2011 und 2016 aus seinem Umfragetal in Mecklenburg-Vorpommern aufgetaucht und habe seine Landtagswahl haushoch gewonnen. »Für ihn war es mindestens drei, vier Prozentpunkte wert, dass er zwei Themen gefahren hatte: Im Osten war nicht alles schlecht, die DDR war nicht nur ein Unrechtsstaat. Und immer das besondere Verhältnis zu Russland. Sellering hat ja mitten im Wahlkampf eine Wirt-schaftskonferenz als Russlandtag organisiert.« Platzeck hat die Erfahrung gemacht, dass es bis heute ein besonderes Ost-Gefühl gibt, das auch bei den Beziehungen zu Russland zum Tragen kommt. Es sei dieses Gefühl, die im Westen nehmen uns noch nicht ernst, die behandeln uns nicht auf Augenhöhe. Genau so be-handeln sie auch die Russen, die mögen sie auch nicht. Das Gefühl gipfele in der Schlussfolgerung: Die Russen werden nicht gemocht, wir werden auch nicht gemocht. Das gefühlte Nicht-gemocht-werden verbindet.

Wobei es ja auch so ist, dass die SPD und die Union sich immer mal wieder um gute Beziehungen bemühen, vor allem wirtschaft-liche. Bayerns früherer Ministerpräsident Horst Seehofer reiste einst mit großer Delegation nach Moskau. Der amtierende Regie-rungschef Markus Söder hat als erster Ministerpräsident in Deutschland den russischen Impfstoff Sputnik V eingekauft und eine Produktionsstätte in Bayern organisiert. Das bundesweite Naserümpfen fiel bei den bayerischen Russland-Aktivitäten eher moderat aus – verglichen mit Schelten gegenüber ostdeutschen Aktivitäten. Sachsens Ministerpräsident Michael Kretschmer hat die Russland-Karte vor seiner Wahl 2019 ganz explizit gezogen und ist für ein gemeinsames Foto mit Wladimir Putin extra nach St. Petersburg gefahren. Ministerpräsident Dietmar Woidke von der SPD kümmert sich in Brandenburg um gute wirtschaftliche Beziehungen mit Russland. Und Manuela Schwesig berichtet, sie werde bei jeder Veranstaltung zum Verhältnis zu Russland befragt, was sie auch in ihrem Einsatz für Nord Stream 2 bestärkt. Kretschmer und Schwesig haben übrigens nach Söder auch russischen Impfstoff eingekauft.

Diese Gefühlslagen, die Gerhard Schröder einst angesprochen hat mit den Themen Frieden, Russland und *Wir machen kein Wettrüsten*, damit habe er vor allem ältere Jahrgänge angesprochen, sagt Platzeck, die seien »friedensgeneigter«. Aber er habe auch die Jüngeren erreicht.

Scholz –
Russland, Frieden und Polikliniken

Knapp zwanzig Jahre nach dem Sieg von Gerhard Schröder liegt die SPD in den Wahlumfragen bei einem guten Drittel des Sieg-Ergebnisses von 2002. Wenn es darum geht, was der aktuelle Kanzlerkandidat Olaf Scholz vom früheren Wahlkämpfer Schröder lernen könnte, landet man schnell bei der Sprache. Die von Schröder hat damals bestens in die arbeiterlich geprägte ostdeutsche Gesellschaft gepasst. »Dieser Spruch, *Hol mir mal 'ne Flasche Bier*, der lief wie geschnitten Brot«, sagt Platzeck. Das sei so volksnah gewesen, und es wirkte nicht gespielt. »Der Schröder war eben vom Acker, war *Fußballacker* und das war erst einmal eine gute Ebene.« In diesem Ton habe er neben Russland auch das andere Thema bedient, das 2002 im Osten zumindest eine wichtige Rolle gespielt habe und immer noch da sei: Frieden, ganz generell. Kein Wettrüsten.

Nachdem Schröder 2002 bei der Kundgebung in Hannover gesagt hatte, die Bundesrepublik mache nicht mit im Irak, habe man sehen können, wie es im Osten, wo die Stimmung für die SPD erst nicht so gut gewesen sei, deutlich nach oben ging. Die Stimmung hatte sich gedreht, später noch mehr, als Schröder in Gummistiefeln gegen das Hochwasser kämpfte. Selbst wenn man den latenten Anti-Amerikanismus ausblendete, der in den Tiefen des Ostens immer noch vorhanden ist, ob nun begründet oder unbegründet, sei die Absage an die Kriegsbeteiligung deshalb total gut angekommen. »Frieden ist und war wichtig. Dass Schröder das klargemacht hat, hat unheimlich Punkte gebracht.«

Platzeck mag das so sehen – das amtierende sozialdemokratische Spitzenpersonal hat aber bisher nicht erkennen lassen, dass es diesen Themen im Wahlkampf 2021 ein großes Gewicht geben würde. Platzeck nickt. »Ich ärgere mich manchmal ein bisschen, dass das in der SPD heute so wenig beachtet wird, auch, welche strategische Bedeutung das Verhältnis zu Russland für Deutschland insgesamt hat.« Manche sagen auch, dass die SPD unter ihrer jetzigen Spitze und mit ihrem Kanzlerkandidaten zu transatlantisch geprägt sei.

Außerdem habe es bei den Wählern und Wählerinnen in den neuen Ländern Punkte gebracht, dass Gerhard Schröder so ein Typus war, »der wusste, was zu tun ist«. Bis heute genießen im Osten diejenigen Achtung, die Macher sind, die nicht nur reden, sondern auch vorangehen. Und da passte Schröder rein. Als das Hochwasser kam 2002, habe er sich intuitiv Gummistiefel angezogen. »Ich fand das zwar das falsche Signal, weil, wenn man Gummistiefel anzieht, ist es meistens schon zu spät. Man muss ja dafür sorgen, dass man keine Gummistiefel braucht.« Schröder aber hat sich Gummistiefel angezogen und die gelbe Regenjacke, während sein politischer Konkurrent Edmund Stoiber dieses Signal verpasst hat. Schröder sei auch bewusst robust gewesen in seinen Ansagen, er habe keinen Widersprich geduldet, »das machen wir jetzt so und so, und wenn ein Beamter hinter ihm gleich widersprochen hat, hat er gesagt, nein, das gilt nicht, das wird so gemacht, wie ich gesagt habe. Das hat den Leuten unheimlich gefallen.«

Platzeck hat damals die Erfahrung gemacht, dass die Leute viel unpolitischer seien, »als wir das oft denken«. Viele Bürger, die tagsüber zur Arbeit gingen und abends im Garten säßen, beschäftigten sich erst zwei, drei Wochen vor dem Wahltag mit den Themen und klärten erst einmal, ob es um Bundestag oder Landtag oder Bürgermeisteramt gehe. »Diese Menschen muss man mit einfacher und klarer Sprache ansprechen«, kommt Platzeck zurück auf den besten Wahlkampfspruch Gerhard Schröders im Osten: *Bring mir mal 'ne Flasche Bier.*

Ein Schnitt in die heutige Zeit, es ist der 1. Mai 2021, und Olaf Scholz tritt im Autokino Cottbus auf. Das Bühnenbild ist bunt und erinnert an Werbeplakate aus der Zeit, in der die SPD noch stabil in 40er-Prozent-Regionen bei Wahlen vorstieß. Scholz redet, dunkler Anzug, helles Hemd, keine Krawatte. Er reckt die Faust, läuft hin und her, beantwortet Fragen und will später noch in eine Klinik, das Personal besuchen. Zwischen den Autos laufen Leute mit Mikrophonen herum, die sie ins Auto reinreichen, wenn jemand eine Frage stellen will. Zustimmung wird über Lichthupen signalisiert und über Warnblinker. Dass Scholz sein Hemd durchgeschwitzt haben könnte wie damals Schröder, kommt sicher niemandem in den Sinn. Die Wahlkampf-Motoren laufen noch wie im Leerlauf. Vielleicht wird man das bei der SPD erst realisieren, wenn im TV-Duell die Kandidatin der Grünen gegen den von der Union antritt – und die SPD erstmals nicht dabei ist, weil sie eben nur Dritte ist in dem Umfragen.

Wenn Markus Söder Kanzlerkandidat der Union geworden

wäre, würde die Sozialdemokratie wohl eher hochtourig drehen. Bayrische Volkstümlichkeit versus norddeutschen Pragmatismus wäre eine interessante Kombination gewesen. Aber daraus wird nichts, weil ja der Rheinländer Armin Laschet der Kandidat der Union ist. Platzeck findet, Söder wäre für die SPD der bessere Gegner gewesen. Er verweist auf die »Gegnerlage zur Wahl 2002«. Edmund Stoiber sei im Osten extrem unpopulär gewesen. Die Leute guckten zwar gerne mal nach Bayern, was man da so hinbekomme. Aber irgendwie hätten sie die Bayern als doch zu oberlehrerhaft empfunden.

Heute könne man sich im Osten mit zwei Themen Gehör verschaffen. »Das ist einmal das für manche im Westen leidige, aber vorhandene Thema: Anerkennung respektive Nichtanerkennung von Lebensleistung.« Frank-Walter Steinmeier habe das bei seiner Rede zum 30. Jahrestag der Wiedervereinigung in Potsdam angesprochen[237]: Es wird immer klarer, dass der Umbruch im Osten tiefer, heftiger und mit größerer Wucht über die Menschen gekommen ist, als jemals ein Westdeutscher seit dem Zweiten Weltkrieg einen politischen wie persönlichen Umbruch erlebt hat.

Das andere Thema sei der »tote Winkel im Rückspiegel unserer Gesellschaft«. Es sei Tatsache, dass unsere deutsche Geschichte aus vielen kleinen Geschichten bestehe. Doch die Geschichten dieses Umbruchs im Osten würden noch nicht zur gemeinsamen Geschichte gehören, »weil sie noch nicht erzählt sind«. Viele Westdeutsche zögen die Augenbrauen hoch, sie wollten keine Storys aus dem Osten mehr hören. »Aber in den Geschichten ist ganz viel Wahres. Vier von fünf Ostdeutschen ist es wichtig, dass sie erzählt werden und damit auch Lebensleistung anerkannt wird. Sie fühlen sich selbst nicht als zweitklassig, haben aber das Gefühl, dass sie von

---

237 https://www.bundespraesident.de/SharedDocs/Reden/DE/Frank-Walter-Steinmeier/Reden/2020/10/201003-TdDE-Potsdam.html: »Keine Frage, der Umbruch traf die Menschen im Osten unseres Landes ungleich härter als im Westen.«

anderen als zweitklassig gesehen werden. Das ist ein wichtiger Unterschied.«

Und was könnte 2021 als Stammtisch-Wahlkampf-Slogan taugen? Wir müssen gute Erfahrungen aus dem Osten klar benennen, sagt Platzeck. Und er habe auch eine Idee, welche: »Lasst uns endlich diese medizinischen Versorgungszentren wieder Poliklinik nennen.« Diesen neuen Namen sage sowieso keiner; ich gehe ins medizinische Versorgungszentrum, was für ein Wortungetüm. Kürzlich habe ihn sogar ein Freund aus Kiel angerufen und gefragt, warum nennt ihr diese MVZ nicht Poliklinik? Habt ihr doch erfunden. 16 Ärzte, eine Verwaltung. Ist doch genau dasselbe.

Der Ostbeauftrage Marco Wanderwitz hat kürzlich gesagt, es wäre schön, wenn in den sächsischen Amtsstuben auch wieder mal Sächsischen gesprochen würde. Anders als bei den Polikliniken hält es Platzeck für schwierig, die geringe Repräsentanz von Ostdeutschen in Leitungsfunktionen griffig mit einer Forderung zu verbinden – weil es keine schnelle Lösung gebe. Andererseits sei es ein großes Problem, das überall im Osten wabere, wie Studien zeigten und Interviews mit Hunderten von Leuten. Wenn man das aber Menschen aus dem Westen gegenüber anspreche, fühlten die sich immer getroffen. Die Stimmung sei sofort schlecht, selbst wenn man sage, es gehe nicht um Einzelne persönlich, sondern um Strukturprobleme. »In der Einheitskommission der Bundesregierung haben wir ermittelt, dass die Ostdeutschen, die in Westdeutschland gelandet sind, heute immer noch weniger verdienen. Die Westdeutschen, die nach Ostdeutschland gekommen sind, liegen über dem Durchschnitt. Denen geht es allen sehr gut.«

Platzecks Einschätzung bestätigt sich Ende April 2021. Die Linken in Sachsen-Anhalt präsentieren ein Wahlplakat mit der griffigen Forderung: »Nehmt den Wessis das Kommando«. Obwohl die Linken das Plakat gar nicht aufhängen wollen, bekommt es sehr viel Aufmerksamkeit und findet sich in überregionalen Medien und

Social Media wieder. Die meisten Kommentatoren sind empört, auch CDU, SPD und Grüne. »Inakzeptabel, unlogisch«, twittert der sachsen-anhaltinische Bildungsminister Marco Tullner von der CDU. Was in einem seltsamen Kontrast steht zu der Tatsache, dass im Kabinett von Ministerpräsident Reiner Haseloff nur zwei Minister ostdeutscher Herkunft sind, alle anderen Fachminister sind westdeutsch sozialisiert.[238] Und wie viele Ostdeutsche sitzen in westdeutschen Kabinetten? Die Heftigkeit der Debatte zeige, dass sie einen Nerv getroffen habe, sagt die Spitzenkandidatin der Linken in dem Bundesland, Eva von Angern.

Der ungarische Physiker Albert-László Barabási will ein Naturgesetz des Erfolgs herausgefunden haben.[239] Ihm zufolge hängt es nicht so sehr von Leistungen ab, ob jemand Erfolg hat, sondern von Netzwerken und wie man wahrgenommen wird. Die Wiedervereinigung belegt die Forschung des Ungarn; der entscheidende Faktor, ob jemand aufsteigt, ist dessen Vernetzung. Die Ostdeutschen, die naturgemäß keine westdeutschen Netzwerke haben konnten, fielen lange durch die Maschen. Im Osten wie im Westen. Die Ostdeutschen, die ohne Netzwerke rüber sind, haben es schwer gehabt, sich einzufinden. Natürlich gibt es auch Ausnahmen. Aber viele kommen jetzt auch zurück in die Heimat. Die Westdeutschen wiederum sind schon in Leitungspositionen in den Osten gekommen und haben ihre Netzwerker nachgezogen. Auf ostdeutschen Gerichtsfluren hört man Sprüche wie: Tja, der nächste Präsident soll ruhig ein Ostdeutscher werden, aber er muss schon in Dortmund geboren sein. Das sind Zynismen, die tief blicken lassen.

---

238 Kabinett des Ministerpräsidenten Reiner Haseloff vor den Landtagswahlen im Juni 2021.
239 https://www.sueddeutsche.de/wirtschaft/erfolg-netzwerke-barabasi-15276996?reduced =true

Olaf Scholz ist am 1. Mai im Autokino Cottbus aufgetreten. Gemessen an den Hupkonzerten und Lichthupen, ist er ganz passabel angekommen. Scholz weiß, dass er die Sache mit den Ostdeutschen in Führungspositionen ansprechen muss. Man darf nicht vergessen, sagt Platzeck, dass Scholz die SPD in den 2000ern aus einem tiefen Tal geholt hat. Die Arbeiter in Wilhelmsburg waren erst zu Ronald Schill gelaufen, dann zu Ole von Beust. Dann hat sie Scholz zur SPD zurückgeholt. Und, ganz wichtig, er hat sie behalten. Er weiß also, wie man sie gewinnen kann und wie man sie behält. Er hat es in Hamburg geschafft, die Leute anzusprechen. Aber moin moin im Osten? Platzeck lacht: »Vielleicht nicht mit moin moin, aber mit ehrlicher Neugier, gerade bei diesem Komplex Anerkennung von Lebensleistung.«

Und in der Lausitz, wo sie zusammen rumgefahren wären, da seien die Leute überrascht gewesen, wie gut Olaf Scholz zuhören kann. »Ich glaube, er hatte noch nie einen Tagebau besucht, er war noch nie in der Lausitz gewesen. Aber er hat sich einen ganzen Tag Zeit genommen, hat den Leuten Löcher in den Bauch gefragt. Er ist sehr akribisch. Er hat danach von der Lausitz wirklich Ahnung gehabt, das habe ich in der Kohlekommission gemerkt.«

Man müsse schon, sagt Platzeck, »eine spezielle Sensibilität entwickeln, wie man als Hanseat und eindeutig Westgeprägter den Osten erreichen will«. Sicher, Olaf Scholz »muss da noch was entwickeln. Aber ich habe Hoffnung. Wer die Hamburger Arbeiterklasse dreht, kriegt das auch im Osten hin.«

Was zur Einheit fehlt

Der Soziologe Steffen Mau ist einer von den Ostdeutschen, die sich aus der Deckung gewagt haben, nachdem sie ihren Platz und Anerkennung gefunden hatten. In einem Gespräch erklärt er, was im Osten entstehen muss, damit die Einheit vollendet werden kann.

Nachholbedarf bei Eliten

Das vereinigte Deutschland ist bislang nicht dadurch aufgefallen, dass Bürger aus den neuen Ländern den Ton angeben. Vereinzelt haben es Personen mit DDR-Sozialisation in die bundesdeutsche politische Elite geschafft. Angela Merkel steht pars pro toto für diese verschwindend kleine Gruppe, die sich überwiegend aus den naturwissenschaftlichen Eliten der DDR rekrutiert hat. Als sie 2005 Bundeskanzlerin wurde und der gleichaltrige und ähnlich sozialisierte Matthias Platzeck Chef der SPD, titelte der Spiegel den »Aufbruch Ost«.[240] Politisch hat sich über die Jahre tatsächlich einiges bewegt, der Osten wird inzwischen mehrheitlich von dort geborenen Ministerpräsidenten regiert – wobei mit Bodo Ramelow der einzige »Wessi« als einziger Linken-Regierungschef im Land eine echte Ausnahme ist. Dass jedoch umgekehrt einer oder eine aus

---

240 *Spiegel* 45/2005.

dem Osten ein altes Bundesland regieren könnte, klingt heute noch immer abwegiger, als ein Ticket zum Mars buchen zu wollen.

Nach Platzeck und Merkel haben es keine Ostdeutschen mehr an die Spitze der traditionellen Volksparteien SPD und CDU geschafft. Bundespolitisch ganz vorne sind 2021 zwei Ostdeutsche ausgerechnet von den politischen Rändern: AfD-Co-Bundessprecher Tino Chrupalla aus Weißwasser in der Lausitz und Susanne Hennig-Wellsow, Co-Chefin der Linken. Der Handwerksmeister Chrupalla ist auch Spitzenkandidat seiner Partei für die Bundestagswahl, bei der Linken ist es Co-Fraktionschef Dietmar Bartsch, der von der Ostsee kommt.

Die bundesdeutschen Wissenschafts- und Wirtschaftseliten rekrutieren sich noch immer überwiegend aus alten Netzwerken. Und das hat nichts damit zu tun, dass in der DDR Eliten jenseits der exklusiven staats- und parteipolitischen Zirkel nicht erwünscht waren. Elite bezeichnet ja eine Gruppierung überdurchschnittlich qualifizierter Personen oder die herrschenden bzw. einflussreichen Kreise einer Gesellschaft. Und gerade in puncto Qualifizierung hatten sich die jungen Ostdeutschen 1990 nicht zu verstecken. Trotzdem mussten sie sich die 18- bis 30-Jährigen hinten anstellen. Diesen Einfluss haben die Ostdeutschen begonnen, sich zurückzuerobern. Die noch nicht so festgefügten demokratischen Verhältnisse tragen dazu bei, dass der Osten ein Laboratorium der Demokratie geworden ist, das auf die gesamte Bundesrepublik ausstrahlt. Die Bindung zwischen Wählern und Gewählten ist überall loser geworden. Wechselstimmung greift um sich. Niemand im Osten wäre wohl auf die Idee gekommen, die AfD zu gründen. Diese rechte Partei ist westdeutsch geprägt und wird westdeutsch geführt. Alexander Gauland und Alice Weidel sind vieles, aber nicht ostdeutsch. Ebenso wie Jörg Meuthen oder Björn Höcke. Im Osten bekommen sie regelmäßig mehr Stimmen als im Westen, weil von der Linkspartei enttäuschte Wähler an den anderen Rand wechseln, weil sich westdeutsche Nazi-Netzwerke im Osten angesiedelt haben und es – wie überall – einen Bodensatz an rechtsnationalen Bürgern gibt.

Die Geschichte der neuen Länder ist die Geschichte einer doppelten Unterschätzung. Die Ossis haben sich selbst unterschätzt. Und die Wessis ihre Landsleute im Osten. Ich habe in diesem Buch einige Geschichten dazu zusammengetragen. Andere werden folgen. Um es mit Theodor Fontane zu sagen: »Das ist ein weites Feld.«

An der Humboldt-Universität in Berlin habe ich einen Soziologen gewonnen, der zum Abschluss einen Blick schweifen lässt über dieses weite Feld. Ein Gespräch über das Laboratorium Ost, Eigentumswohnungen und Wahlkämpfe mit Professor Steffen Mau.[241]

Herr Mau, werden Ossis unterschätzt?

Ich glaube, Ossis unterschätzen sich manchmal selbst, indem sie ein Mindergefühl verinnerlicht haben, mit dem sie dann auch in die Öffentlichkeit treten. Aber es sind auch Zuschreibungen von außen, die sie manchmal kleiner machen, als sie sind. Der Osten könnte mit der Erfahrung der friedlichen Revolution, der Transformation und des radikalen Wandels viel offensiver umgehen, auch eine intensive Bearbeitung der Diktaturerfahrung sollte eigentlich eine Schule der Demokratie sein. Hier dürfte man durchaus selbstbewusster und weniger zerknirscht sein.

Auffällig ist ja, dass der frühere Ostblock nach dem Fall des Eisernen Vorhangs 1989 heute recht selbstbewusst auftritt, nehmen wir nur Ungarn oder Polen in der Europäischen Union. Die ostdeutschen Länder sind da erst am Aufholen. Warum?

Es gibt eine enorme Elitenschwäche in Ostdeutschland, die diese Region zum Spezialfall macht und auch eine Unterschei-

---

241 Online-Gespräche mit Steffen Mau, unter anderem am 6. Januar 2021.

dung zu den osteuropäischen Gesellschaften herstellt. In Osteuropa wurden Eliten intern rekrutiert und damit unglaublich schnelle Aufstiegskarrieren ausgelöst. Viktor Orbán ist mit 29 schon Minister gewesen. Durch die Umwälzung hat also eine soziale Mobilisierung stattgefunden. Die gab es in Ostdeutschland nicht. Da kamen aus dem Westen die Ersatzeliten, die erst einmal bisschen gefremdelt und später ihre Leute nachgezogen haben, mit denen die Bewohner nichts anfangen konnten.

Wozu brauchen wir extra ostdeutsche Eliten?

Es gibt ein funktionales Argument. Eliten müssen ihren Job möglichst professionell und gesetzestreu und fachkompetent ausfüllen. Das aber ist nur eine Teilfunktion von Eliten. Eliten sind auch soziale Trägergruppen, gesellschaftliche Führungsgruppen für Wandlungsprozesse. Das heißt, sie sind in der Lage, Leuten eine Art Kompass zu geben und die Willensbildung zu befördern. Und das konnten diese exogenen Transfer-Eliten in Ostdeutschland nicht so gut.

Das haben Sie sehr freundlich ausgedrückt. Ostdeutsche haben doch in der Folge exogene Eliten teilweise rundheraus abgelehnt.

Das hat mit dieser Erfahrung zu tun. Eine Gesellschaft ohne Eliten oder mit nur transferierten Eliten ist sehr anfällig für Populismus, weil es nur ein sehr schwaches Band zwischen der allgemeinen Gesellschaft und den gesellschaftlichen Funktions-Eliten gibt. Das trifft lokal und gesamtgesellschaftlich zu.

An dieser Stelle kommt immer das Argument, der Osten habe ja die Kanzlerin gestellt, den Bundespräsidenten, und inzwischen werden fast alle neuen Länder von Einheimischen geführt.

Na ja. Man muss die Eliten nach Sektoren unterscheiden. Bei den politischen Eliten ist die Repräsentation der Ostdeutschen aufgrund des föderalen Systems stärker. Es gibt mehr politische

Mandatsträger ostdeutscher Herkunft. Ganz anders sieht es in den Verwaltungen aus und in staatlichen Einrichtungen, in der Justiz oder beim Militär, in den Sicherheitsdiensten und den Universitäten, in den Medien. Im Wissenschaftsbereich sind zwei Prozent Ostdeutsche. Von den 200 Elitepositionen in der Wissenschaft, etwa 3 000 Positionen hat man in der jüngsten Studie insgesamt angeschaut, sind es zwei oder drei Ostdeutsche.

Bei den Medien sieht es nicht besser aus, wenn man Chefredaktionen, Intendanzen und Rundfunkräte anschaut.

Es gibt eine Repräsentationstheorie von Eliten, die besagt, Eliten müssten die Gesellschaft spiegeln, also ähnlich zusammengesetzt sein. Das darf man nicht übertreiben, aber wenn bestimmte Personenkreise in den Eliten so gar nicht stattfinden, ist das schon ein Problem.

Woran denken Sie dabei?

Wenn ich mir beispielsweise wirtschaftliche Eliten anschaue, dann ist es ja auch so, dass lokale ökonomische Verantwortungseliten, Mittelständler oder der *Hidden Champion* in der Provinz auch ganz viel zur Produktion von Gemeinwohl beitragen können. Und die gibt es in Ostdeutschland nicht so.

Weil die Eigentümer der Produktionsmittel woanders leben?

Das hat natürlich etwas damit zu tun, dass es schon in der DDR fast keine Eigentümerklasse gab und Ostdeutsche in der Privatisierung durch die Treuhand aufgrund der fehlenden Sicherheit und Erfahrung kaum zum Zuge kamen. Oft sind nur Kleinstbetriebe an sie gegangen. Viel Eigentum in Ostdeutschland gehört heute Leuten, die ganz woanders sitzen oder wohnen. Nehmen Sie Immobilien. Es macht einen Unterschied, ob die Besitzer Leipziger Immobilien in Mannheim wohnen – oder selbst in Leipzig. Mit Blick auf die Verantwortung für die städtische Kultur, auf die Entwicklung einer Stadt, auf Netzwerke und Gemeinwohl ist eine wirtschaftliche Vor-Ort-Elite sehr wichtig. Das darf man nicht unterschätzen. Viele Städte schaffen es nicht, eine lokale bürgerliche Kultur auszubilden. Wegen der Pendler und auch weil sie kein Wirtschaftsbürgertum haben, weil gehobene soziale, kulturelle und wirtschaftliche Schichten weitgehend fehlen.

Sie meinen Rotary Clubs und ähnliche Vereine?

Ja, das alles ist sehr schwach besetzt in den ostdeutschen Regionen. Und die machen natürlich auch was mit den Regionen und den Stadtteilen, sie spielen eine ganz wichtige Rolle für soziale Prozesse.

Was macht das mit der Bevölkerung, wenn es keine eigenen Eliten gibt?

Wenn es nur dieses schwache Band zwischen den gesellschaftlichen Führungsgruppen und der allgemeinen Bevölkerung gibt, können sich die Leute kaum spiegeln, sie erkennen darin nicht ihr eigenes Leben, ihre eigenen Probleme. Es fehlt die Qualität, sich identifizieren zu können, die die Bindungskraft von Führungsgruppen ausmacht.

Haben sie sich im Osten zu wenig darum gekümmert?

Na ja, es gibt immer Herausforderer-Eliten und etablierte Eliten. Junge und Alte, die permanent in Reibung sind. In Ostdeutschland ist das nicht so. Da hat sich die jüngere Generation nicht mit der älteren auseinandergesetzt. Also, ich meine die heute 50plus-Jährigen, die 20plus Jahre alt waren, als die Mauer fiel.

Das hat ja die Wiedervereinigung für sie erledigt?

Als die DDR zusammenbrach, ist die ältere Generation eigentlich abgeräumt worden. Manche behaupten, in Ostdeutschland habe es keine 68er-Bewegung gegeben, also keinen fundamentalen Generationenbruch und damit einen Elitenkonflikt, der sozialen Wandel hervorruft. Weil die Älteren ja schon durch die starken Veränderungsprozesse wie De-Industrialisierung und Arbeitslosigkeit, aber auch den politischen Systemwechsel von ihren Positionen gestoßen wurden. Die Älteren waren schon die Verlierer. Die Jugendlichen mussten das nicht erledigen und in dieser Auseinandersetzung wachsen. Die Jugendlichen dieser Jahre haben eher – ich pointiere – ein generationelles Stockholm-Syndrom ausgebildet, sie haben sich mit ihren Eltern eher in sozialer und mentaler Unterstützung gesehen als in der Herausforderung. Dadurch hatten nachfolgende Generationen Probleme, sich selbst zu schärfen. Die haben ihr privates Glück gesucht, sich aber nicht so sehr politisieren müssen gegen eine übermächtige und sozial starke Elterngeneration.

Und das ist auch ein Grund für die schwache Elitenbildung?

Ja, für die junge Nachfolgerelite gibt es kein politisches Programm. Sie sind eigentlich leer. Sie haben keine eigene Agenda entwickelt. Es haben sich in den 1990ern keine neuen Ideen, Programmatiken oder Themen gebildet – das darf man nicht unterschätzen. Eliten sind ja auch Ressourcen, die man bei der gesellschaftlichen Entwicklung braucht. Ich glaube, dass die meisten Menschen damit zu tun hatten, auf die Beine zu kommen und sich so durchzuwursteln, und sich auch deshalb nach der Übernahme durch den Markt nicht als Generation des Aufbruchs verstanden haben.

Wie es anders geht, zeigt ja die Fridays-for-Future-Bewegung?

Ja, bei *Fridays for Future* sieht man plötzlich 22, 24-Jährige, die sich schon so politisch profiliert haben, dass sie durch die Talkshows durchgereicht werden. Nach der Wende wurden als satisfaktionsfähige Sprecher vor allem die damaligen Bürgerrechtler angesehen. Das ist zu wenig Aufbruch, zu wenig anderer Angang und stattdessen oft nur die Archivierung der Vergangenheit

Seit einiger Zeit steckt diese Generation ihre Köpfe raus, darunter Sie selbst.
Das sind nur Einzelstimmen. Nehmen Sie die 500 wichtigsten deutschen Intellektuellen, die man in manchen Zeitschriften so listet. Platz 47 der erste Ostdeutsche, der war 76 Jahre alt. Es gibt fast keine sprechfähigen Leute. Dabei geht es nicht mal darum, dass sie ostdeutsche Themen besetzen oder zu Interessenvertretern werden, sondern darum, dass sie Ostdeutsche sind, die sich generell zu gesellschaftlichen Themen äußern. Es gibt jetzt endlich eine Bundesverfassungsrichterin mit Ostbiografie, da haben mehrere Ministerpräsidenten mal zusammengearbeitet und sie gepuscht.

Weil wir uns in ideologischen Gräben bewegen?
Ja, ich denke schon. Ich habe bisher nie zu Ostdeutschland gearbeitet, ich wollte nicht der Ostforscher sein oder der Ostaktivist. Das hat mich auch nicht so sehr interessiert, weil ich auch froh war, der DDR entkommen zu sein. Ich glaube trotzdem, dass unsere soziale und historische Erfahrung einen anderen Zugriff auf die Welt mitbringt. Und sobald man das artikuliert, wird man ossifiziert. Ich bin auch ossifiziert worden, dabei ist die Sicht des Ostens nur eines von vielen Themen, die mich interessieren.

Sie haben die Konsequenz gezogen und sich erst geoutet, als Sie schon renommierter Sozialwissenschaftler waren.
Ich denke, ich hätte für mein Buch »Lütten-Klein«[242] nicht so viel Anerkennung bekommen, wenn ich es am Anfang meiner Kar-

---

242 Lütten-Klein. Leben in der ostdeutschen Transformationsgesellschaft, Suhrkamp 2019.

riere geschrieben hätte. Ich habe mir dieses Buch zum 50. Geburtstag gegönnt, damals war ich schon ein sichtbarer Soziologe, hatte mich aber nie auf dieser Ost-Schiene profiliert.

Inwieweit kann man die Schwäche bei den eigenen Eliten an Wahlergebnissen ablesen?

Das ist unglaublich kompliziert. Man kann wohl sagen, die AfD hätte weniger Anknüpfungspunkte im Osten, wenn man dort über die vergangenen 20, 25 Jahre eigene Eliten gehabt hätte. Dann würde sich der Osten im gesamtdeutschen Konzert viel selbstbewusster und selbstverständlicher artikulieren. Problematisch ist immer noch die Art und Weise, wie auf uns geguckt wird, sie ist ideologisch und exotisierend. Wenn unter Pandemiebedingungen 200 Leute in Nürnberg auf dem Marktplatz tanzen, kommt niemand auf die Idee, zu sagen, das sei typisch westdeutsch. Aber andersrum schon. Immer muss die spezifische Osterklärung herhalten für Dinge, die im Westen auch passieren. Gäbe es stärkere Ost-Eliten, könnte die AfD dieses Lebensgefühl nicht kapitalisieren, sie würde mit diesem Argument keinen Stich mehr machen.

Das Paradoxe ist ja, dass die AfD-Eliten auch zum großen Teil aus dem Westen kommen.

Man akzeptiert sie trotzdem, weil sie den Leuten das Gefühl geben, sie sind nicht nur nach Ostdeutschland gegangen, weil man da Profite oder Karriere machen kann. Sondern weil sie eine Mentalitätsähnlichkeit behaupten, in dem Sinne, dass sie dem individualisierten, globalisierten und dekadenten Westen entflohen und in das sozusagen natürliche deutsch-nationale Habitat im Osten gegangen sind. Dann scheinen die Leute in bestimmten Bevölkerungssegmenten diese Art von Eliten zu akzeptieren, denen sie sonst nach dem Herkunftsaspekt gerne Vorbehalte entgegenbringen.

Daraus kann man nur schlussfolgern, dass schnellstens eigene Eliten aufgebaut werden sollten?

Ich fürchte, dass es zu spät ist. Die Leute, die Ende der 1980er und in den 1990ern geboren sind, haben das nicht mehr erlebt, was wir erlebt haben. Auch Franziska Giffey ist schon ein Kind der 1990er-Jahre. Der Osten ist heute für die über 50-Jährigen noch ein Thema, danach wird es tendenziell weniger. Da kann es neue Eliten geben, aber die kommen dann aus einem anderen Selbstverständnis, sehen den Osten vor allem als diskursiven und regionalen Raum.

Sie schlagen vor, zu warten, bis alle gestorben sind?

Nein, was trotzdem bleibt, ist ja das Problem, dass Eliten im Osten nicht produziert werden. Wo kann man denn überhaupt Karriere machen? Nicht in dem kleinteiligen Familienkapitalismus Thüringens oder Sachsens, in kleinen Unternehmen mit Erbfolgen. Karriere machen kann man eigentlich nur in Unternehmen, die mehrere Tausend Beschäftigte haben und in Hierarchien organisiert sind, wo man betriebsinterne Aufstiege organisieren kann. Oder in großen Behörden und Organisationen. Aber die sitzen nicht in Ostdeutschland. Von daher sind ostdeutsche Karriereposten schon strukturell kaum möglich. Karriereoptionen ergeben sich vor allem bei Abwanderung gen Westen.

Aus meiner Schulklasse sind zwei Drittel wegen des Jobs in den Westen gegangen.

In Neubrandenburg oder in Magdeburg kann man ja nicht aufsteigen, erst recht nicht im Umland. Das kann man aber außerhalb von Stuttgart, etwa bei Trumpf oder ähnlichen Unternehmen. Da kann man gleich Karriere machen und ist umgeben von Honoratioren und wichtigen Wirtschaftsleuten, wird weitergereicht und empfohlen. Das gibt es im Osten nicht. Es gibt keine Elitenkultur im weiteren Sinne, die über einzelne Personen hinausgeht, also wirklich Kontexte, in denen Eliten wachsen, sich kultivieren, austauschen, vernetzen können. Das ist etwas, was dauerhaft so bleibt. Ich glaube, dass weiterhin kaum Wirtschaftsführer aus dem Osten kommen werden, es sei denn, sie sind frühzeitig weggegangen und dann wiedergekommen. Der ehemalige Vorstandvorsitzende von Carl Zeiss, Michael Kaschke, hat zwar in der DDR studiert. Der Unterschied zu den Kommilitonen ist aber, dass er 1990 zu IBM in die USA gegangen ist. Das sind Aufstiege in spiralförmiger Mobilität, man kommt nur nach oben, wenn man erst einmal nach außen geht. Und das ist für den Osten typisch. Ein großer Teil von den wenigen Osteliten sind Leute, die das durch den Weggang realisiert haben. Dableiben war und ist wohl noch immer ein Karrierekiller.

Trotzdem hat der Osten ganz Deutschland verändert?

Natürlich ist die Berliner Republik etwas anderes als eine Bonner Republik. Aber im mentalen Zustand, im Besitzstand und im identitären Selbstverständnis hat sich die Bundesrepublik unglaublich lange der Einsicht verweigert, dass das vereinigte Deutschland nicht nur eine Verlängerung der alten Bundesrepublik ist. Indem sie das Leitbild gepflegt hat, alles im Westen ist gut, erfolgreich und kann so bleiben, wie es ist. Im Westen braucht sich nichts – und im Osten muss sich alles ändern. Das war die Leitformel der Wiedervereinigung.

Ist inzwischen klar, dass wir so nicht weiterkommen?

Ja. Das mit den Ossis ist ein bisschen so wie mit der migrantischen Frage: Lange hieß es, wir sind keine Einwanderungsgesellschaft, die Migranten müssen sich assimilieren. Und dann stellt man irgendwann fest, nee, eigentlich hat sich die Gesellschaft schon unglaublich stark verändert und heterogenisiert.

Deutschland hat sich also veröstlicht?

Ja, es sind ja viele Sachen durch die Hintertür gekommen. Man hat erst gesagt, nee, es ändert sich nichts und jetzt hat man zwar keine Polikliniken, aber Gesundheitszentren mit vielen Ärzten oder eine höhere Erwerbsbeteiligung der Frauen, die es im Osten schon gab. Da gibt es eine ganze Menge an strukturellen Änderungen, die man versucht hat, wegzudrücken oder sogar zu verleugnen, die aber schon längst Teil der gesamten Gesellschaft geworden sind und den Westen ein Stück weit, wenn man so will, veröstlicht haben. Ohne dass man sich das zu Bewusstsein hat bringen wollen. Man ist eigentlich einer Schimäre hinterhergelaufen, nämlich, dass der Westen unglaublich stark die Kontinuitätslinie hält und keine Brüche hinnehmen muss. Die sind aber schon längst eingetreten, dadurch, dass es die Wiedervereinigung gab und durch Migrationsbewegungen.

In München, Stuttgart oder Mainz dürfte man über den Befund, man sei ein Stück weit veröstlicht worden, den Kopf schütteln.

Eine aufgeklärte und selbstkritische Reflexion hat nicht stattgefunden, weil die Kontinuitätserzählung viel zu stark ist. Wenn da jemand wie der Großhistoriker Hans-Ulrich Wehler sagt, die DDR sei nur eine Fußnote in der Entwicklung der Bundesrepublik Deutschland, dann hört sich das an, als sei da ein Beiboot, das ist dazugekommen, und der große Dampfer hält den Kurs. Es sind ein paar Passagiere hinzugekommen, sonst hat sich nichts verändert. Das ist natürlich eine Illusion.

Kommen wir noch mal zu den Wahlen im Osten, Gerhard Schröder hat ja dreimal dort die Mehrheit geholt – gerade, weil es keine Eliten gab?

Es ist ja die große Enttäuschung der Sozialdemokratie, dass man gesagt hat, Ostdeutschland ist eigentlich typisches Arbeitermilieu. Mentalitätsmäßig und sozial strukturell müsste es eine sozialdemokratische Hausmacht sein, Angestellte, Arbeiter, kleine Leute usw. Und eben auch kein klassischer Konservatismus, wenig Katholisches. Trotzdem hat die SPD überhaupt nicht reüssieren können.

Aber Schröder heißt ja SPD.
Schröder hat das populistische Moment bedient, das Leutselige. Die Ostdeutschen wählen nicht so stark mit einer Parteienbindung, sie haben nicht so stark diese parteipolitische Affiliationsneigung, sondern sie wählen relativ stark Personen mit Charisma und zum Teil überparteilicher Ausstrahlung. In den 1990er-Jahren König Kurt [Biedenkopf] in Sachsen oder Hans-Jochen Vogel in Thüringen. Alle sind präsidiale Führungsfiguren, die diese parteipolitischen Konflikte überthront haben. Sie haben sich starken, parteipolitisch auskonturierten Auseinandersetzungen verweigert, die wichtig gewesen wären, um Ostdeutschland zu sortieren. Mit diesem präsidentiellen Motto des Regierens – ihr lieben Sachsen, ihr seid ja ganz toll – hat man verhindert, dass sich eine politische Kultur mit strukturierten Interessen herausbilden konnte. Das ist versäumt worden. Und deshalb ist es auch relativ egal, ob da ein Linker in Thüringen regiert oder die SPD in Brandenburg. Daran sieht man, dass es eben sehr parteiunabhängig ist und die Leute starke Persönlichkeiten wählen.

Im Westen gibt es eine stärkere Parteienbindung …
Der Schwund an Parteimitgliedschaften ist in der gesamten westlichen Welt vorhanden. Trotzdem, verglichen mit den großen Volksparteien im Westen sind das im Osten ja Bonsai-Organisationen, sie spielen im Lokalen und in der Organisation der politischen Kultur vor Ort nur eine schwache Rolle. Wir haben in Brandenburg fast so viele Ämter wie SPD-Mitglieder. Und wo soll die Politisierung denn herkommen, wie will man eine politische Kultur entwickeln in einem Wohngebiet mit

40.000 Menschen, wenn 46 in der SPD sind. Wie will man etwas aufnehmen? Einen lokalen Bezugsraum gestalten?

Man braucht andere Beteiligungsformen, nicht unbedingt parlamentarische, sondern Bürgerräte?

Ja, Bürgerräte sind eine Idee, die vielen Leuten, die politisch ansprechbar sind, aber nicht parteipolitisch integrierbar sind, Zugänge zu politischer Beteiligung außerhalb der Parteienpolitik verschaffen kann. Das würde ja an den Herbst 1989 anknüpfen, also an Runde Tische, Diskussionsforen, Bürgerforen. Da gibt es experimentelle Formen und da sollte Ostdeutschland ein Laboratorium einer Demokratie sein, wie wir sie uns in der Zukunft vorstellen können. Man müsste angesichts der Entwicklung viel stärker experimentieren. Die Wahlbeteiligung in Ostdeutschland ist ja immer noch viel geringer als in Westdeutschland, und wenn 35 oder 40 Prozent auf der Couch bleiben, ist das ein gewaltiger Anteil von Politikfernen.

Im Frühling tagten deutschlandweit digitale Bürgerräte, die an den Bundestag berichteten – aber ohne Garantie, dass das Parlament die Beschlüsse aufgreifen würde. Eine gute Idee?

Man kann auch über Landesverfassungen solche Formen einführen, man kann das auf lokaler Ebene machen. Man kann solchen Gremien eine bestimmte Funktion geben. In Belgien gibt es so was wie eine zweite Kammer, da werden Leute im Losverfahren ausgelost, und dann in solchen Bürgerräten zu spezifischen Problemen befragt wie Autobahntrassen oder Überlandleitungen, um die Argumente abzuwägen. Wenn die Leute mal lernen, wie solche politischen Prozesse stattfinden, wie man Argumente miteinander wälzt, entstehen ja unglaubliche Lernkurven. Es ist auch eine Erfahrung der Schweizer Direktdemokratie, dass das, was bei den Abstimmungen herauskommt, zuweilen sekundär ist, viel wichtiger ist, dass die

Leute das Gefühl der Beteiligung bekommen und sich zu bestimmten Dingen mit ihren Nachbarn oder im Supermarkt unterhalten. Dass sie sich in einer Art und Weise politisieren, wie das nicht passiert, alles über gewählte Mandatsträger läuft. Wenn man viele Leute hätte, die mal so eine Lotterieaufgabe übernehmen, dann würden die auch interessiert an den politischen Prozess ranrücken.

Klingt nach einer Chance für Ostdeutschland, die Transformationserfahrungen bundesweit einzubringen.

Ja, es wäre eine große Chance, denn Ostdeutschland ist ja Vorreiter einer allgemeinen Entwicklung, nämlich der Erosion der Parteiendemokratie, wie wir sie kannten. Man muss sich damit beschäftigen, auch im Westen. Wenn Angela Merkel nicht mehr Kanzlerin sein wird und die CDU schrumpft zusammen, dann stellen sich solche Fragen automatisch. Dass sich die Volksparteiidee ewig halten lässt bei ständig schwindender Mitgliederzahl, ist undenkbar für mich.

Zieht der Mitgliederschwund mancher Volksparteien auch einen Mangel an politischen Talenten nach sich?

Das sieht so aus. Olaf Scholz ist ja intelligent und an Themen interessiert, aber dass er die Leute vom Hocker reißt, das kann man wirklich nicht sagen. Hätte man einen anderen politischen Kontext, könnten die interessierten Leute sich erst einmal ausprobieren. Luisa Neubauer zum Beispiel ist möglicherweise ein politisches Talent, aber das erkennt man erst, wenn es ein Podium für sie gibt, wo sie zeigt, dass sie Konflikte aushalten und gewandt argumentieren kann. Das müssten viel mehr Leute lernen und auch die Lust am Gestalten entwickeln. Wenn man das nur mit Parteien macht, gehen einfach tolle Talente verloren.

Menschen sind ja besonders rebellisch, wenn sie nichts zu verlieren haben. Würde es das Wahlverhalten ändern, wenn Ossis die Chance bekämen, sich Eigentum zu schaffen?

Man könnte überlegen, wie man die Ostdeutschen dazu befähigen kann, Eigentümer zu werden. Man hat ja damals viele Wohnungsbestände an neue Eigentümer verkauft, als das gesamte Tafelsilber verkauft wurde. Aber es ist noch nicht alles verkauft, in Rostock beispielsweise gibt es eine große Wohnungsbaugesellschaft. Man könnte theoretisch diese Wohnungen an die Mieter darin verkaufen. Ostdeutschland ist ja nach wie vor eine Mietergesellschaft, und ich finde, das ist eigentlich die probateste Möglichkeit, um Eigentum zu schaffen. Privatisierung ist kein Allheilmittel, zumal wenn sie zulasten des öffentlichen Wohnbestandes geht, aber es würde den Menschen helfen, Vermögen zu bilden. Dann zahlen sie nicht die Miete, sondern einen Kredit ab in derselben Höhe.

Klingt nach einem formidablen Wahlkampfthema?

Grundsätzlich: ja, wobei die Privatisierungslogik Grünen oder SPD eigentlich fremd ist und man natürlich nicht alle kommunalen Wohnungen in private Hände verschieben sollte. Aber es kommt schon darauf an, wer die Wohnung besitzt und ob es sich um selbstgenutztes Eigentum handelt. Eigentum wäre jedenfalls der zentrale Hebel, wenn man angleichen will und nicht über eine große Umverteilung bei der Besteuerung gehen möchte. Man kann ja auch noch steuerliche Anreize zur Finanzierung und zur Abzahlung setzen, also indirekt umverteilen, das wäre nicht so konfliktträchtig. Man würde die Menschen jedenfalls nicht so als mittellose reine Erwerbstätige und Rentenbezieher belassen, sondern als Leute, die auch ein breiteres Einkommensbudget oder Portfolio hätten und die Möglichkeit, im höheren Alter auch Hypotheken aufzunehmen oder Rententeilzahlungen als Form der Altersvorsorge zu machen. Man würde sie an den westdeutschen Standard ranführen. Dafür kann man die einfachen Leute begeistern, denn es ist ja eine der zentralen Klagen, dass man nichts oder nur wenig hat und zu vererben hat, um die Kinder zu unterstützen und gerade so über die Runden kommt. Das würde die Leute mit Selbstbewusstsein ausstatten, wenn sie wüssten, ich wohne jetzt in meiner eigenen Wohnung. Und statt einer Miete zahle ich einen Kredit ab. Aber irgendwann gehört mir das oder wenigstens teilweise, und dann können die Kinder weitermachen.

Danke

Ich möchte mich bei allen bedanken, die mich bestärkt haben, dieses Buch zu schreiben. Und die mich in den langen Corona-Winterwochen aufgemuntert haben, weiterzumachen.

Dieses Buch mit dem Blick aus zwei Welten schreiben zu können, wäre nicht möglich gewesen ohne die *Süddeutsche Zeitung*. Deren früherer Chefredakteur Werner Kilz hatte mich 2007 mit den Worten nach Europa geschickt: »Sie haben einen anderen Blick als viele, das ist, was wir von Ihnen erwarten.« Es folgten fast acht Jahre Brüssel, ein großartiges Kontrastprogramm an linksrheinischen Lebenserfahrungen und ein Eintauchen in das vielsprachige Europa, das mir auch Abstand gebracht hat zu den Entwicklungen in der vereinigten Bundesrepublik und in meiner Heimat Sachsen. Für diese Chance bin ich der SZ dankbar. Vor allem aber allen Kollegen und Kolleginnen, mit denen ich über so viele Jahre schon zusammenarbeite, für die vielen kleinen und größeren Debatten, für Anregendes und Lustiges und das Vertrauen, das sich Aufeinander-verlassen-können. Die Berliner Parlamentsredaktion ist ein ganz besonderer Kosmos, auch dank des Büroleiters Nico Fried, der die Gabe hat, sich auf das Positive konzentrieren zu können.

Das Buch hätte nicht entstehen können ohne all jene, die bereit waren, mit mir über den Osten zu reden. Meine Klassenkameradinnen der Polytechnischen Oberschule, Kommilitonen der TU Chemnitz, Ökonomen, Unternehmer und Unternehmerinnen, Historiker, amtierende und frühere Ministerpräsidenten und Ministerpräsidentinnen der neuen Länder, engagierte Politiker, Parteichefs, ehemalige Wahlkämpfer wie Matthias Platzeck, Bürgerrechtlerinnen wie Marianne Birthler und auch der Verfasser des Einigungsvertrags, Wolfgang Schäuble. Sie kommen aus Ost und West und aus Europa, es war ein grenzüberschreitendes Reden im besten Wortsinn, die Blicke aus vielen Regionen haben ein bunteres Bild ergeben – und es hat viel Spaß gemacht. Allen möchte ich herzlich danken für die Offenheit und das Vertrauen, das mich gleichermaßen freut und ehrt. Es hat mich teilweise richtig überrascht, wie viel es zu erzählen gibt. Und wie schnell viele eine Anekdote zur Hand hatten.

Ich danke herzlich allen Testlesern und Leserinnen, vor allem Julia Ernst und meiner Schwester Cornelia, die sich unermüdlich durch die Texte gelesen und viele gute Hinweise gegeben haben. Und meinem Sohn Christian für die kritischen Anmerkungen aus Sicht eines Wendezeitgeborenen. Ich danke Evelyn Roll und Nico Fried, die Angela Merkel über Jahrzehnte journalistisch begleitet haben, für ihre Kommentare zum Kapitel über das Ostdeutsche der Kanzlerin. Eigen, frei, kein Vollständigkeitswahn – diesen Tipp fürs Schreiben habe ich mir über den Schreibtisch gehängt. Danke sagen möchte ich Steffen Mau für inspirierende Chats, Hinweise und das Gespräch über die soziologischen Besonderheiten.

Es freut mich sehr, dass meine Lektorin Silvie Horch und der Verlagsleiter Jürgen Diessl, mit denen ich schon lange zusammenarbeite, so viel Lust und Zeit in die Idee der Unterschätzten investiert haben und dadurch ein anderer Blick auf den Osten entstanden ist. Herzlichen Dank.

Berlin, im Juni 2021
Cerstin Gammelin

»Ob man mit Pegida und AfD reden kann? Nein - man muss!«

2017 zog die AfD in den Bundestag ein. In Sachsen wurde sie zur stärksten politischen Kraft. Die Folgen sind noch nicht absehbar. Eins ist jedoch klar: Der allgemein verbreitete Unwille, der jeweiligen Gegenseite zuzuhören und Kompromisse auszuhandeln, führt zur gesellschaftlichen Spaltung. Der Theologe Frank Richter setzt sich für Gespräche mit den Unterstützern von PEGIDA und AfD ein und zeigt, wie man die Spirale der Eskalation durch Dialog anhält und Wut in konstruktive Mitarbeit umwandeln kann.

Frank Richter
Hört endlich zu!
Weil Demokratie Auseinandersetzung bedeutet

Hardcover
Auch als E-Book erhältlich
www.ullstein.de

ullstein

Warum wir das Schweigen unserer Eltern brechen müssen

Lukas erfuhr erst kürzlich durch den Anruf eines Unbekannten, dass sein Vater für das Regime spionierte. Maximilian fühlt sich wie ein Einwandererkind, dessen Herkunftsland seine Identität prägt, obwohl es nicht mehr existiert. Franziska ringt noch mit der familiären Aufarbeitung des Suizids ihres Großvaters, einem Stasi-Offizier. Dem blinden Fleck in der Geschichte vieler ostdeutscher Familien spürt der preisgekrönte Journalist Johannes Nichelmann in eindringlichen Begegnungen nach. Die Gespräche zwischen den Generationen wirken wie ein Echolot der problematischen Erinnerung, die das Land immer noch teilt und die aktuelle gesellschaftlich-politische Schieflage im Osten speist.

»Mit seinem Buch stößt Johannes Nichelmann schmerzhaft ins Zonenrandgebiet zwischen Schwärmen und Schweigen vor. (...) Es könnte erstmals eine seit 30 Jahren überfällige, größere Debatte unter Ostdeutschen provozieren.« Peter Wensierski, *Spiegel Online*

Johannes Nichelmann
Nachwendekinder
Die DDR, unsere Eltern und das große Schweigen

Hardcover mit Schutzumschlag
Auch als E-Book erhältlich
www.ullstein.de

ullstein